高校体育教学与运动训练研究

常德庆 姜书慧 张 磊◎著

吉林出版集团股份有限公司

图书在版编目（CIP）数据

高校体育教学与运动训练研究 / 常德庆，姜书慧，张磊著 . — 长春：吉林出版集团股份有限公司，2020.4
ISBN 978-7-5581-8317-1

Ⅰ . ①高… Ⅱ . ①常… ②姜… ③张… Ⅲ . ①体育教学－教学改革－高等学校②运动训练－教学研究－高等学校 Ⅳ . ① G807.4 ② G808.1

中国版本图书馆 CIP 数据核字 (2020) 第 047858 号

高校体育教学与运动训练研究

著　　者	常德庆　姜书慧　张　磊
责任编辑	齐　琳　姚利福
封面设计	李宁宁
开　　本	787mm×1092mm　1/16
字　　数	345 千
印　　张	18.75
版　　次	2020 年 5 月第 1 版
印　　次	2020 年 5 月第 1 次印刷
出　　版	吉林出版集团股份有限公司
电　　话	010-63109269
印　　刷	炫彩（天津）印刷有限责任公司

ISBN 978-7-5581-8317-1　　　　　　　定价：68.00 元

版权所有　侵权必究

前　言

　　运动训练的目的就是为了让运动员通过科学地、合理地训练，可以有效地提高自己的运动水平以及在比赛中取得良好的成绩。近年来，随着科学技术的不断进步与发展，提高运动训练的有效性对于专业的运动员来讲是至关重要的。在训练时要把将运动员的最高状态发掘出来作为最终目的，还要把各个阶段的不同特性作为考虑因素，详细地计划出一个有针对性的训练模式，按照计划有原则、有步骤地进行训练，进而达到高质量、高效率的目标。

　　在高校体育教学工作中，既需要进行体育教学，又需要保证运动训练，体育教学偏向于反映群众体育的特点，运动训练偏向于反映竞技体育的特点。体育教学和运动训练虽然在性质、形式上存在相通之处，但是在教学目的、教学手段以及管理方面又完全不同。在高校体育教学工作中，将体育教学和运动训练有效结合，进行优势互补，有助于提高体育教学工作高效进行。

　　随着时代的进步与发展，我国教育水平也在不断提升。在国家提出的"健康中国"理念以及"全民健身"战略的号召下，我国大部分学校对学生的体育教学与发展投入了更多的关注与重视，体育教学也随之得到了一定的发展和进步。随着体育教育水平的提升，体育教育工作者逐步认识到运动训练与体育教学之间的紧密联系，运动训练与体育教学是相辅相成的，只有将运动训练与体育教学合理地结合才能够保障体育教学的有效性，进而保障教学质量与水平。

目 录

第一章 体育教学概述 … 1
    第一节 体育教学的原则及目标 … 1
    第二节 体育教学的内容及环境 … 10
    第三节 体育教学的现状及发展 … 23

第二章 高校体育教育教学理论 … 29
    第一节 高校体育课程教学理论概述 … 29
    第二节 高校体育课程与教学目标 … 35
    第三节 高校体育教学价值观与目标思考 … 42
    第四节 高校体育教学内容体系的构建 … 52

第三章 高校体育教学方法的理论与实践 … 60
    第一节 高校体育教学方法与内容的关系 … 60
    第二节 高校体育教学方法与创新教育的探讨 … 64
    第三节 高校体育教学中分层次教学法的应用 … 67
    第四节 高校体育教学中体验式教学法的应用 … 71
    第五节 高校体育教学中互动式教学法的应用 … 75
    第六节 体育课程改革背景下高校体育教学方法创新策略研究 … 80

第四章 高校体育教学模式的理论与实践 … 85
    第一节 高校体育教学模式现状及其发展趋势 … 85
    第二节 高校体育教学模式要素及整体优化 … 90
    第三节 高校体育教学模式运用中发挥学生主体性研究 … 94
    第四节 高校体育教学欣赏型模式构建 … 100

第五节 "生态体育"教学模式在高校体育教学中的应用 ………… 106

第五章 多媒体网络教学模式在高校体育教学中的应用 ………… 112

第一节 多媒体网络教学的内涵及特点 ………………………… 112
第二节 多媒体网络教学系统的含义及其构成要素 …………… 117
第三节 多媒体网络教学平台在高校体育教学中的应用 ……… 120
第四节 现代教育技术在高校体育教学中的应用 ……………… 125

第六章 分层教学模式在高校体育教学中的应用 ………………… 131

第一节 分层教学的内涵及理论依据 …………………………… 131
第二节 实行分层教学的必要性及实施策略 …………………… 134
第三节 高校体育教学中分层教学模式的构建 ………………… 139

第七章 俱乐部教学模式在高校体育教学中的应用 ……………… 145

第一节 高校体育俱乐部教学模式应用的可行性分析 ………… 145
第二节 高校俱乐部型体育教学模式的构建实施 ……………… 148

第八章 翻转课堂教学模式在高校体育教学中的应用 …………… 153

第一节 翻转课堂的基本内涵与相关理论研究 ………………… 153
第二节 高校体育翻转课堂教学模式可行性探究 ……………… 157
第三节 高校体育教学中翻转课堂教学模式的运用 …………… 162

第九章 教育思想在高校体育教学中的应用 ……………………… 166

第一节 人文教育思想在高校体育教学中的应用 ……………… 166
第二节 休闲教育思想在高校体育教学中的运用 ……………… 168
第三节 终身教育思想在高校体育教学中的应用 ……………… 172

第十章 运动训练概述 ……………………………………………… 177

第一节 运动训练学概述 ………………………………………… 177
第二节 运动训练理论 …………………………………………… 183
第三节 运动训练原则 …………………………………………… 189
第四节 运动训练方法 …………………………………………… 194

第十一章 现代运动训练的发展与创新研究 …… 199
第一节 现代运动训练发展的内涵与特征 …… 199
第二节 现代运动训练理论及实践 …… 203
第三节 现代运动训练的发展趋势 …… 208
第四节 运动训练的影响因素 …… 215
第五节 现代运动训练的新思想与新理念 …… 217

第十二章 高校运动训练理论与实践发展 …… 222
第一节 高校运动训练价值理论的探究 …… 222
第二节 高校运动训练计划可变性与稳定性的研究 …… 225
第三节 高校体育运动训练课程的教学现状及发展 …… 227

第十三章 高校运动训练的内容及管理研究 …… 233
第一节 我国运动训练存在的主要问题及对策 …… 233
第二节 高校运动训练的体能训练研究 …… 238
第三节 高校运动训练的心理训练研究 …… 242
第四节 高校体育运动训练管理的探讨 …… 246

第十四章 高校体育教学与运动训练研究 …… 249
第一节 高校体育教学与运动训练关系 …… 249
第二节 高校运动训练和体育教学的发展趋势 …… 252
第三节 高校体育教学与运动训练理论实践研究 …… 256
第四节 体育运动训练基本原则及对高校体育教学的启示 …… 260

第十五章 高校体育教学与运动训练模式研究 …… 267
第一节 高校体育教学与运动训练异同互补研究 …… 267
第二节 高校体育教学与运动训练互动模式研究 …… 275
第三节 高校运动训练专业学生"体教结合"培养模式 …… 278
第四节 高校运动训练和体育教学的协调发展模式 …… 283

参考文献 …… 287

第一章 体育教学概述

第一节 体育教学的原则及目标

一、高校体育教学原则

体育教学原则是体育教学工作必须遵循的基本要求和指导原理,是长期体育教学经验的概括和总结,是体育教学过程客观规律的反映。体育教学原则是体育教学过程中教师的教和学生的学的活动开展的基本依据,对各项教学活动起着指导和制约作用。正确地理解和贯彻体育教学原则,对明确教学目的、选择与安排好教学内容、正确地选用教学方法、教学场地与器材以及教学组织形式、完成教学任务、提高教学效果具有重要意义。

(一)重视提高运动技能原则

重视提高运动技能原则是指在高校体育教学中要不断提高学生的运动技能,提高学生的运动成绩,实现有效的体育教学。在高校体育教学中贯彻重视提高运动技能原则的基本要求如下:

1.正确认识提高运动技能在体育教学中的重要意义

掌握运动技能是体育学科"授业"的本职,是体育学科"解惑"的重要基础,还是锻炼学生身体、增强体能的途径,更是学生掌握体育锻炼方法、体验运动乐趣的前提。不断提高学生的运动技能是体育教学的基本要求,是判断体育教学是否有效和高质量的标准,也是评价体育教师教学能力的标准。因此,体育教师要充分认识到提高运动技能在体育教学中的重要意义,进而重视提高学生的运动技能。

2.明确运动技能教学的目的,让学生有层次地掌握运动技能

学生掌握运动技能与提高技能水平的目的与职业运动员不同,职业运动员主要是为了竞技,而学生主要是为了健身和娱乐。因此,体育教学中运动

技能的传授要以"健康第一"和为学生终身体育服务作为指导思想，要围绕"较好地掌握1～2项常用的运动技能""基本掌握作为锻炼身体方法的运动技能""初步掌握多项可能参与的运动技能""体验一些运动项目"等不同运动技能提高的目标，分门别类和有层次地让学生掌握他们终身体育所需要的运动技能。

3. 合理编排体育教学内容

为了让学生有层次地掌握运动技能，就需要制订科学的教学计划。对于常见的、可行的、学生喜欢、教师能教、场地允许、与学校传统项目相结合的项目，如篮球、足球、排球、乒乓球、武术、健美操等，可作为精教类内容，每学年安排1～2项，每项安排15～30学时，学年共30学时；对于未来生活中学生可能遇到的、有必要具有一定基础的、教学条件允许的项目，如羽毛球、体育舞蹈、棒球、轮滑、短拍网球、太极拳等，可作为粗教类内容，每学年安排2～3项，每项安排7～10学时，学年共20学时；对于没有必要掌握，但有必要让学生知道或体验的运动文化或项目的有关知识，如高尔夫球、橄榄球、台球、保龄球等，可作为介绍类内容，每学年安排3～4项，每项安排1～2学时，学年共5学时；对于身体素质和身体基本活动能力的练习项目，如100米短跑、1500米长跑、铅球、立定跳远等，可作为锻炼类内容，每学年安排3～4项，每项安排1～2学时，学年共5学时，或每学时安排10分钟穿插于其他类型的项目中。

4. 教学方法上注意精讲多练

由于体育教学的特点，在体育教学过程中不能过多地使用讲授法，不能形成"满堂讲"的局面，要精讲多练。一是要求课堂上尽量多给学生运动技能的练习时间，减少不必要的、无效的讲授时间，教师的指导有时可在学生的练习过程中进行。二是要求教师要根据情况布置一些课外作业，让学生课外多花时间进行练习。而对于必须讲授的内容要求精讲。精讲就是要求讲授要目的明确、层次清楚、重点突出、正确使用术语和口诀、讲授与动作示范相结合。

5. 创造提高运动技能的环境和条件

要让学生很好地掌握运动技能，还必须创造良好的学习环境与条件，它既包括提高教师自身的运动技能水平和教学技能水平，也包括构建民主和谐的体育课堂氛围，优化体育教学制度环境，还包括场地设施和器材的美化。

（二）注重体验运动乐趣原则

注重体验运动乐趣原则是指在高校体育教学中要让学生在进行身体锻炼

和掌握运动技能的同时，体验到运动的乐趣，以使学生喜爱运动并养成参加运动的习惯。为贯彻该原则，要求在高校体育教学中做到：

1. 要让每个学生都能够不断地获得成功的体验

体育是一项与学生身体条件紧密相关的文化活动，而学生的身高、体重、体能、运动技能水平由于受遗传因素的影响差异很大，因此有一部分学生在体育学习中往往很容易体验到"失败感""差等感"。这就要求教师必须通过教学内容的调整与加工和教学方法、教学场地与器材、教学组织形式的改变，让每个学生都有机会体验到成功。这是让学生体验运动乐趣的基本方面。

2. 选择趣味性强的体育教学内容

在体育教学内容中，既有一些趣味性很强或学生容易体验到乐趣的内容，也有一些趣味性不太强或学生不容易体验到乐趣的内容。教学意义也一样。因此，在体育教学中，应该把趣味性和教学意义都很强的内容作为重点。与此同时，对于教学意义很强但趣味性很差的那些必须要教的内容，要挖掘或附加上一些乐趣的因素，如通过简化、变形化、情节化、生活化、游戏化、竞赛化等手法，使教学富有兴趣。

3. 运用多种有利于学生体验乐趣的体育教学方法

在体育教学中，教师要在重视传授教学方法的同时，也要善于采用领会教学法、游戏教学法、竞赛教学法、情景教学法、发现教学法、小群体教学法等多种教学方法来帮助学生体验运动的乐趣。

（三）合理安排运动负荷原则

合理安排运动负荷原则，是指在高校体育教学中既要安排一定的身体活动量，体现体育教学的本质特点——身体活动性，还要使学生身体所承受的运动负荷有效、合理，从而满足学生锻炼身体和掌握运动技能的需要。在高校体育教学中贯彻合理安排运动负荷原则有如下基本要求：

1. 运动负荷的安排要符合学生的身体发展特征

运动负荷的科学性既体现在对学生身体的发展性，也体现在对学生身体的无伤害性，而这些都取决于学生的身体发展状况。因此，教师要合理地安排运动负荷就必须了解学生身体发展的科学原理，了解学生身体发展各个阶段的特征，并且熟悉各个运动项目的特点等。

2. 运动负荷的安排要服从于体育教学目标

归根结底，合理安排运动负荷是为了实现一定的身体锻炼和技能掌握教学目标。因此，教师既不能忽略运动负荷对实现体育教学目标的决定性作用，也不能忽略各特殊课型需要而一味追求一律的运动负荷，从而导致运动负荷过重。

3. 精心设计体育教学内容

体育运动项目及其中的身体练习多种多样，有的运动负荷大，有的运动负荷小，因此在设计教学内容时，要考虑到运动负荷的问题，要对教材进行必要的改造，不同的运动项目和练习方式要进行合理地搭配。

4. 逐步提高学生自我控制运动负荷的能力

体育教师在高校体育教学中要加强锻炼原理和运动负荷以及运动处方的有关知识，教会学生一些自我判断运动量和调整运动量的常识，以使他们在自主性的运动中能够把握好自身的运动量，并逐步学会锻炼身体的方法和运动的技能。

（四）因材施教原则

因材施教原则是指在体育教学中要贯彻"面向全体学生"的教育理念，根据每一个学生的具体情况，实施各不相同的、有针对性的教育，使每一个学生的身心健康和运动技能都能在各自的基础上得到充分的发展。对此，在高校体育教学中要做到：

1. 深入细致地了解和研究学生

了解学生的个体差异是贯彻因材施教原则的前提条件。体育教师可以通过课堂观察、问卷调查、与学生谈话、咨询辅导员等方法对学生进行细致的了解，弄清学生在身体条件、兴趣爱好和运动技能等方面存在的个体差异，并进行全面分析，然后设计个性化的教学策略。同时，对学生的个体差异，还要用发展的观点来对待，不能用静止的眼光看待学生，应定期对学生基本情况进行复查。

2. 设置类型多样的体育选修课程

设置大量的选修课程是体育教学进行因材施教的最佳途径。不同的学生，身体条件、兴趣爱好和运动技能有很大的差异，在充分征询学生意见的基础上设置选修课，就能满足学生的个体需求，促进学生个性发展。

3. 体育教学组织形式多样化

在体育教学中，"等质分组"是一种较好的因材施教的教学组织形式。体育教师可以按身高、体重、体能、运动技能水平等对学生进行分组，给身体条件和运动技能较差的学生开"小灶"，给予特殊关怀与照顾；对身体条件和运动技能较好的学生提出更高的要求，并为他们的进一步发展创造条件，从而保证全体学生都能有所进步，使每个学生都能体验到学习和成功的乐趣。

（五）安全运动原则

安全运动原则是指在高校体育教学中要使学生安全地从事运动，它是体育教学活动能够进行的前提条件。在高校体育教学中贯彻安全运动原则有如下基本要求：

1. 必须设想所有可预测的危险因素

经过长期的体育教学实践的总结，体育教学中的绝大多数危险因素是可以预测的。这些可预测的危险因素主要有：因学生的思想态度产生的危险因素，如鲁莽行事、擅自行事、准备活动不充分等；因学生身体和活动内容的差异产生的危险因素，如力量不及、动作难度太大、对该运动非常不熟悉、缺乏必要的保护与帮助等；因学生身体状况变化产生的危险因素，如学生在伤病期间勉强参加运动等；因场地条件变化产生的危险因素，如雨雪地上的滑倒、塑胶地破损而绊倒等；因器械的损坏和不备产生的危险因素，如绳索折断、双杠折断、羽毛球拍头脱落飞出等；因特殊天气产生的危险因素，如酷暑时的长跑、苦寒中的体操、暴雨的淋浇等。对于这些可预测的危险因素，体育教师在课前必须逐一地进行思考和检查，以消除一切可以消除的潜在危险因素。

2. 要建立运动安全的有关安全制度和安全设备

对于一些比较危险的教材要制定严格的安全制度，限制学生的潜在危险行为，如禁止携带钥匙打篮球、穿皮鞋踢足球等；对于一些比较容易发生危险的体育设施要安装必要的保护装置和必要的警示标志，如单扛下放置海绵垫、游泳池配置救生圈、救生衣、设置深水区警示牌等，有效地防止危险的发生。

3. 时刻对学生进行安全运动的教育

要在体育教学中贯彻安全运动原则，必须有学生的密切配合，体育教师要通过集中教育与分散教育相结合，时时刻刻对学生进行安全运动的教育。集中教育是指组织专门时间讲解保证安全的知识和要领，教会学生互相帮助和保护的技能。分散教育是指老师在每一堂课学生练习之前强调安全事项，让学生绷紧安全这根弦。

二、高校体育教学目标

学校体育学科中包含了以下几个不同层面的目标：学校体育目标、体育课程目标、体育教学目标、课外体育目标、学习领域目标、水平目标、学段教学目标、学年教学目标、学期教学目标、单元教学目标、体育课目标等。这些目标既存在一定的差异性，也具有较强的关联性，但这些目标有的是同一个层面的，有的是不同层次的。体育教学目标可被理解为体育教学活动的

"第一要素"，上接学校体育目标、体育课程目标，下承水平教学目标、单元教学目标、课堂教学目标等，构成一个较为连贯的目标体系，而在理论研究和教学实践中，由于这些目标之间的关系并不十分清晰，从而产生了一定的混淆，特别是在制定各层次的体育教学目标过程中，由于认知上的偏差，造成了体育教学目标的泛化和淡化现象。

体育教学是学校体育这一教育系统的主要组成部分，而教学目标则是教学的出发点和归宿。在当今学校体育改革的形势下，旧的教学目标已不再适应"健康第一"的指导思想的需要。因此，有必要对其进行讨论，并确定比较适合当今素质教育的体育教学目标。

（一）体育教学各个目标之间的关系

1. 运动知识与技能目标、体能发展目标是体育教学核心目标

首先，运动知识与技能目标包含了两个部分的内容：一是有关运动的理论知识和身体的知识（身体知），对应于布卢姆的认知目标；二是运动技能，对应于布卢姆的技能目标。知识与技能之间的关系比较复杂，因为有关运动理论方面的知识是一种外部认知知识，是依赖于学生外部感官来认知的，如可以通过视觉感知教师身体运动影像，通过听觉感知教师讲解运动的原理与方法等，这种认知方式与其他学科具有共性，但是运动技术传习过程并不能仅停留于此，必须通过身体的实践操作将运动的理论知识内化为具有切身体验的身体知与可观测的运动技术，才能算得上掌握运动技能。因此，运动知识与技能目标的主体还是运动技能目标，运动理论知识与身体知则为运动技能目标服务，运动理论知识与身体知的获得也是通过运动技能教学过程得以实现的，不必专设室内的理论课进行教学。

其次，"体能"目标既是体育教学的特殊目标，也是核心目标。与布卢姆三维分类教学目标不同，体育教学具有一定的独特性，主要的体现形式就是身体健康目标。由于身体健康或增强体质与体育活动没有直接的因果关系，因此，目前较为准确的说法是发展学生的体能，这也与新修订的体育课程标准是相一致的。而体能目标的实现可以分为两个路径：其一是通过运动技术教学的路径。身体练习与增强体质虽不是因果关系，但也具有指向性关系；其二是通过体育课中的"课课练"路径。当教材内容的运动负荷不足时，可安排 5min 左右的身体素质，以发展学生相应的身体素质或体能。

2. 运动技术具有"手段"与"目标"的双重性，体育教学中的运动技术主要承担"目标"角色

要正确理解运动技术既是"手段"、又是"目标"这种看似矛盾的关系，

我们应从不同的领域来分析：从体育教学这个微观视角分析，运动技术是"目的"，因为学生在教学过程中要从"不会"运动技术到"学会"运动技能，因此，"学会运动技能"就是体育教学的目标；而从学校体育的宏观视角分析，运动技能则是"手段"，因为学生在体育教学过程中已基本掌握运动技能，此时学生的主要目的就是经常运用运动技能，并养成习惯，从而实现锻炼身体、达成身心健康发展之目标。因此，此处所涉及的运动技能应作为体育教学中的"目标"功用。

3. **情感目标包含运动参与、心理健康与社会适应目标**

从心理学理论分析，情感可拆分为二个具体的内容：心理与社会适应，而心理又可分为人的心理过程与个性心理特征。其中心理过程包含注意、记忆、意志、情绪、态度、兴趣等，这部分内容可与课程标准的"运动参与"相对应。而个性心理与社会适应可合为课程标准中的"心理健康与社会适应"目标。

4. **运动参与、心理健康与社会适应直指运动技能目标**

由于运动技能目标是本位目标，其他几个目标就应围绕运动技能目标来展开：运动参与目标应结合体育课程的教材内容，充分体现所参与的运动技能的态度与积极性；心理健康与社会适应也应根据运动项目的特性来体现心理与社会所发展的内容。以大家所熟知的排球为例，它是一项集体性的项目，对于促进学生合作互助的精神具有一定的作用，因此在表述运动参与、心理健康与社会适应和体能目标时，要结合排球的特性，不要造成目标与运动项目之间相互剥离的现象，这也正是目前学校体育基层教学中所存在的较大问题之一。

5. **体能、心理和社会适应目标协调统一，贯彻"身心和谐发展"的一元论教学理念**

在体育教学过程中，学生通过运动技术的传习，达成掌握运动技能的目标，同时也有效促进了学生的身体健康，但仅仅达成传统观念中的增进学生身体健康是不够的，因为这是"身心分离"的二元论观点。体育教学必须在促进学生身体健康的同时，实施品德与品行的教育，实现学生身心和谐发展。这就是体育教学中的"身体与品行并重发展"的一元论教育观。

（二）制定学校体育教学目标的方法

由于体育教学目标的确立，首先要以体育的本质为基础，通过研究各个不同时代的历史和社会条件，从中产生出学校体育的目标。对于体育的本质要考虑"在变化中有本质"的方法。把"进步主义"的教育思想与"本质主义"的教育思想相结合。即不偏于"本质主义"也就是说"存在着一种由主体和环境的联系所建立的,具有永恒的绝对价值。"也不偏于"进步主义"的主张:"要否定永久的绝对价值的可靠性,而从主体与环境的联系中去寻求教育本质的不断改造。"我们要站在"进步主义"的立场上,在不断变化和改造中去寻求"本质主义"所讲的本质。以此作为理论基础,推导出学校体育教学目标的动态教育观。

这种动态的教育观,对生活趋势的适应,不可能是间歇性和临时性的,它必须是连续的,为了指导进步,学校体育应当不仅使自己适应于幸存的价值观,而且也应该预见发展的方向和创造新的价值观。它作为教育的一个组成部分,基本上是个演进的过程,而且渐进的生长,既扎根过去又指向未来。在此过程的任何阶段上,我们所能够提出的目标,不管它们是什么,都不能看成终极的结果,它对于教学过程的价值,在于它的挑战性。然而,在这个发展过程中,我们必须根据体育的本质来把握学校体育的教学目标。依据体育的内在规律性,突出强身健体的主要地位,从而使所确定的学校体育的教学目标,在辩证的过程中,尽量达到合规律性和合目的性的统一。

(三)体育在教育中的位置及作用

随着素质教育改革的深化,对要"育成完善的人"这一终极目的越来越明确。席勒立足于劳动分工考察了古希腊与现代人格的差异,指出:"希腊人的本性把艺术的一切魅力和智慧的全部尊严结合在一起,"他们既有丰富的形式,又有丰富的内容,技能从事哲学思考,又能创作艺术:即温柔又充满力量。"他揭示了真、善、美分属三个不同王国的不同法则:"在力量的可怕王国中,以及在法则的神圣王国中,审美的创造冲动不知不觉地建立了第三的王国,既游戏和外观愉快的王国。""在力量的国度里,人和人以力相遇,他们的活动受到限制。在安于职守的伦理的国都内人和人以法律的威严相对峙,他们的意志受到束缚。在有文化教养的圈子里,在审美的国都中,人就只需以形象显示给别人,只作为自由游戏的对象与人相处,通过自由去给予自由。"教育目的在于培养我们的感性力量和精神力量的整体达到尽可能的和谐。本着这一教育理念,培养学生在求真、立善、创美的过程中得到全面发展。那么,体育在"育成完善的人"中担当什么角色呢?

陈建翔据人类和个体发展的历史逻辑,将体育放在了五育的第一个层次。他认为教育在尚未有教育分化或要素分解的时候,其实,就是一个总的体育,他把各个方面的教育都笼统的包含在一起了。这是一个混沌的整体。智、德、美三育是从体育中分化出来的。它使人的最初的综合发展得到分解，提高了人的各方面发展的效率，但也孕伏了把人支解、让人片面发展的萌芽。这算是对混沌体育的一次否定。而劳动技术教育则是否定之否定，它是培养人的创造性实践能力，让人在解决问题中综合运用和发挥他的全部智慧和能力。人的身体作为一个多样化能力的统一整体发挥作用。

（四）学校体育的教学目标

从"育成完善的人"这一理念出发，据目标的性质，霍恩制定了三条确定目标的标准：(1)现行条件的产物，(2)有灵活性，(3)必须导致各种自由的活动。并查看了美国、日本、英国、德国的学校体育教学目标后。结合中国的实际情况，归纳了如下三条：

1. 掌握基本的运动技能与健康知识，并理解体育对健康的意义

体育的本质功能为强身健体，尤其是"真义体育"，特别强调体育的生物学意义。但作为教育的一个组成部分，在培养学生求真、立善、创美的过程中，与体育有关的就是维持和提高健康与体力，而学校体育培养学生体质的基本手段就是学习运动技能。运动技能的学习是重复锻炼的结果，学生在掌握运动技能的过程中，增强了体质，但身体运动不但是靠身体进行的，它是一种整个人的活动，是需要身心功能的综合参与的。因此，学校体育的教学目标不仅要培养生物学意义上的人，而且，要培养生理、心理和社会意义的人。健康的体魄是体育区别于其他各育的根本价值，也是进行健康教育的一个重要的组成部分。

2. 促使运动技能生活化

在现在社会，无论是个人还是社会方面都迫切要求把娱乐体育提到日程上来。西方发展国家从20世纪60年代，我国从90年代开始，人们的体育观念和运动行为发生了深刻的变化。对体育活动的价值需求，突出的特点是，在健身的基础上，追求活动中的娱乐已成为越来越重要的价值趋向。杜威强调"教育即生活"，蕴含了终生教育的哲学。而与之相伴体育提出了生涯体育的思想。因而在体育教学的目标中，据"育成完善的人"这一理念，我们既要合情又要合理。运用科学而系统的方法，进行教学的同时，充分体现学生在教学过程中的主体性，考虑学生的个别差异，追求体育教学的合规律性和合目的性的统一。让学生怀着轻松愉快的心情自愿参加各种体育活动，并把它作为一种有意义的活动形式，度过自己的余暇时间，使个人从精神和身体上都得到休息、放松和享受。即使毕业后，由于形成了运动的习惯及对体育正确的价值观，运动的魅力对他们来说有增无减。

3. 培养良好的社会行为和态度

之所以要涉及这一目标，是由于促使"育成完善的人"的很多机会是从进行身体活动的各种运动场上产生的。在体育教学中，师生和学生之间的相互关系及相互接触是以运动为媒介，并以此建立和睦的人际关系。比如比赛这种身体活动，不仅能促使个体的身体发育、提高，必然也构成社会的一角。通过担任不同的角色，体验责任的重要性和与人合作的乐趣。加茨库·梅认为体育既是斗争又是游戏。在体育活动中，培养学生公正与互助的社会行为和态度。

从当前改革的需要出发，探讨了体育的地位，并据"育成完善的人"理念，归纳了三条学校体育的目标，在体育教学中，强身健体的同时，促使学生获得身心全面发展。但随着素质教育改革的深化，由于对"健康第一"的体育教学指导思想存在模糊性，即"健康"仅为身体健康，还是包括生理、心理和社会的大健康观，存在异议，从而导致了体育教学目标各有侧重。这并不是坏现象，可让我们从不同角度来把握体育的本质。因而，建议从不同的层次和角度来探讨体育教学目标。使我们的体育教学，在强身健体的基础上，使学生的身心得到发展，尽量达到合规律性与合目的性的统一。

第二节 体育教学的内容及环境

一、体育教学内容

体育教学内容是体育教育的载体，它是根据体育课程的目标，体育教学的内在规律以及社会需要来确定的。体育教学内容体系的构建必须在这三个方面的基础上，充分考虑体育课程各个阶段的目标，学生的身心特点，教学内容的纵横联系，以及教学时数、教学条件等各方面的因素，使教学内容的知识和技能体系和促进学生主体社会化所需的素质结构的形成结合起来。

（一）教学内容的概念

世界著名的日本教育学家佐藤正夫指出，"构成教学内容最重要的因素是学科相学生传授的知识内容，即教学内容是由该学科的知识素材构成的。"从学科的知识素材中选择、整理并组织的，其目的在于实现一定教学目标的必要素材，就是教学内容。所以，知识素材的教养价值越高，它在整个教学内容结构中的地位便愈重要。不是各门学科的一切知识素材都可作为教学内容。

体育教学的技能与知识素材庞大复杂。因此，必须筛选那些适合体育教学目标的身体练习和理论知识作为体育教学内容。体育教师要深刻理解体育教学内容的内涵，不仅要掌握它们，而且要善于从教育学、从体育学和教学论的角度去选择和整合它们，以便于发挥它们在教学过程中的生物学、社会学和教育学功能，即新《标准》提出的身体、心理与社会的三维健康观。因此，优秀的体育教师必须学会教学内容的选择与整合。这也是国家教育部颁布的《体育与健康课程标准》对每个就是业务素质的客观与职业要求。

（二）体育教学内容的类别与划分

1. 体育教学内容的特殊性与松散性

体育教学内容不同于数学、物理和化学学科的教学内容，它不具备鲜明的顺序性、阶梯性和逻辑性。在课程内容上先学篮球还是先学足球，先学体操还是先学田径？它们间有什么逻辑与主从关系不明确。这正是体育教学内容整合安排和优化组合的难关所在，这就是体育学科与体育教学内容的特殊性与松散性所在。

对此可概括为以下几点：（1）体育教学素材庞博复杂，素材间主从关系、逻辑关系不明朗，无论横向还是纵向（同类身体练习之间）联系都较松散。（2）体育学科的教学目标受社会、国家以及教育发展的影响呈现出多样性的特点。因此，教学内容在服务于教学目标时也具有多种指向性。（3）教学内容随学生的生长发育、认知水平和性格爱好的变化相应有较大的变化。教材内容的排列不是呈直线递进式，而是呈复合螺旋式。

2. 体育教学内容的类别与划分

由于体育教学素材丰富多彩，比较松散，逻辑顺序不明显，所以体育教学内容类别呈多样性的状态。不同的分类标准，体育教学内容有不同的类别：（1）按学校体育的目标划分：新颁布的《标准》将体育教学内容分为运动参与、运动技能、身体健康、心理健康和社会适应五个方面的内容。（2）按课堂体育教学的目标划分：可分为增进健康、发展体能；体育与健康基本知识；基本运动能力与运动技能；体育兴趣与个性心理品质培养等多方面教学内容。（3）按课堂体育教学教材类别划分：可分为游戏、田径、球类、基本体操、健美操、武术与民族体育活动等多方面教学内容。（4）按体育学科能力划分：可分为体育运动能力、体育锻炼能力、体育娱乐能力和体育观赏能力等方面教学内容。（5）按教学内容在教学大纲中的地位划分：可分为重点、一般和介绍性三类教学内容。（6）按体育课的"授业"要求划分：可分为体育运动的基本理论知识，基本运动技能和基本运动技术三类教学内容。（7）按年龄和学段划分：可分为1—3年级与4—5年级教学内容，初中与高中教学内容和大学教学内容。(8) 按教学任务划分：可分为学习内容、复习内容、练习内容等。

在众多的体育教学内容中，核心是锻炼身体、发展体能与提高运动技能所需要的知识、方法和手段。其他内容例如心理健康、意志品质培养、和谐的人际关系与团队合作精神等，都只有通过学习和实践与上述内容相关的身体练习才能发展和形成。

（三）体育教学内容选择的原则

"体育教学的内容，应当根据体育教学目标、体育教学的基本规律和我国的国情来确定。"这是我们在确定体育教学内容体系时首先要考虑的三个重要条件，也是基本的前提。体育教学内容非常丰富，真正作为教学内容的，仅仅是其中的一部分，因此，需要我们去认真遴选。在选择体育教学内容时，我们应该遵循以下原则：

1. 实践性与知识性相结合的原则

实践性和知识性相结合是由体育的本质属性所决定的。利用身体活动来达成教学目标是体育教学的一种最重要的形式。通过实践，要使身体的大肌肉群得到活动，各内脏器官系统得到锻炼，同时要体验到体育的乐趣、受到品格的培养和体育方法的训练，这些都是以体育教学内容作为媒介实现的。体育教学的一个重要目标之一是使学生掌握体育知识和发展体育能力，为终身体育奠定基础，这个目标的实现就依赖于实践性与知识性的结合。知识性主要体现在为什么做、怎么做和为什么要这样做上，这固然要通过基础理论内容进行讲授，但更多的是在实践中体验、理解，通过运用来加以强化。体育教学内容体系就是融合实践性与知识性的结合体。

2. 健身性与文化性相结合的原则

健身性是体育教学区别于其他教学的显著特点，体育教学内容体系要具有健身性是体育教学的本质属性的反映。而文化是人类认识世界、改造世界和适应环境的产物，体育本身就是一种文化现象，体育教学内容的文化性就是体育教学内容要有利于提高学生对体育的认识，促进体育情结的培养，树立体育的价值观和体育理想，进行良好的体育道德的熏陶。健身性与文化性相结合，就是体育教学内容体系既具有良好的健身价值，又具有丰富的体育文化内涵。

3. 民族性与开放性相结合的原则

体育的形式和内容总是与某些国家或地区的民族文化传统和民族习俗有关。当今许多风行于世界的体育项目都是发端于各个不同的民族和国家。如我国的武术、日本的相扑、希腊的马拉松、欧洲的击剑等等，无不具有鲜明的民族色彩。体育教学内容的民族性就是要把具有我国民族特点的那些优秀项目吸收进来，既发挥它们的健身功能，又发挥它们的优秀传统教育效应。但体育教学内容仅强调民族性是不够的，任何民族，无论它是多么的优秀，在发展过程中，总会受到来自方方面面、形形色色的因素的约束，总会具有一定的片面性，相对于大千世界来说，这种局限性就显得更为明显了。因此，体育教学内容必须体现出民族性与开放性的结合，即要在保留优秀的本民族体育内容的基础上，充分吸取世界各民族的优秀体育内容，将它们融合在一起，使之形成一个优势互补，功能齐全的体育教学内容体系。

4.继承性与发展性相结合的原则

传承优秀的传统文化是教学的重要功能。体育教学内容的选择无疑是要吸收我国历史悠久的传统体育内容，使这些宝贵的文化遗产得以继承，这就是体育教学内容的继承性特点。

但时代在前进，任何事物总是要不断地发展才能适应时代的要求，否则就必将被历史所淘汰。文化的继承是有选择的、批判性的，对于传统体育内容，我们在有选择地继承的基础上，要进一步丰富它的内涵，在保留它的原有特点和精华的前提下剔除那些落后的不健康的东西，使它具有时代气息，符合现代社会发展的需要，这就是体育的发展性特点。我们对于武术的继承和发展，就是体育教学内容继承性与发展性相结合原则的典型范例。

5.统一性与灵活相结合的原则

体育教学内容体系要面向全体学生，它必须有基本的要求，有一个相对统一的标准，使体育教学有一个较为规范的目标，这就是体育教学内容体系的统一性。但它绝对不应该是完全整齐划一的。首先，我国地域辽阔，各方面的条件不一致，发展不平衡，教学的相关基础不是同一起点。其次是学生的身心发展水平有差异，体育基础、接受能力也不相同，即使是同一教学阶段的学生，都会表现出明显的不同特点，因此，教学内容必须留有一定的余地，具有灵活性，能根据教学条件和学生特点，灵活地加以选择，这就是体育教学内容体系的灵活性。只有兼顾统一性和灵活性，才能有效地使不同条件的所有学生的身心都能得到全面发展。

（四）体育教学内容体系的结构特征

体育教学内容体系的结构是指体育教学中特定的内容之间的功能组合。这个结构是学生掌握体育知识、技术技能、培养品格、进行体育方法训练，实现体育教学目标的知识基础。它必须既能满足社会的需要，又能满足作为教学主体的学生的需要。其中学生的需要是激发学生良好的学习动机，产生积极的学习行为的诱因。换句话说，就是学生对能满足自己需要的教学内容才能产生兴趣。另外，体育教学目标的达成是建立在相关教学内容共同作用，产生良好的综合效应的基础之上的，因此，教学内容的优化组合是体育教学内容体系构建的关键。而社会需要是社会对教育目标的要求，从这个角度来说，满足社会需要的过程就是一个促进学生逐步提高社会化限度的过程。社会需要和学生主体需要具有同一性，但它们在满足的层次上，时间顺序上是不一致的，我们必须把握体育教学内容结构的基本特征。

1. 体育教学内容结构具有主观目的性

体育教学内容体系的结构具有明显的主观目的性，当客观的需要和主观目的相一致时，建立的体育教学内容结构才是合理的。目的性具有二层含义。首先，在不同的学习阶段，学生对体育教学内容的需要是不一致的，体育教学的内容结构要与不同学习阶段的学生的需要相对应，体现出结构的层次性，因而需要人们在丰富的体育内容中认真遴选，合理组合，按照体育教学目标去确定体育教学内容结构。其次，体育教学内容结构要有利于学生形成合理的认识结构、技术技能结构、能力结构和体育方法结构。所以体育教学内容结构就要能给学生在体育知识、技术、技能、体育方法和终身体育能力的形成方面提供一张理想的网络，这就是体育教学内容结构的目的性。例如在小学阶段，由于体育教学的目标主要是提高学生对体育的兴趣，发展他们的基本活动能力，培养自尊心和自信心，进行团队精神的熏陶，因而采用的主要内容是活动性游戏、简单的体操和小型球类活动等，让他们在学习过程中去感受体育的乐趣，在集体练习中培养协作精神，在完成练习中树立自信，在整个活动中使各种基本活动能力得到提高。进入中学以后，体育教学目标提高，侧重点有所改变，这时的教学内容结构就需要相应地进行调整。总而言之，不同的教学阶段有不同的教学目标，也就有不同的教学内容，教学内容不断地调整的主观目的就是为更好地实现体育教学目标提供条件。

2. 体育教学内容结构具有联系性

体育知识和运动技能的种类是极其丰富的，任何体育教学内容结构都只能包含其中的一部分，而选取的这一部分内容，应具有广泛的联系性，通过这些内容的教学后，可以有效地扩充学生的知识范围，打下良好的体育运动技术、技能基础和建立良好的能力结构，为学生进一步的发展创造条件。

体育教学内容结构的联系性表现在两个方面，一个是具有横向特点的广泛性。身心的发展要求是全方位的，既包括保健、营养、卫生、锻炼原理、竞赛规则等基本知识，又包括促进身体发展的各种运动技术技能和练习方法，相对广博的体育基本知识和多样化的运动技术技能是形成良好的体育态度和体育能力的重要条件。另一方面是具有纵向特点的复合性。体育教学内容要随着学习的进行逐步深化，这是教学的基本规律，就单一的教学内容来说，这就是它的纵向特点。但是体育教学目标是多元的，它的实现依赖于多种教学内容的综合效应，因此，它势必要求多种内容协同向纵深发展，这就是纵向发展的复合性。这种复合性和广泛性的结合，可以提高体育教学内容结构的全面性和协同性，教学内容的广博性和教学内容之间的联系性对于学生创造性的发展也是非常有利的。

3. 体育教学内容结构具有包容性

体育教学内容结构的包容性表现在体育教学内容结构内部相互渗透、彼此贯通。只有整个内容体系相互联系，形成一个完整的知识体系，产生共轭效应，才是科学的。作为一个知识结构，体育教学内容结构应该是纵向相连、横向相关的，这种结构内部互相关联的特性，必然要求不同的内容之间彼此包容。同时体育教学内容健身效果的共性和优势现象，使它们对于身心发展的效应表现出包容性。体育教学内容结构的包容性使教学内容的选择具有更大的灵活性，体育知识技能具有更大的综合性。

4. 体育教学内容结构具有动态性

体育教学内容结构要跟上体育科学的发展步伐，符合社会发展的需要，就必须具有动态性。随着人们对体育科学研究的不断深入，在对人体的认识、体育锻炼对人体的作用、运动行为对身心的影响诸方面，都会产生新的知识，这些新的知识必然要及时在体育内容结构中反映出来。另外，随着社会的发展，社会对人才素质的要求是不断变化的，譬如，现代社会的快节奏的、高竞争性的特点，对人才的竞争力、创造力和良好的心理素质有了更高的要求，这些要求当然地也就应该反映在以满足社会需要和学生需要为出发点的体育教学内容体系结构之中。所以体育内容体系结构总是处在一个动态的变化之中。

5. 体育教学内容结构具有实践性

体育教学内容以实践性为主，这是体育的本质属性所决定的。体育的基本知识以对体育的正确理解和能指导体育实践为出发点，建立起围绕体育实践而编织的知识体系网络。而活动性内容则应以在实践过程中对身心健康水平的良性影响为依据。换句话说，就是要考虑它对体育教学达成目标的贡献，以及各个内容之间的优势互补，使之既能产生教学内容所具有的个别优势，又能形成多种内容结合而成的结构优势。这种优势现象的出现是以实践性为前提的。

（五）体育教学内容体系的设计与构建

在体育教学内容体系的整体设计与构建时，应依据新的体育与健康课程标准提出的 5 个领域（运动参与、运动技能、身体健康、心理健康和社会适应）、3 个层次的目标体系要求（课程目标、领域目标、水平目标），按照学习阶段和教学要求，以健康和体能为主线，深透体育知识、技能与社会人文教育，构建和设计教学内容体系。

在每个学段上依据学生的年龄特征和培养的主攻方向，在教学内容选择和安排上有所侧重。在每个年龄段上提出重点学习内容，通过多年的系统体育教学，即通过初小、高小、初中、高中及大学体育课实现学校体育和体育课的整体课程目标。在构建和设计体育教学内容体系时，应注意各阶段教学内容的衔接性和递进性。各阶段的教学内容既有其各自的特殊性与阶段性，但相互间又有较大的互补性和逻辑性，应严格避免传统教学内容体系中严重的重复和无序现象。

二、体育教学环境

体育教学环境是体育教学活动的基本因素之一，任何体育教学活动都是在一定的体育教学环境中进行的。体育教学环境不仅影响着体育教学过程的组织与安排，而且在某种限度上还决定了学生未来发展的方向。体育教学环境历来是我国体育教学中比较忽视的一个问题，在喧嚣的马路上跑步，或在尘土飞扬的操场上踢球是我们经常可以看到的场景。这固然与学校的经济条件有关，但深层上却反映了人们在观念上与"以人为本"教育理念的背离。今天，当我们站在新世纪的巨轮上全方位审视我国体育教学改革的时候，不得不把目光投向体育教学环境这片似乎被人遗忘的领域。

（一）体育教学环境的概念

要弄清楚体育教学环境的概念，首先必须明确环境、学校教育环境、教学环境等几个相关的概念。从哲学的角度而言，人类的环境，包括了两个层次，即外部环境和内部环境，外部环境即自然界，内部环境则是我们人类自己创造的文化。我们可以把环境理解为人生活于其中，并能影响人的一切内、外条件的综合。

学校教育环境是一个特殊的环境，它是学校中各类人员进行以教与学为主的各种活动所依赖的物质条件和社会条件的总和。学校教育环境本质上是一种人工环境，或者叫人文的环境，因为学校教育环境的一切无不被赋予了一定的教育意义，体现了人们的教育观念和审美意识。学校教育环境又包含了许多层次和方面，而教学环境理所当然是学校教育环境的重要组成部分。

教学环境是按照发展人的身心这种需要而组织起来的育人环境，我们可以把它看成是学校的一切教学活动所必需的各种条件的综合。教学环境又有广义与狭义之分，广义上而言，影响教学的所有社会环境如社会制度、科学技术、家庭与社区条件等都属于教学环境；狭义上而言，教学环境主要指学校教学活动所需要的物质、制度与心理环境如校园、校舍、各种教学设施、各种规章制度、校风、班风、课堂教学气氛及师生人际关系等。一般我们所说的教学环境主要是指狭义的教学环境。

体育教学环境是指开展体育教学活动所需要的所有条件的综合。很显然，体育教学环境是教学环境的组成部分，是一种相对微观的教学环境，故它不可能游离于教学环境之外而孤立地存在。

（二）体育教学环境的构成要素

1. 体育教学的物质环境

（1）体育教学的场所

包括体育馆和各种体育场地如田径场、篮球场、排球场等以及这些场地的周围环境如阳光、空气、树木、草坪等。体育场、馆的布置与建设除要考虑学校整体的布局外，其位置、方向、采光、通风、颜色、声音、温度以及建筑材料等都必须要符合运动和学生身心的特点以及安全、卫生与审美的要求。如田径场跑道的方向一般要与子午线相一致；再如体育馆的墙面和有些体育场地的地面颜色一般采用比较温暖的颜色，诸如柔和的黄色、珊瑚色和桃红色等，因为暖色调可使人在视觉上和情感上的兴趣趋向外界，可提高中枢神经的兴奋性，因而也特别适合幼儿园和小学的体育场地。体育教学场所同时又是整个学校校园环境的重要组成部分，蕴藏着极为丰富的文化内涵，因此应该成为学校最亮丽的风景和最吸引学生的地方。

（2）体育教学设备

体育教学设备主要有两大类：一类是常规性设备，如课桌椅、实验仪器、图书资料、电化教学设备等；另一类是体育器材设备，如体操垫、单、双杠、篮球、足球、排球、健身器材、标枪、铁饼、铅球等等。这些设备是开展体育教学活动的必备条件，对完成体育教学的任务起着重要的作用。

2. 体育教学的心理环境

（1）学校体育传统与风气

学校体育传统与风气是指一个学校在体育方面养成并流行的带有普遍性、重复出现和相对稳定的一种集体行为风尚，它是校风的有机组成部分。良好的学校体育传统与风气对学生会产生潜移默化的影响，对形成学生正确的体育态度、兴趣、爱好、养成良好的体育锻炼习惯以及提高学生的体育文化素养等方面都有着非常重要的作用。

（2）体育课堂教学气氛

体育课堂教学气氛是指班集体在体育课堂教学过程中所形成的一种情绪、情感状态，它包括师生的心境、态度、情绪波动、师生间的相互关系等。积极的课堂教学气氛有利于体育教师和学生之间的信任和情感交流，最大限度地引发和调动学生学习的积极性和自觉性，并且有利于帮助学生树立克服困难的勇气和信心。

（3）体育教学中的人际关系

人际关系是指人们在社会交往中所形成的人与人之间的心理关系。体育教学中的人际关系主要包括两个方面，一是体育教师与学生之间的关系，二是学生与学生之间的关系。这些关系又构成了体育教学中的人际互动过程，直接影响着体育课堂教学的气氛、体育教学反馈以及学生的课堂参与限度和积极性，进而影响体育教学的效果。

（三）体育教学环境的特征

1. 体育教学环境的教育性

教育功能是体育的重要功能之一。在当今社会，这项功能已经获得人们的认知和重视，并通过体育的手段和方法进行各种教育活动（如健全性格、锻炼意志品质、心理辅导等）。体育教学环境是学生身心活动的环境，这个环境的内容、氛围、互动形式、设计理念、构成因素等都具有教育意义，这种教育性的体现是体育教学环境特有的。

2. 体育教学环境的群体性

教师和学生是体育教学的参与者（教师是主导者，学生是主体），这构成了体育教学的人文环境。来自不同地方、不同专业的参与者，在这个环境中通过体育教学活动进行交流（包括肢体、心理、思想的交流），由陌生到熟悉，并建立新的人际关系（同学关系、师生关系）；教学环境中的个体在体育活动中不断地与老师、同学进行交流，体现出个体与群体的教育性，并受群体的规范，群体中个体的数量在政策上也有限定。

3. 体育教学环境的可控性

体育教学环境虽然包括自然环境，但它本身不是自发形成的。它是根据教育教学目标和教学计划构思设计的，具有可控性。主导者以教育教学目标为指导，不断地通过各种方法手段控制整个教学环境的诸因素，实现教学目标和满足主体的需求。在这个教学环境中氛围、情绪、主体的活动都是可控的。

4. 体育教学环境的潜在性

由于体育教学环境是作为主体知觉的背景而存在的,刺激限度较弱,具有一定的暗示性,因而常常使学生在不知不觉中产生各种潜移默化的影响。体育教学环境对学生而言犹如空气和水一样"润物细无声",它无时无刻不在影响学生的学习活动:在同学们的欢声笑语中,在每一次成功的喜悦中,在每一次失败的反思中,没有任何强迫的接受。

5. 体育教学环境的和谐性

体育教学环境中的场所、设施要与学校其他建筑、设施协调一致,体育设施、场所与其他建筑设施在风格、布局、功能等方面要和谐,形成一个有机整体;体育教学场所、设施之间要协调一致,场地与场地之间、器械与器械之间的布局要有层次性,避免互相干扰,颜色搭配要符合学生的心理特征;体育教学的场所设施要与校园的自然环境协调一致,营造出自然和谐,景色宜人,奋发向上的体育教学环境。在这样的环境中教学,学生的各种潜能才能被充分挖掘出来,学生才能健康地发展,主体意识才能体现出来。

学校毕竟是社会的一个组成部分,体育教学环境随时都受到各种外界环境的影响,同时它又对外界社会产生着不可忽视的作用。从这个意义上说,体育教学环境是特殊的开放系统,它同样辐射着大众体育与竞技体育,并受其影响。

（四）体育教学环境的功能

1. 陶冶功能

实践证明,优雅文明、美观和谐、活泼向上的体育教学环境,对陶冶学生的情操净化他们的心灵,培养他们的审美情趣以及养成他们高尚的道德品质和行为习惯有着重要的意义。通过各种有形的、无形的或物质的、精神的体育教学环境因素的综合作用,能够在耳濡目染、潜移默化中熏陶、感化学生,从而产生一种春风化雨、润物无声的教育效果。体育教学环境的这种陶冶功能如果运用恰当,对实现体育教学的目标乃至学校体育的目标都具有重要意义。

2. 激励功能

良好的体育教学环境,一方面,可以有效地激励教师教学的工作热情和动机;另一方面,可以提高学生学习的积极性和自觉性,从而推动体育教学工作的顺利进行。体育教学可以为学生创造一幅诗一般的画面和意境:翠绿的草坪、湛蓝的天空、清新的空气、整洁的场地、个性化的器材与充满活力的运动场面，在这里，人与自然、人与环境、人与运动已经浑然一体。置身于这样的环境中，去奔跑、去跳跃、去拼抢，对学生而言，是他们人生中最惬意的享受。在这里，儿童热爱运动的自然本性展现得淋漓尽致，而体育意识则宛如春天的藤萝，在学生的心灵中一天天萌发、滋长。

3. 健康功能

体育教学环境是师生长期生活、学习、工作的环境，环境的优劣直接关系到教师和学生的身心健康。一个卫生条件良好，没有污染和噪音，教学设施充足、安全的体育教学环境，可以有效地促进师生特别是学生的身心健康。另外，体育教学中宽松和谐的课堂气氛和良好互助的人际关系，还对学生心理健康有积极的促进作用。

（五）良好的体育教学环境的表现形式

1. 能够勇于突破传统授课模式

每个教师都会在自己从小学到体育院校毕业参加工作，以及多年的教学实践过程中，不自觉地形成一种符合自己固有的教学模式。这些虽然在一定限度上使教学顺畅进行，但是却能束缚体育教师的思维方式，使自己陷入条条框框之中，严重制约着体育教学的改革和发展。要提高体育教学质量，实现教学目标，我们只有突破传统思维方式，勇于进行体育教学改革，改进组织形式，改革教学方法，以适应现代教育的发展需要，才能创造适合主体身心发展的教学环境。

2. 能够激发全体学生的兴趣和参与热情

体育教学改革的第一目标是"使体育教学面向全体学生"。教师要带着饱满而稳定的激情上课，用教态、内容、语言、媒体、灵活的方法手段等方式激发学生的兴趣，并使其积极参与到教学活动中，使学生身心放松，体验成功与失败，学会积极思考，提高分析问题和解决问题的能力；培养每个学生的参与意识，并把这种参与意识调动起来。鼓励学生积极参与到体育活动中，帮助学生确立不同阶段的学习目标，使学生能够通过自己的努力体验到成功的乐趣。

3. 能够充分发挥主体的自主性、创造性

（1）充分发挥主体的自主性

体育教学的突出特点是实践性强，师生互动和反馈，学生对运动知识的掌握和技能的形成与提高，都是通过自身主动、自觉的活动才能完成的。在教学过程中教师应指导学生在如何学练上下功夫，激发学生的兴趣、启迪学生的思维；开阔学生的视野、丰富学生的体育文化知识，使学生掌握获取知识的途径和方法，从而提高学生的参与意识。

(2) 充分发挥学生的创造性

创造性是对原有认识、操作成果有所改进或有所突破、超越。体育课的教学内容丰富、手段多样，教师要突破传统的教学模式，充分发挥学生的创造性。例如，在体育舞蹈的教学中，学生不仅要会跳舞，还要学会创编舞蹈的原则，能够创编舞蹈。在教学中为学生提供器材，鼓励学生发挥想象，编排游戏，这样既充分发挥了学生的创造力，又培养了学生的自信心，增加了学生的学习兴趣。

4. 能够充分体现体育教学的全面性

体育教学不仅仅是提高身体素质，还要教会学生做人，培养良好的道德品质、健全性格，如在耐久跑中锻炼学生身体抗疲劳的能力，培养学生坚韧不拔的顽强精神；在游泳、滑冰、跳跃等项目教学中，培养学生不断克服胆怯心理，以勇敢、无畏的精神去战胜困难，越过障碍；在足球、篮球、排球等团队运动项目教学中，要增强学生的自身活力，培养与人合作的精神；在羽毛球、乒乓球、网球等教学中，培养学生冷静的头脑、敏捷的思维、准确的判断、当机立断的性格。通过组织竞赛，培养学生逆境中的承受能力。在体育教学活动中，要在学生自我意识发展的基础上，培养他们的自我控制能力，逐步形成各种良好的心理品质。

(六) 体育教学环境的调控

体育教学环境是由多种要素构成的整体系统，它与体育教学活动息息相关。体育教学环境的优劣直接影响着体育教学的进程，为了最大限度地发挥体育教学环境的正向功能，降低负向功能，实现体育教学环境的最优化，必须对体育教学环境进行调控。对体育教学环境的调控是多方面的，突出的要注意以下几点：

1. 重视体育教学环境的地域优势

一般说来，不同地区、不同学校在环境条件上是有差异的，任何学校在环境方面又都有自己的特点和优势，充分挖掘和利用自身已有的环境优势，最大限度地减少、避免和弥补已有环境的不足，就有可能推动体育教学环境的整体改观。每个学校只要充分挖掘，都可以发现自己环境条件的潜力和优势。

2. 重视体育教学环境的整体布局

构成体育教学环境的因素颇为复杂，既有物质的，又有心理的，既有有形的，又有无形的。只有当这些环境因素协调一致时，体育教学环境的积极作用才能得以发挥。因此调控体育教学环境，首先要考虑整体的筹划布局，把体育场、馆的建筑，周边环境的绿化，场内场外的布置，图书资料的购置，各类器材的设置，良好人际关系的建立，积极向上的班风学风的形成，作为一个整体来加以全面考虑和控制。注意体育教学环境的硬件建设和美化要符合学生身心发展的特点和教学基本规律，要遵循教育学、心理学、生理学、卫生学以及美学的基本原理，通过科学的调控，使体育教学环境真正成为塑造健康体魄、健全人格的统一体。

3. 重视体育教学环境中强势因素的作用

环境心理学研究表明，环境可以影响人的行为，环境的不同特性能对人产生不同的影响。将这一原理运用于体育教学环境的调控过程中，适当突出体育教学环境的某些特征，可以增强特殊场景下的环境影响力，使师生的行为发生积极的变化。例如：在体育馆、图书资料室、球类房的主要出入口，设置一面醒目的镜子，有助于整理师生的仪容，约束师生的言行。在体育场馆醒目处、通道口陈设体育格言箴语，将有利于学生开阔视野，激发他们学习体育、参与体育的热情。体育教学环境建设中充分发挥强势因素的作用是调控中的重要方面，但应当根据具体情境灵活运用，不能生搬硬套，这样，对体育教学环境的调控才能获得理想效果。

4. 重视体育教学环境调控中师生的主体作用

体育教学环境调控中教师的作用是不言而喻的，作为教育者要注意体育教学环境的调控，但是仅仅这样不够，还应当重视学生在调控体育教学环境方面的作用。和教师一样，学生也是体育教学环境的主人，创造良好的体育教学环境的一切工作，几乎都离不开学生的参与、支持和合作。良好校风、班风建设，体育教学设施的维护，教学秩序和纪律执行等等，都与学生紧密联系在一起。因此，教师应当重视学生参与体育教学环境建设的主动性，培养他们对体育教学环境的责任感。只有这样，业已形成的良好的体育教学环境才能得到持久的维护，业已创造的良好体育教学环境在学生自觉不懈的努力中才会变得更加和谐、优美。

在学校体育改革向纵深发展，素质教育成为人们共识的今天，体育教学环境应当引起体育教育界以及学校行政部门的重视，这不仅是因为体育教学是在一个开放的环境中进行，比其他任何一门课程的教学受环境的影响更直接、更显现，而且还因为体育教学环境建设作为学校教学的窗口，更容易展现学校教育的特色。重视体育教学环境建设，重视体育教学环境的可持续发展，将是新世纪学校体育改革的一个重要切入点。

第三节 体育教学的现状及发展

随着社会经济的发展，人们更重视的是脑力劳动，顺应了知识经济发展的潮流。高校教育越来越重视培养高素质人才，而前提就是要使他们有健康的体魄，良好的身心素质。高校体育专业正是要达到这个目标。我国实施的"科教兴国"政策，也对高等教育的发展提出了新的要求，为了更好地达到教育的目的，达到人才的标准，国家教育局已经出台了一系列的改革措施，各大高校也在尽努力做出一系列的改变。但是就目前体育教学现状而言，与素质教育的标准还相差很大，还远远不能适应素质教育的要求，在此，我们通过对所存在的问题进行分析并队其发展趋势做了探究，希望对加速高校体育科学化的进程，促进综合人才的培养方面，提供一些理论依据。

一、高校体育教学现状

现在随着素质教育的普及，一系列关于教育改革的措施的已经出台了，高校的体育教学模式因此改进了很多，有很多值得称赞的措施，例如，终身体育思想的提出与采纳，"重视素质教育理念"的提出，这些促使了教师对体育行业的重新审视。这个理念使体育教学在教学方式、态度上均有了转变，并且开始尝试和创新进行了多种教学方式等等。这些改进的措施是值得肯定的，但经过深入的调查研究，我们可以看到其中依然存在一些不完善的地方，影响到了大学体育教学的整个教育改革措施的贯彻落实，对培养国家需要的高素质人才也很不利。

关于高校体育教育存在的一系列问题作如下分析：

1. 体育教育观念的变革不够深入

全国高校体育教育的改革与发展，都应该坚守身体素质教育观念，快乐体育教育观念，终身体育教育观念等多种观念的综合。然而，一系列的学校体育教育观念的变革，都忽略了这些观念，更多地关注了运动技术的传授和运动技能的提高，并不能全面使学生体质的增强，不能使学生快乐的学习体育，这在很大限度上影响了体育教学的质量。学校体育的目标制定只是为了教学模式而设定的一种形式，其制定的指导思想容易受到传统教育模式以及应试教育的限制，并不会根据学校的具体情况与学生的需求而设定，设置的目标过于笼统，不能实事求是。而且"终身体育"思想只是作为一种说法引入大学体育的课堂，并没有做到真正的落实，终身体育锻炼只作为了口头上的表达，而传统的教学模式使学生接受终身体育的思想确实很难，这样就使终身体育能力的培养就更加困难了。为了能使体育教学能发挥较高的教学水平，我们必须着力改变体育教育的观念，使终身体育的观念深入人心，并得到很好的实施。

2. 体育教学方法很单调

我国高校体育的教学方法很大部分受传统教育观念的束缚，其总是过分地强调知识的学习，而不注重以学生为主体，与学生进行交流。体育教学是将课程计划付诸实践的过程，它是达到预期的课程目标的基本途径。而现代的高校教育方法存在很多问题，教师并没有以适当方式促进学生学习，而只是注重自己的上课，并不在意学生有没有学到东西，有没有真正的掌握体育教育的精髓。而且在体育教学的过程当中由于受到传统教育模式的影响，一直是按照"讲解—示范—练习"的模式进行教学，这样没有创新的教学模式使学生缺乏学习的主动性，从而使体育课缺乏生机，整个课堂显得机械、呆板，学生很少积极主动地用脑去思考，对于创新能力的培养更是无稽之谈。所以，要提高课堂效率，教师在教学的过程中，必须学会采取各种教学策略与方法，提高学生的活跃度，积极性，这样才能达到体育教学的目的。

3. 体育师资队伍的综合素质较差

我国高校体育教师大部分是在传统教育模式的培养下成长起来的，因此体育教学的师资队伍无论在学历层次还是知识结构上，都普遍存在着一定的差距。目前，高校中的体育教师，大部分都是技术型、训练型的，基础专业知识还不全面，综合素质普遍较低，对自己专业以外的科学知识缺乏，不能很好地解决教育中出现的种种问题，缺乏与体育相关联的其他学科的理论知识和能力，体育教学比较随意，态度不够严谨。这些问题的存在也严重的阻碍了体育教学质量的提高。因此，我们必须对体育教学的师资队伍进行一定的全面培养训练，提高他们的综合素质的同时，也能够提高教学能力与水平，这样才会为体育教学的进步起到一定的积极作用。

4. 高校体育教育的考核方法过于单一

就目前的体育教育的评价的标准而言，现在所采用的是一般标准评价。就是只以学生的体育技能考试，以及一些理论考试来衡量所有的学生，这是很不公平的，而且评价过于强调考试成绩的结果和分数进行评价。这样只是单纯地从狭隘的自我理解角度来进行的体育评价，并以此作为划分优劣的依据，忽视了学生的个体差异，没有起到促进教学的激发学生的作用，不利于高校体育教育的健康发展。

5.体育场地器材的短缺

随着高等素质教育的不断扩大，国高等学校招生也在不断地增加，高校招生规模逐年增加。但是随着人数的增多，大多数高等院校对于体育场地以及体育设施等方面都没有做出相应的改善和提高，面对越来越多的学生人数，高校体育教学形势将会变得更加严峻，再加上体育设施和场地的不足，这些因素的影响也会严重制约了体育教学质量的提高。

二、高校体育教学改革现状

21世纪是一个科学技术革命不断发展的时代，正因为如此，高素质、高质量的人才是我国不断向前发展的保障。近年来，高校体育教育改革如火如荼地进行着，取得了非常好的效果。尽管如此，高校体育教学仍然没有完全摆脱传统的高校体育教学模式，并没有将理论教学和实践能力进行有效的结合。部分高校体育教学的手段非常单一，导致学生对体育学习的兴趣并不大，严重影响了体育教学的质量。高校体育教学的内容很少，例如只有田径、篮球、足球、排球等这些日常的体育运动项目。而台球、交际舞等项目却很少出现在高校体育教学中。

针对这一现状，国家便颁布了《关于深化教育改革全面推进素质教育的决定》。这一决定旨在丢弃传统应试教育体制对提高高校体育教学质量的限制，希望通过在高校中推行素质教育来促进体育教学的发展。在了解实践锻炼对体育教学的重要性之后，各大高校开始对体育教学理念进行改革。高校体育教学改革主要体现在以下几个方面：

1.高校体育教学应该以健康第一，终生体育锻炼为体育教学的指导思想，让学生树立终身体育的意识，培养锻炼身体的习惯

终生锻炼是顺应素质教育体制的一种全新的教学理念，是现代高校体育教学的发展趋势。这种指导思想指出教师应该加大对学校体育教学改革的认识和重视。其主张在发展体育人才的素质教育过程中，也应该重点强调健康。

2.高校体育教学应该顺应学生的个性发展

随着《全国普通高等学校体育课程教学指导纲要》的颁布和实施，高校体育的教学目标、内容和组织形式都得到了一定的改进。体育教学过程中不能只关注学生体育知识和素质的提高，还需要顺应学生的个性发展，注重培养学生的学习兴趣。

3.体育教学内容和方法上的改革

随着素质教育体制的深入，高校体育教学的内容逐渐趋于多样化发展，

且教学内容上注重传授体育知识和健身方法。

三、高校体育教育的发展趋势

随着人类社会的迅猛发展，脑力劳动者的增多，工时缩短闲暇时间的增多体育健身娱乐场所迅速发展和健全，各种形式的体育俱乐部的成立等等，这些现实问题都给体育教育提出了新的课题，把"促进学生身体健康"的传统体育价值观同"适应社会的必要知识技能"这一新的体育教育价值现有机结合起来，建立一种符合时代要求和现代社会发展趋势的全新教育理念。我们部分高校以建立体育俱乐部的形式满足了部分家庭状况好的学生的需求。我国的传统武术项目如太极拳等也成为部分高校的主干课。从发展趋势看，要适应未来变迁和发展的客观要求，必须对传统的体育教材内容进行修改、筛选和必备的补充。体育教材的内容应是丰富多彩的，有效而实用的，只有对体育教学进行全面改革，才能更好地发挥体育教育在社会发展中的重要作用。

四、推动高校体育教学改革的对策

（一）加强学生体育意识的培养

为了更好地推动高校体育教学的发展，国家对高校体育教学进行了一定的改革。加强学生体育意识的培养，促进良好体育锻炼氛围的形成。首先，就教学理念上，应该让学生了解体育的真正含义，懂得终身锻炼的重要性，注重知识和能力的有效结合。其次，在教学内容上，高校体育教师应该在教学过程中除了传授体育相关理论知识之外，还需要传授各种健身方法。最后，在教学组织方式上，高校体育教师主张顺应学生的个性发展，在教学过程中应该充分培养学生的体育学习兴趣。

（二）优化体育教学方法

很多高校的体育教学过程中，注重对学生实践锻炼能力的培养，但是却忽视了对体育知识的讲解。部分高校没有体育理论课，这种课程安排相当不合理，严重阻碍了高校体育教学质量的提高。针对这一不利现象，各大高校应该在体育课程安排上做出一定的改变。高校应该尽量衡量体育实践课与理论课，让学生更加具体的了解体育，培养学生对体育的兴趣。高校教师可以扩展高校体育的教学内容，教学形式多样化。另外，在教学过程中应该以健康第一，终生体育锻炼为体育教学理念，让学生树立终身体育的意识，培养锻炼身体的习惯。在实践运动锻炼中来提高体育教学质量。通过将体育知识的讲解和实践锻炼进行有机地结合，一方面可以有效地激发学生学习体育的兴趣，积极主动地投入到体育锻炼中；另一方面可以从锻炼中巩固相关理论知识，而在体育活动中又可以充分发挥学生的创造性。通过这样的方式来优化高校体育的教学方法，从而更好地推动我国高校体育教学的发展。

（三）提高高校体育教师的综合素质

体育教师的综合素质与体育教学质量之间存在着十分紧密地联系，在很大限度上影响着高校体育教学的发展。体育教师的综合素质包括教师的教学能力、训练能力、组织能力、创造能力和职业修养等综合素质。面对我国高校体育教师的综合素质较低的现状，各大高校应该努力提高高校体育教师的综合素质。各大高校应该加强对体育教师的职业技能培训，通过定期培训来提高教师的教学能力、组织能力等综合素质的提高，为体育教学质量的提高奠定良好的基础。提高教师的教学水平对激发学生学习体育的兴趣，鼓励学生主动积极进行体育锻炼，纠正学生在学习过程中出现的相关错误都有着一定的推动作用。只有有力地保证高校体育的师资力量，才能真正地发挥体育教师在教学中的作用，促进我国高校体育教学改革的深入和教学质量的提高。

（四）建立合理的考核评价模式

体育课程学习评价在体育教学过程中具有很重要的地位，是衡量体育教学能力水平的重要途径。所以我们必须改掉传统的考核评价方式，注重评价标准的多元化，应把学生的过去、现在与理想状态进行比较，多注重学生发展的各个侧面以及个体差异性，因材施教，让学生发挥自己的才能。同时。老师应该多多鼓励学生自我评价，让学生学习真正的认识自己，认识到自己的不足，这样不仅能培养学生正确评判自我的能力，还能促进学生主动改进，获得发展，同时也弥补了教师评估和学生自评的不足。

（五）加强高校体育场地和器材的投入

目前，我国高校体育教育经费严重短缺，体育设施的投资力度小，体育资源的严重短缺是影响教学的重要因素。作为国家，应该对这方面进行相应的关注以及人力和财力的投入；作为高校领导应重视学校体育场馆设施的基础建设，积极争取多渠道筹措资金，并科学管理合理规划体育器材的投入和场地的建设，逐步完善场馆的基础设施建设。

体育教学是实现学生综合素质全面发展，实现"文化强国"的坚实基础。综上所述，本文针对高校体育教学过程中存在的问题展开了探讨，分别从体育教育观念的变革不够深入，教学模式的单调，师资队伍的综合素质以及教育评价模式的死板等方面进行了分析，并针这些方面提出了具体的改革意见。教育都需要在实践中不断改革与完善，只有通过体育工作者的不断努力，才能使高校体育教学真正发挥出健身育人的功能，使高校体育在培养高素质人才中发挥重要作用，才能是高校体育教学真正得到发展。

第二章 高校体育教育教学理论

第一节 高校体育课程教学理论概述

大学体育是学校体育的高级阶段,也是整个人生体育的中间环节,它对巩固和提高中小学阶段体育的成果,进一步培养独立锻炼的思想习惯和能力,奠定体育的终身价值是极其重要的。体育理论教学是集中地进行体育基本知识教学和思想品德教育的重要形式。体育卫生知识教育,可以使学生学会讲究卫生和预防伤病的各种手段,学会健康地生活;体育和保健基本知识对提高学生锻炼身体的自觉性、指导科学地进行体育锻炼、培养终身体育的态度和能力,以及提高体育文化素养有着重要意义。

一、高校体育理论课教学中存在的主要问题

(一)传授的知识繁杂

高校体育理论传授的内容有体育的目的、任务、作用、要求,体育与德育、美育的关系,体育锻炼的知识以及竞技运动项目技术分析、裁判法等,内容繁多。要在有限的16学时中讲完,教师在讲授这些知识时,只有蜻蜓点水,不能有效地把学生想了解的知识讲深讲透,导致学生对体育理论课缺乏兴趣。

(二)教学时间安排不合理

在没有能力解决风雨天上实践课的学校,为了避免学时的流失,把理论教学安排在风雨天上,从表面上看这一安排较为合理,实质上是淡化理论课的具体表现。理论课与风雨天紧密联系一起,久而久之,产生遇到风雨天则上理论课,没有遇风雨天则不上理论课,或产生理论课可有可无的意识。同时,上理论课的随机性大,教师备课仓促,教学质量受到较大的影响,也导致学生学习动机的下降。重要的是如此排课,造成理论与实践的严重脱节,

违背了理论与实践相结合的原理，不能够达到理论指导实践的效果。

（三）体育理论教师人数少、专业搭配尚不合理

受传统思想的影响，我国体育理论方面的教师尤其是高等学历的教师一直不多，且专业也较少。甚至许多学校根本就没有专门从事体育理论教学的老师。在这种情况下，体育理论课教学的重担也就不得不落在术科教师的肩上。

然而，古语云："术业有专攻"。作为不是专门从事理论课教学的体育教师，如果硬要他教授理论课的确有些为难他。换句话说。如果让他们讲一些本专项的技术，他们大都能讲得头头是道，学生也会听得津津有味，然而让他们走进教室给学生讲授那些连自己尚未进行过系统研究、甚至没有搞清楚的诸如生理、概论、心理健康、营养、保健等多学科的理论知识，恐怕就不那么轻松、熟练了。就好比让一位化学教师去讲语文课、英语课一样，他能讲得得心应手吗？

当然，他们可以利用备课时间弥补上述缺陷，但在实际讲课过程中，因受其知识面及讲课水平（包括熟练限度）等的限制，大多数术科体育教师也只能照本宣科、依葫芦画瓢而已，致使其讲授的体育理论课既没有深度亦没有广度。当然学生也没有听课的积极性了。

（四）教学形式比较单调

长期以来，体育教师以上好实践课为本职，大部分时间和精力都用于研究技术与技术教学方法，很少接受主讲理论课的专门训练，也缺乏理论教学经验及理论课教学研究。在教学形式和手段上，虽有部分高校开始试行主讲教师上大课及任课教师上小课相结合的授课形式，并采用电化教学手段，但大多数高校的教学形式、手段还是与过去传统的一样，比较枯燥、单调，有较大的随意性。

（五）考试制度不规范

目前，我国普通高校体育理论课的考试方法主要有闭卷、开卷、完成作业和课堂提问4种方法。组织形式有年级统考和任课教师自行组织考查两种形式，考试内容由各校或任课教师自行命题。各校之间甚至同一学校、同一年级的不同班级之间的难度都存在着较大差异，其中难度最小的是课下写总结、体会，难度最大的是统一闭卷考试。考试的难度可大可小，考试的方法可严可松，可能使一些没有上理论课或不认真听讲的学生，比一些课堂上认真听讲和学到一些体育知识的学生的考试成绩高的"奇迹"发生，决定了考试成绩与教学质量不大相关。理论课考试制度的不规范化，不能准确反映学

生接受体育理论知识教育的水平，从而造成学生对体育理论课的不重视。

（六）教材使用的随意性较大

一方面，学校在选择理论课教材内容时东拼西凑，而且过于主观。总认为所讲内容是学生希望知道的，也是学生应该知道的。他们把那些不系统的卫生、保健、营养等知识全部容纳到"体育基础知识"之中，甚至将一些还没有定论和经过条理化的知识一股脑地塞进体育理论教材体系之中。譬如，在健康被人们热切关注时，一些杂糅环境学、卫生学、保健学、体育学、医学、营养学、甚至是基因学的"体育与健康"类教材随即便纷纷登场亮相。事实上，有些内容对于学生来说，既抽象单调又枯燥乏味，根本就提不起学生的听课兴趣。另一方面，在体育课程之外还有专门的讲授，因此，体育理论课中再让他们学习这些内容当然就不会有太高的积极性。

因而，不从学生现实、具体的体育实践中，去极力寻找科学、合理、系统教材的支点和契机，不从学生的真正需要出发，而总是希望通过主观的、外部注入的方式，把社会教化的期望和想象，全部强加到体育理论课教学中的做法，不仅容易使学生产生逆反心理，而且还会逐渐使学生丧失积极的体育态度和浓厚热情，乃至在心理上形成一种对体育教学的厌恶感或惧怕感。

二、我国普通高校加强体育理论课程教学的具体要求分析

（一）注重理论教学中的间接经验

在学习过程中学生学习的主要是间接经验，能够有效避免学生在学习过程中遭遇过多失败与曲折，在短时间内能够实现对文化科学基础知识的全面掌握，与此同时还能够对客观世界继续认识，探索未知领域的新知识。因此在我国高校体育理论教学中，想要提高体育能力需要全面加强学生的间接经验学习，将理论知识与实践技能实现良好的结合，按照实际需求安排好实践课程与理论知识学习的比例，从而最大限度地实现体育教学的最佳效果。

（二）老师需要结合学生身体差异性展开合理健身活动

展开科学合理的健身活动离不开老师对学生生理以及心理差异上的关注，科学的健身活动并不是一项简单的活动，而是拥有众多环节的系统性工程，在只有保证每项环节都相互联系的情况下，整个系统才能顺利开展。学生的心理特征在该阶段已经趋于稳定，因此积极引导学生学习相关的理论知识可以推动学生对体育学习进行一定的掌握。除此之外，学生在性格及气质等方面也趋于稳定，能够对体育理论知识的重要性及体育课程学习的意义给予正

确的认识。

三、加强体育理论教学在普通高校体育课程中产生的重要作用

积极加强我国普通高校体育教学的理论至关重要。理论教学在很大限度上能够补充体育教学中理论知识需求上的不足，除此之外还能够有效推动体育老师自身专业知识的提升，增强教学效果。

（一）理论知识学习能够有效提高体育课程的教学质量

现阶段，高校担心体育课程的展开会对学生的学习成绩有所影响的情况，主要是由于老师没有真正地从理论上对体育课程展开起到的积极作用有全面的了解，对体育运动能够增强学生学习灵活性从而提高思维能力及记忆力没有正确的认识。因此积极结合体育理论知识教学，让学生对体育训练的益处有全面的了解，并对学习技术实现了有效掌握。想要达到这样的教学效果，不仅需要展开身体活动，还需要对各项技术运动的特点特性进行有效的观察与考虑，一方面增强了学生的学习兴趣，另一方面还能有效增强学生的学习成绩。积极将体育理论教学与实践技能学习相结合，极大地增强了师资队伍建设的同时，还推动了体育课程教学的进一步改革。

（二）理论知识学习能够增强学生的思想品德素养

在体育教学中加强理论教学能够有效培养学生的纪律作风及思想品德。体育老师通过理论教学能够在课堂中与学生进行充分的接触，在思想感情上能够实现较为融洽的状态。除此之外，学生在体育课程内展开活动，会将自身的思想与行为进行全面的表现，老师积极利用这个机会对学生的思想意识及行为方式进行合理的表扬或批评，能够有效更正学生的不良行为。通过理论教学展开思想品德上的教学，老师通过自身的思想意识及行为方式言传身教，对提高学生的体育能力、身体素质、思想意识有很大的帮助。因此积极加强体育理论教学，将其与实践技能教学进行有效的融合，是提高体育教学质量与效率的有效途径。

四、强化高校体育理论课教学的对策

（一）教学内容的选择要突出全面化、终身化

高校体育理论教学受当前其他学科快速发展的影响，使我国普通高校体育理论教学的形式和内容面临着两种选择：1. 彻底改变现有的体育教学形式，重新构建统一模式的理论教学内容和体系；2. 基本上保持现有教学内容形式

的相对稳定，同时又进行积极地调整和适度的补充，以解决现有理论教学内容与整个体育教育发展不相适应的矛盾。从实际操作的角度来看，我们认为最好选择后者为宜，即在现有的基础上，各学校根据自己的发展水平灵活地选择和扩展符合本校和本地区学生实际的教学目标、内容和形式。教学内容的选择既要考虑大学生的实际，扩大知识面，注重内容的实用性，加强体育的科学性和多功能效应的教学，进一步提高学生对体育的认识水平，又要强调身体锻炼的原理、原则、方法等，为终身体育奠定基础。运动项目的理论内容以球类和健美运动的训练方法、技战术理论、比赛规则及裁判法为主要内容，适当增加民族传统项目和娱乐项目的基本常识介绍。

（二）教材选择要从实际出发

普通高校多数学生体育知识、技术、技能偏低，而他们正处于青春期，思想活跃、思维敏捷、兴趣广泛，对体育的全新认识刚刚开始。再者高校教育的性质、任务决定了高校体育理论教材应有别于其他学科。因此，在教材的选择上应根据高校培养目标的特点以及学生的实际情况，制定出针对性强的教学大纲或编写适合高校实际的配套教材，即体育理论教材的选择应讲究科学性，突出实效性、针对性和时代性，既要考虑现实，又要预见终身。

（三）建立一支高水平的师资队伍

《中国教育改革和发展纲要》中明确指出："振兴民族的希望在教育，振兴教育的希望在教师。建设一支具有良好政治业务素质、结构合理、相对稳定的教师队伍，是教育改革和发展的根本大计。"要搞好高校体育教学改革，提高体育理论教学的质量，关键在于具有一支高水平的师资队伍。因此，作为跨世纪的高校体育教师应注重自身素质的提高，不断学习、掌握新的知识，提高自身的理论水平和教学方法，才能提高教学质量，培养高素质的大学生。

（四）改变体育理论课考试模式

以往体育理论局限于体育的目的、任务、保健、测试及评价等内容，因学习范围狭窄、教学的目的性不够明确，难以起到提高学生全面素质的根本作用，死记硬背的多，很难发挥学生独立思考能力和创造能力。我院采用课堂主题讨论及课后笔记作业的双向渠道，促使学习情况反馈到体育实践中去，以增加认识与感受。另外，我院试行体育理论课考试以"体育论文"形式进行，学生反映良好，学生通过在图书馆查阅图书、电脑网上查阅及报纸广播等多方面收集资料，结合自身情况及所学体育知识撰写论文，使"被动学习"变为"主动学习"，学生视野扩大，知识面增多。学生对体育课的认识达到融汇贯通，逐步使学生树立终身体育观所必须具备的基本品质及基本行为方式。

（五）强化体育教学过程中"学生"主体意识

无论是体育教学论如何归结，现实教学中体育教学的主体地位不清晰则时常出现。因此，对体育教学的受教者与教育者的关系的认知，是体育教学过程中极为必要的一步。对大多数个体来说，体育教学主体不明，则出现的是操作性的较大偏颇。作为学校的重要组成部分，学生是学校的不可或缺的立足之本，学生是教学的主体，这是学生学习与社会要求所决定，而不是个体所提出，体育教学人员应该认清这一主体地位，掌控体育教学人员的主导性功用，而不是全盘进行体育教学的直接操作，以体育教学人员的"教"替代了"学生的学和练"的过程，使学生失去其主体地位，而附属于体育教学人员的任务框架之下。体育教学的理念是要求提高学生的身心素质，增强体育学习兴趣，培养体育学习观念，提高个体的审美情趣，丰富其个体的生活。从这点上来分析，体育教学人员则起到引导作用和督促作用，其体育课的核心点在学习的练上，而不完全取决于体育教学人员任务的完成。通过渐次增进的方式，进行体育教学，则有时间和有条件对体育学习者进行关注与帮助，从而达到体育学习者与体育教学者价值实现的双赢局面，而不是体育教学人员一味地盲目的教授，而学生在二年或三年的大学体育教学过程中，几乎无所收获，离开学校后，对体育与健康的认知，只存在着片断的测试性回忆。

（六）体育教学科学化限度应落实到微观体育教学过程中

体育教学的科学化限度不是以口号式的方式进行宣传，而应该落实到每个承担体育教学的人员的实院微观体育教学的教学中。通过简单的心率指标进行身体运动强度、学生心脏机能的测定，通过POLAR表的使用对个体进行运动中心脏能力的测定。通过乳酸阈测定与最大摄氧量的结合，对学生有氧工作能力进行测定，来衡量大学生体质的健康限度。在教学的过程中，利用姿势反射，对状态反射、翻正反射、直线加速反射与旋转反射进行一系列的讲解，以提高学生动能力的学习与分析。通过对运动技能学习阶段的讲解，使学生个体了解运动学习分为泛化阶段、分化阶段、自动化阶段的具体表现，来进一步调整个体的运动技能的学习时机，有助于更好地进行体育教学。

体育理论课教学是当前体育教学中的薄弱环节，体育教师应重视理论课教学，不断改进和创新教学方法，以生动、具体、形象的语言和广博的知识，揭示大自然和人类社会体育运动的规律，激发学生对体育理论课学习的兴趣，这样才会使体育理论课教学收到应有的效果。

第二节 高校体育课程与教学目标

一、体育教学目标的概念界定

体育教学目标是体育教学指导思想的具体体现，是体育教师组织和进行体育教学活动的指南，也是评价体育教学质量标准的依据。体育教学目标表现为对学生学习成果及终结行为的具体描述。在体育教学活动开始之前，教师必须明确学生学习结果的类型，并且用清晰的语言陈述教学目标。编制教学目标是教学设计中非常重要的组成部分，阐明教学目标已经成为体育教学实践和研究的普遍要求，也是体育教学设计的一个核心的环节。体育教学目标是指体育教学活动活动的主体预先确定的、在具体的教学活动中所要达到的、利用现有技术手段可以测定的教学结果和标准。科学设计目标本身已成为当前体育教学领域中的一个重要研究课题。

二、21世纪高校体育课程教学目标的基本特征

（一）科学性

《中共中央国务院关于深化教育改革，全面深化素质教育的决定》中指出："学校体育要树立健康第一的指导思想，切实加强体育工作，使学生掌握基本的运动技能，养成坚持锻炼的良好习惯……培养学生良好的卫生习惯，了解科学营养知识"。这就要求学校体育教学目标，首先应考虑到四个方面，即保健、营养、身体技能和身心全面协调发展，而高校体育教学目标更应注重与社会的发展相适应，提高人才意识。第二，体育作为一种人文现象，它有生物、心理、社会等多方面的功能，应根据社会的需要和学生的特征，去体现体育的多种功能并建立体育的课程教学目标。要根据高校的专业和学生构成特点在多功能中有所选择，在重视学生体质的同时，还要兼顾学生的心理发展，以及适应社会能力和终身体育能力的培养，促进学生的心理健康和塑造完善的人格。第三，体育教育也要注重对学生创新能力与个性的培养。在体育教育与教学中要因时、因地而异，重视对学生创造性和体育意识、体育兴趣的培养，只有这样才能塑造出符合新时代发展的人，使高校真正成为人才的摇篮。

（二）具体性

高校体育教学目标要在不同年级、不同层面上具体化，把目标落到实处，既要有明确的目标，又要有具体的方法，使教学目标可行、有效。在目标的具体操作上，不仅要追求学生外在技能水平的提高，还要全面追求学生的身心协调发展，既要通过体育教育完成在校期间对学生身心健康、技能培养、知识传授等方面的任务，还要培养学生对体育的志向、爱好、习惯、能力，为其终身参加体育锻炼打下基础。要以学生发展为中心，但不是要"以学生为中心"。体育教学目标还应注重各个阶段之间的衔接关系。在目标的表达上语言清晰、层次清楚，使各个相邻阶段的目标层层递进，要体现体育课程目标体系的具体性。

（三）整体性

体育教学目标应以"育人为本"，实现社会、学生、学科的有机结合，从整体上进行协调。体育课程教学目标的制订，应注意整体性和阶段性，按照不同的年级、不同层次来确定目标。各个阶段目标的设置与学生自身的体育水平和身心特点相符合，不能脱离实际，应有所侧重，充分反映各阶段的特点，体现目标的针对性。各个阶段目标的设置要承上启下，有层次地对待，体现目标的可操作性。各个目标的设置都应包括技能、认识、情感三个方面，体现目标的整体性。

（四）发展性

高校体育课程教学目标不应只局限于学生在校时各方面的身体发展，而要培养学生自主地参加锻炼、体验运动的乐趣，进而形成自觉锻炼的习惯。从横向发展来看，应将课内、课外目标相结合，形成二位一体的教学体系。从学生自身而言，要根据个体之间的差异，充分挖掘学生的身心潜力，体现"以学生发展为本"的基本观念自始至终贯彻"终身体育"的思想。从纵向发展来看，应将高校体育教学目标与社会的发展和学生适应社会相结合，为社会培养优秀人才为体育教学目标之本。

三、确立体育教学目标的要求

体育教学目标是一个结构严密、层次分明、排列有序的系统，不论制定总目标、大目标、中目标还是小目标，都应从整体出发，注意目标系统纵向与横向的有机联系，特别要研究各层次目标的纵向衔接。

体育教学目标必须明确、具体、尽可能量化。教学目标必须明确规定教学后所要达到的结果，必须用可观察的、可测量的、具体化的量化指标加以描述。这样有利于加强体育教学工作的计划性，为体育教学实施，特别是检查与评估工作奠定基础。

体育教学目标应具有一定的弹性。体育教学目标受多种因素的制约，而诸多因素都在不断变化。因此，保持体育教学目标的稳定性是相对的，而体育教学目标的发展、变化是绝对的。这就要求我们在制定体育教学目标时，要保持一定的弹性，以便依据实际情况进行必要的修改或调整。

四、确立体育教学目标的原则

（一）科学性原则

体育教学目标的科学性是指教学目标要符合不同阶段学生身心发展的特点，有效地促进学生的生长发育。体育教学目标的科学体系有五个方面：首先，要体现体育学科的特点；其次，要全面，即包括认知、情感、动作技能、身体素质和健康素质诸多领域的目标；第三，要根据教材的特点，突出重点和难点；第四，要具体、可操作；第五，难度适中，所设计的目标应该是大多数学生通过一定的努力能够达到的。

（二）灵活性原则

体育教学目标的设计尽管是面向大多数学生的，但由于不同学生体育基础和能力等方面存在一定的差异，因而目标又必须有一定的灵活性。这就要求教师要尽可能将教材按难度设立不同等级，确保每个学生都能根据实际水平达到相应的等级。

（三）整体性原则

体育课堂教学目标指的是单元目标和课时目标。在编制体育课堂教学目标时，首先要把握学校教育目标和体育课程目标，从整体出发，充分反映学校教育目标和体育课程目标的总体要求，并注意处理好一般和具体的关系。

（四）可测评性原则

体育教学目标的设计是用比较科学、准确的逻辑语言来描述的，这种描述一般比较抽象，比较难确定评价标准。这就要求在实际操作中，所制定的体育教学目标不能用笼统、模糊的语言来描述，必须有一定的量化指标，并可以通过一定的内容和方式比较客观地进行评价和检测。

（五）长期目标与短期目标相结合原则

长期目标应同短期目标相结合。所设定的目标不应该直接指向终极目标，相反，长期目标应该分解成短期的子目标，当子目标被实现后，就自然加大了实现长期目标的可能性。研究的成果表明，长期目标与短期目标相结合具有其合理性，因为短期目标能够给学生以期望，调动学习的积极性，长期目标给学生以遥远感，长期使用长期目标会破坏学生的学习兴趣。

上述体育教学目标确立的要求、原则，是制定体育教学目标之前必须了解和掌握的，它对体育教学目标的制定具有方向性指导，对提高体育教学质量与效果具有非常重要意义。

五、高校体育教学目标改革的构想

（一）提出教学目标改革的依据

1. 社会对人才素质的需求

现代与未来社会，高等教育将担负着为社会培养新型合格人才的重任，现代社会所需求的合格人才主要的标准是：要掌握本学科专业知识及方法；将本学科知识与实际生活、与其他学科相结合的能力；具有良好的人格品质。这三条基本标准概括起来是，培养全面适应 21 世纪所需要的基础扎实，知识面宽，能力、素质高的德智体全面发展的社会主义建设者与接班人。高校体育教学目标制定要依据高校教育总目标，并要遵循体育学科特点和规律，突出对学生体育知识、体育能力、身心素质、人格品质的培养，使德、智、美育寓于体育教学之中，以促进学生身心全面发展，为实现教育总目标服务，以培养社会所需要的现代人才。

2. 要体现全民健身与终身体育的需要

如何加强知识分子体育基础树立终身体育意识在于学校体育，但关键在高校，高校体育是学校体育的最后一环，直接与社会相衔接。充分利用高校体育所具有的诸多优势，培养全民健身的组织者和指导者，为学生终身体育和全民健身服务是高校体育责无旁贷的任务和目标。因此抓好高校体育，培养大学生的体育意识、兴趣、习惯与能力，就能够实现学校体育与社会体育接轨，改变学生毕业体育终结的现象。可以说高校重视大学生终身体育基本素质的培养是 21 世纪高校体育所追求的一个重要目标。

3. 要满足大学生身心的需要

大学阶段，学生的身体正常发育已基本完成，身体机能水平也处于人生中最佳时期，年青的大学生表现出生命力旺盛，具备从事体育运动条件，是全面发展体能、身体素质、强健体格最好时期。此间,大学生心理发展也趋于成熟,他们渴望从事健身强体和身体文化活动。大学生对体育的身心需求成多元化和理性化趋势,现代大学生不仅关注健身强体,而且更注重体育健美、娱乐、休闲、交往、竞技和体育文化素质的提高。因此,高校体育的教学目标的构想和确立,应根据大学生的身心特点,满足大学生的身心需要出发。

4. 注意体育功能与教学目标的密切关系

高校体育功能是学校体育本身所具有的特征反应,高校体育功能与学校教学目标存在着密切的逻辑对应关系。目标的确立应该同体育功能密切相关,并要设法开发其功能来适应大学生成长、现实及终身的需求。应该说,只有功能存在,才有其对目标的追求,不存在无功能的目标。学校体育的许多功能,实质上就是目标的载体。只有建立在体育功能基础上的高校体育教学目标才有其合理性和实现的可能。可见在选择确立高校体育教学目标时必须考虑体育功能与教学目标的关系及其对相关的功能开发和充分利用。

(二)高校体育教学目标的构建内容

1. 提高大学生的体育文化素养与培养大学生的体育能力

体育文化素养主要包括体育哲学知识、体育社会学知识、体育美学知识、体育心理学知识、体育卫生学知识、体育保健学知识、体育欣赏知识等;体育能力方面的内容主要包括:体育锻炼能力、体育组织指导能力、体育欣赏能力等。

2. 培养大学生体育的认识水平与技能水平

对体育的认识就是比较全面认识和了解体育,包括知识、内容、功能、方法等,大学生对体育认识愈全面、深刻,就愈容易转化为体育行为,可以说认识是实践行为的基础。

体育技能就是从事体育实践具备的技术与能力。它是在对体育充分认识并学习掌握相关动作技术的基础上,进行的体育实践所获得的体育能力。也就是说是在对体育体验并产生兴趣从而自觉参与体育锻炼的行为表现。这里体育技能是正确完成体育行为和达到目标的重要因素和条件。

3. 增强体质、增进健康

增强体质和增进健康的具体目标是全面发展大学生的身体素质改善生理机能,强健体格,健美体型,增强对疾病的防御和抵抗能力,以及对环境的适应能力。

4. 健全大学生的人格品质

高校体育教学目标除体育教育外,全面发展大学生的人格品质主要包括:

德育、智育、美育和育心的目标。德育主要目标是培养大学生良好的道德品质，使大学生具有爱国主义精神、责任感，能团结协作、遵纪守法、公平公正、文明礼貌；体育教育中的智育目标就是发展学生的智力品质，培养大学生创新精神和能力；体育教育中的育心目标，就是培养学生具有良好的心理品质，使大学生具有宽广的胸怀、坚强的毅力，有承受压力和挫折的能力，热爱生活，勇于竞争，乐群合群；体育教育中的美育目标，就是培养大学生鉴赏美、表现美和创造美的能力。

以上体育教学目标内容克服了以往教学目标缺乏科学依据和主观色彩较强的偏差，将所构建的目标是建立在遵循原则、依据的基础上，把握目标的研究方法和策略，进而提出符合现代体育教育特点的高校体育教学目标，使之更具科学性、针对性、全面性、合理性和创新性。

六、构建面向 21 世纪高校体育课程教学目标体系的基本框架

（一）按照社会对学生的体育要求构建教学目标

现代课程理论认为课程所要关注的核心是满足学生需要，这一思想对深化体育课程改革具有重要指导意义。因为需要产生动机，动机引导行为。不符合学生需要的体育是缺乏生命力的，是激发不起学生体育学习与锻炼的积极动机的。制订的教学目标必须使学生的个体需要和国家与社会对学生的体育要求统一、协调起来，绝不能以学生个体需要来排斥国家和社会对学生的体育要求，避免把国家和社会对学生的体育要求视为是"计划经济的产物"，是"学生个性压抑"的严重偏颇。片面强调学生个体的需要是不可取和不现实的。学生虽是体育学习的主体，但却是处于发展中的不成熟的主体，他们并不一定能够全面深刻地认识到自己的体育需要，并不一定把现实的体育需要与长远的体育需要、个人的体育需要与国家和社会的体育需要统一起来。

学生的体育需要主要反映在对学习与锻炼内容的选择上。大多数学生对体育学习与锻炼内容的选择，主要是从个人的兴趣出发，一般都愿意选择一些好玩的、轻松的体育内容，而对一些比较单调的、需要付出一定意志努力才能完成的，但对促进身心发展与达到课程目标特别有效的内容，如田径、体操等，学生大都不喜欢。所以不能片面强调学生的个体需要，而忽视国家和社会的体育要求。因此，必须站在育人的高度上，通过科学合理的体育课程教学目标，加强对学生正确的体育学习动机的培养与体育价值观的教育，同时积极努力地改革教学方法，以此来激发学生体育学习与锻炼的兴趣。这是高校体育课程教学目标的核心和体育教学的职责所在。

（二）强调学生快乐情感的体验

新的课程理念强调：要使每一个学生都能体验到学习和成功的乐趣，要十分关注学生的运动兴趣。只有激发和保持学生的运动兴趣，才能使学生自觉、积极地进行体育锻炼，这是实现体育课程目标和价值的有效保证。但是绝不能片面地理解为体育课就是要让学生玩、要让学生乐，只要学生玩得痛快、乐得开心的课就是好课，这完全背离了体育课的课程理念，忽视了对学生刻苦锻炼精神的培养。

在高校体育与体育课程教学中，让学生体验学习与锻炼的成绩与快乐是主要的、基本的，但这仅是高校体育和体育课程教学的一部分。即便仅是从丰富学生的情感而言，只有快乐的情感体验也是不够的。其实，在高校体育中快乐与艰辛、主动与被动、领先与落后、优势与劣势、成功与失败总是相生相克、相辅相成的，绝对的快乐是不存在的。教学目标应充分体现体育教学这一特有的内涵。

（三）强调体育能力的培养

在过去的体育课程教学中，一般都比较重视学生运动技能的传习，对学生体育能力的培养重视不够。素质教育和现代教育思想要求教会学生"学会学习"和"学会健体"。因而，在深化体育课程改革中强调要"为学生奠定终身体育的基础"，要重视培养学生独立从事科学锻炼身体的能力。但是，在课程教学目标中一定要避免把学习运动技能与培养学生体育能力割裂开来或对立起来。主要应避免以下倾向：（1）过分强调要加强体育与健康理论知识的教学，倾向于"体育教学要向健康教育转变"的观念。（2）为了培养学生的独立锻炼能力，在体育教学中片面强调让学生"自定目标，自选内容，自主锻炼"。对运动技能教学没有一个基本的要求和标准，实质上是放任自流的做法。（3）目前出现在体育教学改革中要实现的三个转变：一是要由"重视学会"转变为"重视会学"；二是由"重视运动技能学习"转变为"重视体育能力的培养"；三是由"重视技能掌握"转变为"重视情感体验"。这就造成一种不正确、不科学的认识，体育教学中学生是否掌握体育知识、技能并不是主要的，体验学习过程就是所要追求的一种结果。

毫无疑问培养学生的体育能力是十分重要的，但体育能力绝非是空中楼阁，必须要以运动技能为基础，离开了运动技能的学习，体育能力的培养就成了无源之水、无本之木。一个不掌握任何运动技能的人，会有什么体育能力。因为一个任何运动技能都不掌握的人，根本就不知道自己该练什么，更不知道该怎么练。正因为如此，《全民健身计划纲要》就提出："要对学生进行终身体育的教育，培养学生体育锻炼的意识、技能与习惯"。《体育与健康课程标准》也强调：体育知识技能是课程学习的主要内容。离开了运动技能学习，体育能力的培养就成一句空话。在高校体育课程教学目标中，更不能把能力培养空洞化、简单化、庸俗化。

（四）强调对体育学习过程的评价

传统的体育学习评价，主要以学生的学习结果为依据，忽视对学生学习过程的评价，因而不利于激发学生学习的积极性，不利于学生的健康成长。因此，新的课程评价力求突破注重终结评价而忽视过程评价的状态，强化评价的激励、发展功能。主张既评价最终成绩，又评价学习过程和进步幅度。然而，在我们的课程教学目标中一定要避免从一个极端走向另一个极端，学生学会什么并不重要，重要的是"会学"。学习评价具有极强的导向性，不重视学习结果的评价，会把体育课程教学引向何方，会对学生的体育学习产生什么样的影响？激励的作用何在，这就是高校体育课程教学目标要解决好的问题。

（五）强调学生的个体差异

传统的教育思想是以教师为中心，以教材为中心，忽视了学生的个体差异，用同一标准、同一内容、同一方法、同一进度来对待千差万别的学生，严重地挫伤了学生的学习积极性。现代教育思想认为，学生是学习和发展的主体，课程教学必须以学生发展为中心。为此，新的课程理念特别强调必须确立学生在课程学习中的主体地位，主要体现在两个方面：一个是课程教学应当尽量满足学生个体发展的需要，一个是课程教学必须十分关注学生的个体差异，确保每个学生受益。

学生的个体差异是学生主体的客观存在。在课程教学中，只有充分关注学生的个体差异，切实加强因材施教、区别对待，才能确保每个学生受益。

在体育课程的教学目标中既要强调和体现出体育的育人过程，更要强调体育的育人结果。课程教学目标所追求的是学校体育与体育课程各项目标的全面达成，为社会培养优秀的人才做出实实在在的贡献。

第三节 高校体育教学价值观与目标思考

价值观是一个人对周围的客观事物（包括人、事、物）的意义、重要性的总评价和总看法，是对好坏、善恶、美丑、成败、贵贱、贫富、是非、对错的一种基本价值信仰，是提倡什么、反对什么、弘扬什么、抑制什么、遵循什么的一种价值态度。价值观是后天形成的，是通过社会化培养起来的，是随着知识的增长和生活经验的积累而逐步确立起来的。家庭、学校对价值观的形成起着关键的作用，社会环境也有非常重要的影响。

一、当前价值观教育存在的主要问题

从目前的情况看，尽管价值观教育已经得到越来越多的社会群体和广大民众的重视，但是至今还存在着一些问题，主要表现在：

1.学校价值观教育是整个价值观教育体系中的主体部分，但系统性不强、实效欠佳

学校价值观教育是学校德育工作的中心环节，是整个价值观教育体系中的主体部分，也是价值观教育能否取得实效的关键部分。学校价值观教育作为有目的有组织的系统，对年轻一代形成正确的价值观有着非常重要的作用，同时对整个社会主导价值观的形成也有强大的促进作用。因此，青少年学生能否树立起正确的价值观，将直接影响学校德育工作和整个教育工作的质量，也将直接影响到我国社会主义现代化建设事业的成败和民族的兴衰。

学校价值观教育意义重大，各级各类学校都在组织开展教育活动，尽管取得了一定的效果，但总体上说还是存在着不少问题，主要表现在重视度不够、系统性不强、实际效果不够理想。从教育的纵向体系来看，幼儿园教育、小学教育、中学教育、大学教育直至大学后教育这一教育体系中的思想政治教育，除了政治教育这一主体结构部分外，或多或少忽视了公民教育、规则教育、礼仪教育、处理人际关系教育、处理义利关系教育、实际日常生活智慧教育等。尤其值得关注的是，在基础教育阶段，尽管学校开设了小学德育、中学思想品德教育等课程，但是在应试教育的指挥棒下，由于这些课程在学校应试教育过程中对于"考试分数"的贡献度不大，导致相关任课教师和学生对这些课程都不太重视，因而教学效果欠佳；而对于其他课程的教学工作来说，在校内校外考试成绩排名的重压下，任课教师几乎将所有的目光都聚焦在书本知识的传授、解题技巧的指导、竞赛水平的提升上，很少顾及教师的"育人"职责，而与此同时学生也更加关注与自己一辈子的前途和命运密切关联的各种统考和竞赛名次上，导致这些课程更难实现"传道"的效果。

2.家庭教育的重要职责是教会孩子做人，但在不少家庭存在缺失或偏颇

父母是子女的第一任老师，应当是孩子道德教育的实践者和行动榜样，家长的言行会给孩子一生留下深深的烙印，家庭教育让孩子养成的习惯会在很大限度上决定他们的发展方向和人生目标。当今中国社会，父母越来越注

重子女的知识教育，在应试教育投入上不惜花费重金。但是由于受传统文化背景和周边社会环境的影响，受父母道德水准、知识水平、个性特征、信息来源等因素的影响，很多孩子无法在家庭获得全面系统的道德教育和人生教育，不少父母甚至还有一种错误的认识，认为家长的任务在于为孩子提供充裕的物质条件，应当关心的是孩子知识的学习、技能的培养、升学的目标，至于道德教化则是学校和社会的责任。更有一些父母甚至通过自己的言行向孩子灌输与学校倡导的德智体美劳全面发展的价值理念相背离的错误价值观，其结果很可能使孩子在良莠并存的价值观面前无所适从，甚至可能选择错误的价值观。

3.社会是价值观教育的重要风向标，但是底线频频失守

改革开放以来，我国的社会心理变化的主要趋势与特征表现为：在价值观取向上，从注重理想向强调现实的方向发展，从注重义务向强调利益的方向演变，从注重集体向强调个体的方向转化；在社会心态上，从封闭化走向开放化，从情感化走向理性化，从单一化走向多样化。在这一逐步变化的过程中，为了使社会持续健康地运作，需要法律法规、社会道德、民主管理、舆论监督等力量对社会价值观进行不断修正。但遗憾的是，由于社会运行机制中还存在着不尽如人意的地方，社会管理存在着或空白，或无序，或错位，或失守等现象，在这种情况下社会价值观教育更是显得苍白无力，这就导致我们的法律底线被突破、道德底线被冲垮、价值约束被剔除，致使社会上弑母、自杀等极端事件的多发，社会诚信缺失、社会公正退化、腐败现象滋生、心理问题人群增多。现代教育的开放度已经大幅度增加，社会的价值观以非常快的速度传导到学生，冲击着孩子的心灵，影响着学生的行为。社会教育的功能是要使人社会化，使人尊重秩序，成为能够适应社会的人，但是在当今形势下，社会教育带给学生负面的东西太多。

二、学校体育目的

（一）体育目的

体育目的是增强体质、增进健康、改善人们生活方式，提高生活质量，促进社会文明发展。作为文化、教育组成部分的体育，归根结底是满足人们的健康和文化需要。体育目的是一种观念形态的东西，是一种思维活动的产物。这样一种思维运作过程并不像"镜子映物"那么简单直观，而必然要从人们各自的利益和需要出发，在选择和取舍中体现人们的不同价值追求。体育目的所强调的是未来，着重有预期的指标。体育目的是体育活动的出发点

和依据，也是体育活动的归宿。它决定体育的方向，规定体育的进程，以期获得最佳效果。

（二）学校体育目的

学校体育目的是增强学生体质，培养学生的体育能力，形成良好的思想品德和意志品质，促使其成为德、智、体、美、劳全面发展的社会主义建设者和保卫者。它是学校体育的方向，是改革发展的前提，也是一切学校体育活动的出发点和归宿。增强体质，提高体育能力主要是通过营养、生活方式、环境、遗传、运动训练和体育教学而达成的。思想品德主要是通过学校校风、教师的治学态度、教学作风、课堂气氛等隐形课程对学生思想、信仰、价值观等产生影响。学校体育目的并不是一成不变的，而是随着实践的深入、理论的提高和社会的发展而变化的。学校体育目的通过体育教学与体育活动从而使学生提高运动技术，加强身体练习，调整身体负荷，从而增强体质，形成个性特征与坚毅的意志品质，培养学生从事体育运动的意识、兴趣、习惯和能力。

三、学校体育价值观

（一）体育价值观

体育观是个人或社会对体育存在的意义和价值的认识。这种意义和价值的认识决定体育的发展方向。从这个意义来说，体育观的核心是体育价值观。体育价值就是体育满足人们需要的这种关系属性。一个人或社会的体育价值观与他本人或社会的体育目的和生活方式有很大的关系。体育价值观可以从两个层次来认识。第一个层次是对体育总体价值的认识，集中表现在重视或鄙视体育的种种观念。第二个层次是对体育价值取向的具体选择。

（二）学校体育价值观

学校体育价值观与学校的体育目的和学校师生员工的生活方式有很大的关系。首先是学校对体育总体价值的认识，集中表现在学校重视或鄙视体育的种种观念。因体育功能的多样性，绝大多数学校将体育作为促进学生全面发展的重要手段和高校精神文明建设的重要窗口，从而加大开展体育活动的力度，重视体育的发展。其次是学校对体育价值主体在把体育作为一种社会客体的情况下，根据自身生存和发展的体育需要对体育客体进行价值设定。价值预期是所表现出来的意向或倾向。因学校体育目的的不同，所以体育价值取向各异。

（三）学校体育价值取向

体育价值取向大约有三种。1. 社会本位的价值取向（工具论）；2. 人本位的价值取向（本体论）；3. 人本位和社会本位双重奏的价值取向。学校体育作为一种有效的教学手段在学校中逐渐发展。在这个过程中，人们也日益深刻地认识到体育学习对于人的发展具有多方面的价值。学校体育的价值取向决定于我国的社会主义教育目的。我国社会主义的教育目的是培养德、智、体、美、劳全面发展的社会主义事业的建设者和接班人。体育是教育的重要内容，是素质教育的重要手段。我国学校体育目标是：促进学生身心健康；提高运动技能水平；提高文化素养；提高终身体育要素。所以，我国学校体育的价值取向与学校体育的目标紧密联系在一起，是围绕学生的全面发展和学校精神文明建设而进行的。

学校体育最直接、最显著的价值是促进身体的正常发育和身体健康水平的提高。通过在教师指导下参加体育活动，学生能够增强体能，使身体健康水平得到提高，促使学生身体形态和身体机能的变化。另一方面，通过体育实践，影响着人们的情绪和各种心理感受，如在和谐、平等、友爱的运动环境和舆论环境中，产生各种复杂的情感体验。促进学生在面对挫折和克服困难的过程中，在与同学共同体育锻炼和比赛中，增强自尊心和自信心，形成积极向上、乐观开朗的人生态度，增进心理健康。

学校体育通过教学活动使学生获得一种操作性、技能性的知识和体育理论知识。通过学习，使学生掌握促进身体健康和终身体育必须的运动技能、体育与健康知识和科学锻炼的方法、正确的体育与健康观念、安全运动的能力、运用体育与健康的资源、信息、产品为健康服务的能力。

体育是人的社会化的重要方式，在与他人和群体的交往过程中体育活动是一种重要手段。现代社会的发展扩大了人们社会的交往范围，通过体育游戏和体育规则的学习，使学生获得社会适应能力，使学生理解个人健康和群体健康对自我、群体和社会的关系，培养学生的团队合作精神与竞争意识。学校体育在体育教学、体育训练、体育活动、体育比赛中更能够培养学生的参与和竞争意识，更能够培养学生的集体主义精神与团队合作精神，从而提高学生的社会适应能力。

体育训练和比赛是不断面对挫折和克服困难的过程。在这个过程中，学生将不断反复体验挫折和困难，从而提高抗挫折能力和情绪调节能力，培养意志品质；在不断超越昨天、超越自我的过程中，学会体验进步和成功的喜悦，从而形成勇敢、顽强的意志品质和乐观开朗的人生态度。体育竞赛遵从"公开、公平、公正"的行为规范。学校通过体育竞赛，培养师生"不畏强手、敢于竞争、敢于胜利"和"光明正大、心底无私、光明磊落"的优秀品质和形成良好的体育道德。

通过长期的运动实践和体验，学生不但能形成对身体、身体活动和健康的正确观念，增强自我保健的意识，同时还将逐步养成健康的行为习惯和生活方式，形成终身体育的思想。学校体育是终身体育的基础，运动兴趣和习惯是促进学生自主学习和终身坚持锻炼的前提。学生的学习兴趣直接影响着学生的学习行为和效果，学生能否通过体育与健康课程的学习形成体育锻炼的习惯，兴趣发挥着非常重要的作用。所以激发和培养学生的运动兴趣，使学生自觉、主动、积极地进行体育学习，是形成良好的体育锻炼意识和终身体育思想的关键。

四、高校体育教学融入社会主义核心价值观研究

中国特色社会主义市场经济的发展，推动了我国体育教育产业化的转型，高校体育工作也因此变得更加贴近生活、贴近现实。以社会主义核心价值观为引领，开展高校体育教学工作，是在新的历史条件下运用中国化的马克思主义解决高校体育教学工作中实际问题的现实选择。体育作为一种实践活动，对每个人的人生态度和思想道德素质的形成有着重要的影响。目前，我国高校体育教学以运动能力和身体素质考核为主，较少考察体育精神的培育状况，这不利于体育大学生的精神成人。社会主义核心价值观和体育精神有着内在的契合性，他们都对人的精神世界产生着重要的影响，因而科学考量社会主义核心价值观与高校体育教学工作的内在关系，在体育教学工作中培育践行社会主义核心价值观，用社会主义核心价值观促进体育教学完整化发展，促进大学生精神成人，具有重要的现实意义。

（一）将社会主义核心价值观融入体育教学引导学生精神成人

1. 将社会主义核心价值观融入体育教学环节有利于丰富学生的精神世界

社会主义核心价值观用最简单、直白、有效的语言勾勒出了和谐社会发展中最重要的精神文化理念，彰显了中华文明的精髓，弘扬了中华传统美德。高校体育教学以社会主义核心价值观为引领，将社会主义核心价值观融入体育教学的各个环节，潜移默化地引导学生在日常学习、生活之中形成正确的价值观、人生观、世界观，让学生以社会主义核心价值观为应遵循的准则，规范自己的行为、丰富自己的精神世界，树立远大崇高的理想，将自己培养成为社会主义事业合格的建设者和接班人。具体而言，培育体育学生的社会主义核心价值观，可以帮助学生提高体育竞技素养，养成符合德智体美全面

发展要求的体育精神，从而达到提高体育学生综合素质的目的。高校培育和践行社会主义核心价值观，是因为社会主义核心价值观既是公民需遵循的基本道德准则，又是推动社会、集体发展进步的精神动力，能够让大学生在拥有正确的价值判断标准和道德准则的基础上，自发地提高其思想境界，并外化为实践行为。

2.将社会主义核心价值观融入体育教学环节有利于学生优化价值结构

高校学生的年龄段位于18—23岁之间，这个年龄段正是年轻人价值观念形成的重要时期，学生无论是心理素质还是道德观念都还不是很成熟。将社会主义核心价值观融入体育教学过程中，让学生将其内化于心，外化于行，有助于体育大学生提升道德素养层次。体育教师要积累实践经验，探索和寻找合理有效的教育教学途径，提高教学效果，有效地将社会主义核心价值观融入体育教学活动中，在促进大学生发展专业技能的同时促进其形成健康向上的价值观念，为其学习成长提供更加明确的价值导向，保证每一位大学生自我价值观的结构优化。高校在体育教学的各个环节要以社会主义核心价值观为引领，让学生理解社会主义核心价值观的核心要素与理念，进而促进学生通过学习民主意识，提高自身权利认同。大学生通过学习自由观念，加深对公正与公平的理解；通过学习法治观念，增强利用法律保护自我权益的意识；通过学习爱国敬业思想，培养自身的爱国意识和敬业情怀；通过学习诚信、友善，保持正确积极的生活态度。

3.将社会主义核心价值观融入体育教学环节有利于完善高校体育思想政治认知体系，提高体育学生的思想境界

在高校体育教学中培育践行社会主义核心价值，对于完善高校体育思想政治认知体系、提高学生精神境界具有重要的现实意义。"富强、民主、文明、和谐"，有利于培养体育学生的爱国意识、民主意识、文明标准、和谐理念；"自由、平等、公正、法治"，有利于培养高校体育学生的自由观念、平等价值观、公正心态、法治观念，让体育学生可以在社会生活和发展中准确认识自我，实现自我价值；"爱国、敬业、诚信、友善"，有利于体育专业大学生端正态度以更加敬业的态度去训练专业技能。高校通过培育学生爱国意识和敬业态度来提高学习质量，既能让学生在充满竞争的环境中坚守诚信友善的做人基本准则，又可以让社会主义核心价值观在体育教育教学中得到更快更好地推广。完善的高校体育认知体系有利于增强体育大学生自身的道德素养，优化体育教育教学效果，提升体育学生整体思想政治水平，实现体育专业学生的全面发展。

4.将社会主义核心价值观融入体育教学环节有利于学生道德素养和体育素养的提高

高校体育教育教学工作专业化限度高,学生学习重心主要放在提升自身运动素质,如反应度、灵敏度、跳能力、耐力、爆发力等。随着大力推行我国社会主义核心价值观以来,高校体育教育教学的目标不再是只专注于传统的体育素质,而是朝着"双项"发展的方向前进。"双项"发展指的是从道德素养和体育素养两个方面提升体育学生的能力,目的是为了提高体育学生自身的综合能力;以体育教学工作本身的综合素质为出发点考虑学生的考核标准,均衡了高校体育教育工作的开展,融入了更多的思想政治教学理念。"双向"发展有利于学生更好地理解体育精神深层次的意义,有利于高校发挥维护高校学生体育锻炼的功能。随着高校体育教育教学工作的不断深入,体育教学工作的道德观念引导性也在不断增强,我国建设和谐社会的发展方向也越来越明确。

(二)高校体育教学融入社会主义核心价值观的策略

1.通过榜样带动体育大学生整体提高精神境界,确立正确的价值观

高校体育教学活动中,教师应当发挥模范带头作用,从自身做起,自觉将社会主义核心价值观融入教学、生活中,从而引导教育学生。教师在学生心中,不仅仅是知识的传递者,同时也是分享喜忧的好朋友。这就使得教师要想将社会主义核心价值观有效融入高校体育教育教学,就必须身体力行、以身作则,以端正的形象、正确的言论、良好的道德、精湛的业务为教学依托,让学生从教师身上切实感受到践行社会主义核心价值观之要义,切实感受到社会主义核心价值观是全社会公民需要遵守的基本价值准则,从而拉近学生与教师间的距离,取得良好的教学效果。除了教师必须起示范带头作用外,学生中的先进分子也可以成为学习榜样。高校可以在体育专业内开展先进事例、先进学生的表彰活动,对在生活中帮助同学、竞技场上积极助攻配合的学生进行表扬,让其先进事迹让每一个体育大学生知晓,去感染每一位体育专业大学生,引导他们从整体上提高精神境界,确立正确的价值观和学习观。

2.在弘扬体育精神中培育践行、社会主义核心价值观

社会主义核心价值观是思想政治教育工作的重要内容,高校要在提高体育大学生自身道德学习能力的基础上,积极倡导体育精神,让体育精神在教学过程中激励学生成长。例如,可以给学生们讲解奥林匹克体育传递火种的故事。在希腊神话中,奥林匹斯山上住着神,神灵掌握着火种而凡人却只能

生活在黑暗的地面，普罗米修斯怜惜凡人，私自违反了天神宙斯的旨意，盗取火种送给了人类。火种传至人间之后，人类才有了火可以照明和取暖，而普罗米修斯却因此受到宙斯的惩罚，被锁在高加索山上，受秃鹰啄食心肝的无尽折磨。普罗米修斯不顾自己的安危，将火种带给人的故事体现了的是一种甘于奉献、牺牲小我成全大我的精神。他将火种带给人类，为人类的幸福和光明牺牲自我，是对人类的巨大贡献，但他却没有因此骄傲自喜，这种精神正是应该在体育行业中宣传弘扬的。教师可以通过枚举事例，让更多学习体育专业的学生感受奥林匹克运动会中火焰传递的真实意义和价值。火炬传递的不是噱头，不是明星或政要人员的脸庞，它所传递的是敢于面对风险、勇于探索的精神，是全人类对未来、希望的追求，对光明的永恒执着。在体育课程的准备过程中，教师要认真学习并扩展自己的知识面，通过生动形象的故事、案例感染学生，让学生在学习过程中亲身感受到社会主义核心价值观所强调的精神内涵。

3. 在社会实践中培育践行社会主义核心价值观

习近平指出："道不可坐论，德不能空谈。于实处用力，从知行合一上下功夫，核心价值观才能内化为人们的精神追求，化外为人们的自觉行动。"学校必须以社会主义核心价值观引导体育大学生精神成人，经常性地组织体育大学生到养老院、孤儿院等单位开展公益活动，奉献自己的一份爱心，让他们在实践活动中感受与人为善、助人为乐的快乐，进而不断丰富自己的精神世界，提高道德精神境界。

五、体育价值观的培养应适应 21 世纪社会对人才的要求

体育价值观是指人们以需要的尺度来评价体育这种社会现象的存在和发展，是人们对体育的认识和看法。由于多元化的市场经济的负面影响，高校体育价值观时常出现功利主义的倾向。21 世纪对人才的需求是全面发展的人，展开来说，即知识面宽、创新设计操作能力强、综合素质高有创造性的会生活的体魄健全的社会成员。如何把握社会发展的需要和人发展的需要，发挥高校体育在人的全面发展中的重要作用，树立正确的体育价值观，是高校价值教学改革的重中之重。

体育价值观的培养首先应着眼于培养学生对体育价值的认知。第一，体育价值的认知来自于内驱力：人本身是一个整体的有机系统，同时又是整个世界系统的一部分，那么人对体育的价值认识就不是孤立于外部世界独立的感受，而是在内部世界和外部世界相互交融下的结果。体育价值认知除了与身体的健康这种生存为基础的内驱力相关以外，它与人们的需要和维持身心

平衡状态的倾向等多种内驱力亦直接相关。体育价值认知活动与自我的目标一致，只有这种一致性才有意义。人的认知是内向地为了人自己的生存和发展，特别是指向同他生存与发展密切相关的现实的对象性因素。一个以减肥为目标的人，锻炼形式本身不是他的价值，他与进行一般性健康锻炼的人虽然同样认真地做某一个动作，它所期望的是结果是不一样的。对于减肥的人，减肥是他们锻炼的目标，当减肥的结果显现出来的时候，他才会满足，才证明这种运动对他有价值意义。否则，他的运动方式就很难以维持。第二，运动中的自我体验是价值认知的源泉：价值认知需要内驱力作为基础，而运动的体验是后继的源泉。体育价值认知经过一段时间的实践会形成一种相对稳定的认知模式，并形成一种强有力的定势，但这种定势只是一种动态平衡，因为人的身心力量和认知具有一种不断超越原有定势的趋势。如一开始为了身体健康而锻炼的人随着身体健康状况的改善，他就不满足于最初的一点舒服，他就要采用更多的方式或更大的运动负荷使体质全面的增强。所以人作为现实的主体总是自觉或不自觉地按照某种体验来认识世界，改造世界和创造世界。这种体验又是人同外部世界发生关系并反思这种关系的过程中逐步形成的。体验形成后，不仅沉积在人们的内部精神世界中，而且还沉积在社会文化结构中，因而可以通过遗传方式得以巩固和流传，并通过历史的联系和社会的交往，在社会成员之间传播、渗透，为每个社会成员所接受、同化，以致成为维系精神世界的动力。

体育价值认知在有条件时，人们会将外在的、短暂的目标作为自己的目的。如只追求体育考试能及格，这时，可以将此阶段视为兴趣的培养阶段。在达到目标的过程中要求许多与价值认知相关的成份加入，如感情的加入，这样才能走完这一过程，否则就会半途而废。如果考试也及格了，在运动锻炼中又获得了满足和愉悦，就会形成了占优势的行为趋向，形成了兴趣，运动对他来说就有了某种意义。

在兴趣的积累到一定限度后，就会建立较高的体育素养。这种认识就不是那种依赖于有限实在的盲目而无理性的本能行为，也不是那种追求短暂目标，把短暂目标当作终极的行为。无条件行为以真实存在为基础，就其对生命本质的真实把握而言，它包括时刻的自我反省，他不会因为运动暂时不符合他的愿望，而改变他的行为，每一过程都是他的结果，都是他的满足，运动的每一时刻之于他都是有意义的过程。

每一种价值观的肯定就是对另一种价值观的否定。一个人接受一种价值观理论后，并不知道完整的事实，但他可以借此了解什么是对自己有价值的，什么是对自己无价值的。当他知道了什么是对的，有价值的，他就明白了应该追求什么和应该避免什么，于是他就把握自己的行为的方向。

21世纪社会对人才的需求是全面发展的人，它在人的知识面、创新能力、综合素质、体魄等方面对人提出了较高的要求，体育教育作为在全面发展人的能力方面有其独特的作用。所以说在培养学生体育价值观的方法上，要使学生领会这一方面能力的培养对他们是有用的，是有价值的。

第四节 高校体育教学内容体系的构建

我国教育事业的逐年发展，各大院校也新增了很多不同的专业，针对不同专业的不同特点和培养目标，对于不同人才也有着不同的身体素质要求。面对这种多样化的需求，体育教师必须针对不同年龄及特点的学生进行体育锻炼的安排，使学生在体育课堂中有所收获，使体育课程更好地发挥其在培养人才方面的作用。特别在当今高校中，推广素质教育改革就要树立崭新的教育思想观念，建立适应教学内容的优化体系。

一、体育教学内容及体系的概述

（一）体育教学内容定义阐述

体育教学的内容分为广义和狭义两方面。广义的体育教学包括教养、教育和发展三方面。其中，教养侧重学生的知识传授方面，教育侧重学生德育教育方面，即学生的个人道德修养等。发展则侧重学生由内而外的自我价值实现方面。这三方面综合起来构成了广义的体育教学内容。狭义的体育教学主要是教师针对学生的不同特点进行课程的选择。即，教师在已定的教学大环境和学生专业发展需求背景下，以体育教材为基础，进行体育课程的选择和传授。体育教学的广义和狭义概念要求教师从学生的内在心理状态到外在个人生理发展上都进行引导与技能的传授。

（二）体育教学体系的阐述

体育教学体系包括学生、教师、教学内容与教学环境四个部分，而这四部分中，学生、教师与教学环境稳定性较强，除此之外的教学内容则具有相对的灵活性和不稳定性。教学内容是教师根据学生需要、自身能力和教学环境所指定的课堂内容和教学手段，从教学目标上来说，根据学生需求所制定的教学目标，只要是有益于学生自身未来发展，并能够达到教学目的的手段，都为教师提供了诸多的教学手段和条件。体育教学是在校学生重要的活动形式之一，在增强学生体质的同时，陶冶了学生的情操，磨炼了学生的意志。当今社会，学生在学习的同时承受着巨大的生活压力，体育锻炼能够增强学生心理和生理承受压力，促进学生身心健康发展。因此，体育教师在制定教学目标、课堂选题与教学方面需要多费心思。

二、当前我国高校教学中内容体系存在的问题

（一）竞争性较强

当今社会是一个竞争型社会，大家无时无刻不处在竞争之中，也正是这种竞争带给学生压力与动力。但在体育课堂中，很多时候我们所需要学会的不仅仅是竞争，更重要的是从对手身上学习到自己所不具备的东西。当今，很多学校所挑选的体育课堂项目竞争性太强，即使是武术等传统养生项目也被拿来进行比赛和竞争。这样虽然在一定限度上能够激发部分学生练习的动力，但大部分学生可能因此而产生退缩的想法。这样的传授方法是以分数的高低进行衡量作为教学目的而进行的，并不是以传授学生强生健体的体育知识，更有可能引起学生之间的误会与矛盾。因此，在制定教学目标和方法的时候，要从实际情况出发，让学生在学习的过程中多一些参与，少一些无序竞争，从整体上提升学生对体育课堂的兴趣，养成锻炼身体的良好习惯。

（二）体育课堂教学内容比较狭隘

虽然当今社会对于体育越来越重视，但是，体育课堂上所关注的教学内容领域还仅仅停留在单一的理论、技能和比赛等专业方面。再加之针对体育课堂教学内容所进行的考核方式比较单一，这也就使得体育课堂教学内容在面对学生时，凸显其针对考核的单一性，因此，内容比较狭隘，不容易激发学生学习的自主性和学习兴趣。

（三）体育教学方式比较单一

目前我国体育课堂中引进的课堂项目大多来自于竞技体育，教师在教授动作时主要是讲解与示范，因此，在体育教学方法上，手法比较单一，在一定限度上与时代发展有些衔接不当，导致学生对于体育项目兴趣不足。

总之，当今社会中的体育教学内容体系和理论教材中都存在着浓厚的竞技色彩和落后观念，因此，体育教学内容也大多是竞技体育的照搬。要想进行体育教学内容体系的优化与完善，就必须进行改革。目前，我国体育教学内容和课程体系的改革已经成为重中之重，这是时代的进步性和先进性所决定的。因此，要从根本上改变这种落后的教育思想观念，就应该大力推进素

质教育，树立崭新的教育观，建立起一个适应时代的教育内容体系。

三、高校体育教学内容结构的优化措施

（一）体育教学内容结构主观目的性的改进

现在的高校体育教学内容体系应该融入更多的主观目的性，只有在客观的需求完全吻合主观目的时建立起来的体育教学内容结构才是稳定、合理的。我们要从两个层面理解体育教学内容结构的目的性。第一，基于学生在不同的学习阶段，对教学内容的需求是不同的现象，体育教学的内容结构要对应不同的阶段，所以在确定教学内容结构时要综合阶段需求，并且要认真地选择、合理的组合。第二，体育教学内容的结构要遵循学生的基本认知和接受规律，帮助学生形成合理的认知结构、技术技能结构、能力结构、体育方法结构。举例来说，起步阶段，体育教学的目标应该集中在提高学生对学习体育项目的兴趣、锻炼基本的身体运动、培养学生的自信心上，此阶段应该采用活动性游戏来学习简单的基础知识。在简单的了解所学课程的基本知识和养成一定的兴趣后，教学内容结构应该有所变化。这样，主观目的的不断调整将会为实现体育教学目标提供更好地支撑。

（二）体育教学内容结构关联性的改进

众所周知，体育知识和运动技能是极其丰富的。因此，体育教学内容结构的关联性主要体现在课程上所学的知识能够有效地扩充学生的知识范围，为学生进一步的学习发展打造良好的基础，包括良好的运动技术、技能基础以及建立良好的能力结构等。体育教学内容结构关联性包括两个层次，第一个层次的关联性是横向广泛性，一方面要涉及保健、营养、卫生、锻炼原理、竞赛规则等简单的基本知识。另一方面要能够促进身体发展的各种运动技术技能和练习方法，这些对于学生良好体育态度的形成有重要的意义。第二个层次的关联性是纵向的复合性，依据教学的基本规律，对一个内容的学习要逐渐深化，也就是一个纵向的发展。但是高校的体育教学目标是多元复合的，这就需要这两个层次的有机融合，利用体育教学内容结构关联性为学生带来创造性发展的机会和实力。

（三）体育教学内容结构包容性的改进

高校体育教学内容结构需要包容性，包容性的含义为体育教学内容结构的相互渗透、融会贯通。让整个教学的内容体系相互联系，形成一个完善的网状知识结构，产生 1+1＞2 的效果。这种教学内容结构的纵向、横向的关

联渗透的效果需要教学内容的包容。体育教学内容结构的包容性会为教学内容的选择带了更大的空间，也使得体育知识技能拥有更大的综合性。

（四）体育教学内容结构动态性的改进

随着人类对体育教育科学的不断研究和探索，相关的新知识也会不断产生。而且体育运动的丰富性不断增加，这都为体育教学内容结构提出了更多的挑战，如何保证体育教学内容结构紧跟体育科学的发展步伐，满足社会的需求已经成为体育教学工作者的无法回避的课题，这就需要体育教学内容结构具备动态性。动态性可以保证社会产生的新知识及时反映在体育教学内容中。此外，根据当下社会对人才素质要求的变化，例如社会需要能适应快节奏、重压力、高竞争的人才，这些要求就应该反映在体育教学体系当中。综上所述，体育教学内容结构应该具备动态性显得十分必要。

（五）体育教学内容结构实践性的改进

实践性是体育教学的关键，也是体育本质属性所决定的。学习体育基本理论知识的目的是让学生正确理解体育课程以及以此指导体育实践活动。所以在安排体育教学内容时要考虑其对完成教学目标的重要限度，要与其他部分相辅相成。简而言之，就是体育教学内容结构兼具个别优势和多种内容有机合成的综合结构优势，这些都是建立在体育教学内容结构实践性上的。

四、高校体育教学内容体系的优化与完善

（一）改变传统落后思想

当今社会的在校学生大多处于"亚健康"状态，这与学生不重视体育课有很大关系，要想改变学生对于传统体育课的看法，就必须树立"生命在于运动"的思想。这一思想既强调了体育的重要性，又表明了运动对于生命健康的影响，是身体健康与体育相联系的连接点，启发人们通过体育锻炼进行更好地生活，也使体育与素质教育有了更好地结合。体育教学要想达到"健康为首，素质第一"的素质教育目标，就要帮助学生建立良好的运动习惯，掌握基本的运动技能，以运动来促进教育体系的改革。要对体育的目的、功能、教学手法与目的等做一次新的定位，建立起一个适应当今社会的体育教学体系。

改革开放后，我国体育教育的改革和发展经历的几十年使我们清楚地认识到，众多教育思想相结合的当今社会，体育已经给我国教育发展注入了新的生机，带来了新的活力。但体育并不仅仅局限于学校之中，要培养学生在

学校生活之外也养成良好的身体锻炼的习惯，使体育成为终身相伴的一项事业，最终达到终身体育的目的。只有这样，才能真正实现体育教学改革的真正目的，真正使体育造福社会。

(二) 体育教学内容体系的优化与创新

1. 体育内容体系的优化

要想对体育课堂教学内容进行优化，需要从结构方面入手，这其中包括形式结构和实质结构两方面。从形式结构方面来讲，主要针对的对象是课程中辅助教学的如教材、说明等内容。对于形式结构的优化可以从根本上改变学生对于体育课程的认识，加快对于体育动作的学习，加深体育教学对于自身发展的理解。从形式结构上进行优化可以说从理论上丰富和优化了课程体系的内容。从实质结构优化方面说主要包括以下两个方面：第一，是指体育教师在课程讲述中对于课程的自身理解和构想，也是对课程的一个框架的构思，要体现授课教师的主观意愿。这一过程中所要展现的知识与内容都是教师个人通过自己的想法和行动来进行构建的。第二，实质结构优化指教师在授课过程中每个课程的内容、主题的编排和顺序安排的方法。在实质结构优化过程中，教师需要根据自身理解来安排课堂的授课内容，选择该堂课的主题，并通过适当的安排方式使学生在课堂学习中获得最大的收获。通过经验和研究我们不难发现，要想优化体育教学内容体系，就必须要将体育教学内容和体育课程并驾齐驱，与此同时，还要注重课程的实质结构优化，使实质结构与形式结构完美结合在一起，共同在教学中发挥作用。实质结构和形式结构的优化能够促进体育教学内容体系的结构优化和改革，从本质上对体育教学内容进行调整与改进。

2. 体育内容体系的创新

21世纪的社会对于教育的要求是实现教学内容的多样化、综合化、现代化和信息化等。而在这之中，很重要一点是要关注体育和教育相结合。在当前素质教育全面推进的背景下，更加凸显了体育的在教育中的地位。在学生素质发展的过程中，身体素质是科学文化和道德素质的基础，这三者是相辅相成的。

第一，身体素质之所以处于基础地位，是因为没有健康的体魄，人的思想、科学文化、理想和道德等，都没有了可以依靠的载体，也就不存在价值的实现。因此，要提高整体素质，必须要大力提升学生的身体素质，以确保学生处于健康的身体状况下，进行更高层次的精神追求。体育课应该最大限度的激发学生对于体育锻炼的自觉性和热情，以达到磨炼意志，培养公平竞争和积极进取的精神。同时，师生可以通过体育运动达到互相尊重，最终使学生建立起更加自信、自强的精神状态。体育教学应当重视对学生身心健康的引导，使学生对体育锻炼产生稳定的规律和模式，形成一种新的健康生活形式。

第二，为了适应当今社会的经济和社会需求，对于学生的能力需求有了更进一步的提升，要求学生专业基础好、知识面广、个人综合素质能力强。要达到这一目标，仅凭单一的课堂教学模式是不可能完成的，而要进行适当的角色转换，即学生由受教育者转向培养者，而教师也由单一方向的课程传授转向对学生个性和能力的关注与培养。这一过程要求学生更加注重实现自我价值的重要性。这就要求体育教学内容多样化，要增加大量的诸如网球、羽毛球等终身体育项目的课程。通过这些课程的开设，要求学生们不仅能够体会到运动水平的提升，更为今后强身健体，保持终身锻炼的习惯而打下良好的基础。

第三，在对体育课堂教材的选择上，要求具有多样性，这种多样性不仅仅是针对学生身心需求，更是由于身体练习的多样性。对于在校学生体育目标的设置，不仅要发展学生的身体，更要发展学生的心理。在当前的体育课程中，竞技运动项目被作为课堂体育项目进行加工与传授。竞技运动项目逐步通过教材化和娱乐化活跃在校园内外，大部分受到学生喜爱和熟悉的项目是来自竞技运动比赛的，诸如篮球、足球等。但随着社会的发展，越来越多的人追求身体健康的意识逐步提升，健身运动项目，诸如舞蹈、瑜伽等逐渐兴起。当然，健身运动项目与竞技运动项目本质上并不发生冲突，只要能够引起学生的兴趣，并同时没有过量的运动，便可以将竞技项目纳入到健身运动项目的范围内，带动大家积极进行参与。因此，在处理竞技运动项目和素质发展时，主要强调其多样性和参与性，以便于学生进行选择和参加。

最后，根据人在不同时期对于知识和发展的需求，可以进行体育运动的不同安排。人在大学阶段以前处于求学期，体育教学以发展学生身体素质为主，从大学教育开始由学习期向创造期转变和过渡。过去的高校体育教学内容以运动技术为中心开展，忽略了教学方法，很少对于学生的素质和身心健康进行关注，这是对健康十分不利的。大学期间的学习对于在校生来说，主要是基础能力和技能的培养，是对综合能力的培养，侧重发展学生的学习和创造能力。因此，在体育教学中也要格外重视体育方法的教学，着重进行开创性教学，培养学生终身体育的习惯和能力。

总之，体育教学内容要进行优化，就需要遵循学生心理和生理的发展过程，对体育教学内容进行多样化开展，以便满足不同年龄段不同学生的个性心理和生理发展需求，做好大、中、小学的内容衔接。

3. 体育教学内容体系的完善

体育教学内容体系的完善首先要突出课程的实用性。在针对不同学生进行教学计划的安排与设计时，要根据不同情况进行不同体育项目的选择。要尽可能地选择实用型体育项目，使学生能够将课上所学应用到课后的日常体育运动当中，达到学以致用的效果。这样能够带动学生进行体育运动的积极性，激发学生对于终身体育运动的兴趣。

其次，由于体育具有终身性，体育教学的任务就多了帮助学生树立终身运动思想的任务。体育教学要根据学生不同阶段和实际情况，督促学生进行体育锻炼，并养成良好的习惯，以便作用与今后的日常生活中，达到最终实现素质教育的目的。

最后，体育教学体系的优化和完善可以采取以下几种措施。第一，增加体育教学过程中基础性教学的内容，使学生从体能和技术上都能够得到适当的发展。第二，在体育教学中加入与社会的接触，如游泳、羽毛球等运动项目，一方面锻炼了学生的体能，一方面也给予了学生与社会接触的其他机会，增加了学生的技能。第三，要针对学校的硬件条件进行体育课程的安排。体育课程的主要受益者是学生，这也就要求教师需要根据学生的兴趣、爱好等进行教学内容的选择。当然，教师在关注学生体能发展的同时，也要关注其心理的发展，要培养学生在失败中不气馁，勇敢面对挫折的精神。

总之，体育教学内容体系的完善具有以下意义：首先，推动了体育教学内容的研究，促进了体育教学理论的进一步完善。不同时期的体育教学内容和体系大相径庭，体育教学内容随着时代的发展和变化而逐渐演变，因此，呈现出多姿多彩的模式。体育教学内容作为体系中必不可少的一部分，应该针对教学中所出现的现象进行分析并给出解决方法，这样才能够帮助我们建立并优化新的有效的教学内容体系，达到体育教学的最终目的。其次，督促教师对体育的本质和现象进行更深刻的思考。只有这样，教师才能够向学生阐述体育教学的本质，并根据学生对于这些问题的反馈情况，结合当今最新的教学理念，进行重点教学，以求达到最终教学目的。最后，教学内容体系的优化与完善有助于教师科研和执教能力的提升。作为一门理论与实践紧密结合的课程，体育教师能够通过课程内容和目的学习，对学生进行更深刻的讲解，从而提高自己的科研和执教能力。

随着社会的不断发展和教育事业的不断壮大，许多新兴体育项目日益兴起。针对不同的学生，体育教师要把握他们共同的个性特点，并针对各自不同的特点进行教学。在当今社会的背景下，学校教育对体育教师提出了更高的要求和期待。这也就要求体育教师需要花更多的时间进行教学内容的研究和优化。只有这样，才能够加深学生对于体育运动的印象和理解，最终达到培养学生学以致用，并进行终身体育的良好习惯。只有让学生们学以致用，才能够更好地发挥体育在人才培养中的作用，这也是体育教学内容体育优化与完善的最终目标。

第三章 高校体育教学方法的理论与实践

第一节 高校体育教学方法与内容的关系

一、运动技术学习与体育教学方法主体化

高校体育教学不同于一般课堂教学，它需要有严谨的组织形式，主体的学习内容需要配合合理的教学手段，其立足点是运动技术教学。从这个角度讲，教学的计划性与非计划性、智力性与非智力性、显性与隐性的多元性都需要教学中有一个科学系统的"教"法和学生怎样合理有效的"学"法，这个"教"与"学"的尺寸我们称之为教学方法。所以教学方法决定了课程的主体。目前，教育界有种"淡化运动技术"的主流，主要以提高身体素质为主的"健康第一"为指导思想，使高校体育界对体育教学内容方法的改革趋于情绪化，体育课改为体育与健康课，教学以健身为目标，体育的科学性、运动技术性的基本原则及高校体育作为教学内容的运动知识特性被淡化，这是一种不正常的"大帮哄"现象。

高校学生在心理上、生理上的成熟限度远远高于中小学生，如果体育课不以竞技运动项目教学为主，纯粹按照健身锻炼的要求，重复中小学已经做过的身体练习，如仰卧起坐、引体向上、俯卧撑、单杠、双杠、跑步、跳跃、攀爬等所谓的跑、跳、投传统体育练习老三样，必会导致学生的反感，结果是事倍功半。就算健身的目的达到了，但这样上体育课又能坚持多久呢？大学生思想敏捷，改革意识强烈，在教学的各个层次都得到了体现，体育课程更应如此。我们应该引导学生摒弃不适合自身运动特点的旧的传统的观念，以创新、独特的运动观念诱导他们掌握一两项符合自己心理、生理条件的运动项目，将会使其终身受益。同时，坚持以竞技运动项目为主体的教学内容，灵活采用合理有效的教学方法。竞技运动项目，如篮球、足球、排球（三人制、五人制、七人制）等经过时间的沉淀，能够流传开来表明了其强大的生

命力，深受大学生的喜爱。竞技项目激烈的对抗竞争意识，不屈不挠的斗志锤炼，默契的团队精神的特点与大学生的思维趋向极为相合，使竞技运动项目更加适合体育教学的需要。教学方法的实施应以运动素质带动身体素质，从学生的兴趣学习开始培养他们健康向上的思想品质，使他们的精神面貌得到升华；同时，使体育课程整体化、理想化，更符合教育规律，而教学中运动技术项目与必要的教学方法毋庸置疑地成为课程的主体。

二、体育教学中内容与形式的相互关联

动作学习是体育教学的主要内容，动作是肢体的外在表现，是直观的行为。动作在时空环境中存在使内容外在形式化。动作的名称是死的，这是命名的必然性所致，但是动作却是练习者做出来的。一定的动作必然与一定的名称即内容相关联，并不存在纯形式的动作。反过来说，这反映了动作概念对应的实际存在的动作行为的必然性，即教学内容与技术动作的相对性。

动作技术学习应根据大学生的生理特点灵活采用教学方法。教学方法的科学运用应以教懂、教会、教悦大学生为主要目的并贯穿整个教学过程。怎样才能有效调动学生的学习主动性，教师采用有效的教学方法是重中之重。体育作为一门教授技术动作的课程，其课程内容的选择不同于一般性的科学类课程。它与人类的文化发展、科学进步及自然科学有着密切的关系，同时运动技术与社会生活又有着不可分割的联系。在人的成长过程中，体育是教育不可缺少的一个组成部分，体育课是培养学生积极意志和健全人格集体观念和团队精神的重要课堂，因此，体育课内容应该是健康向上的，是朝气蓬勃的年轻大学生喜爱的一门健康活泼充满生气的室外课程。内容与形式的统一，自然会产生事半功倍的效果。学生兴趣的产生恰好是主动上好体育课的基础。教学方法的科学性、合理性自然会出现学习运动技术的主动性和积极性，而教学内容与形式的统一又是学有所得的保证。

将教学目标作为一个整体来看，技术动作的教学是最关键的部分，其他目标都可在这一目标实现的基础上不同限度地实现。于是，体育教学方法与内容的关系便聚焦于技术动作的训练。

综上所述，运动技术怎样教，怎样向学生传授科学、系统、合理的技术结构和运动规则的要求，并使之正确掌握是体育教学的关键。

三、体育教学中"教"与"学"的互动及共存关系

运动技术怎样教，怎样才能被学生合理快捷地掌握，是体育教学中应该解决的基础问题，也是体育教学方法面对的现实问题。现在的体育教学法，

并没有形成独立、系统、有效的理论体系。许多有关体育教学的教科书有专门章节讨论"体育教学法",分析了动作教学各阶段的教学法特点,也提出了一些具体的教学方法,如:语言法、直观法、形态法和纠正法等等。但从已有研究来看,并没有能科学地深入到以人的肢体活动及情景变化为表达方式的动作技术的内在机制的研究。对学生动作技术教学中"学"的研究的不足,产生了"教"与"学"的对立关系。而体育教学法最重要的恰恰是动作技术学习机制,使学生形成需要的体育行为方式,使教学最终落实在学生学习的效果上。

改革体育教学法,就是摒弃传统的封闭式教学,实施开放式教学,改注入式教学为启发式教学。体育教学过程中,应提倡教师的科学"教"法与学生的主动"学"法,改变重"教"而轻"学"的旧理念,立足于终身体育和基础体育服务的观念,着重提高学生健康素质和运动素质。因此,体育教学方法应该首先认清"教"与"学"的辩证关系,它们既是对立的又是共存的,既是矛盾的又是统一的。从"教"与"学"的互动关系看,体育教学的关键不只是"教什么",而首先是"为什么教",只有清晰的教学理念,才能有的放矢地实施教学法。

四、与教学内容相契合的有效教学方法

教学方法能否有效运用,是决定学生能否有效完成教学内容的学习,决定教学成败的关键。有效的教学方法首先必须能够激发学生学习教学内容的动机和积极性,最大限度地防止懈怠心理;其次,还必须能够激发学生学习的自主性,引导学生能够不仅把学习看作为了完成学习任务,而且要把教学目标内化为自己的学习目标。综合各种学习理论,我们认为许多新的教学方法在体育教学中是值得借鉴和引入的。

1. 支架式教学

支架式教学是建构主义的一种教学方法,它要求事先把复杂的学习任务加以分解,以便把学习者的理解逐步引向深入。支架式教学的基本环节可分为五个方面:进入情境、搭建支架、独立探索、协作学习和效果评价。

2. 合作学习

合作学习是一种适合于集体教学、小组学习的教学方法。它同样包含五个方面:成员之间面对面的互动、良性的相互依赖、明确各成员的职责、传授合作技巧和实施成员监控。

3. 自由学习

自由学习要求学生积极参与决定学习的内容与授课的方式。教师指导学

生达成契约，明确在一学期内所要做的工作的种类和数量，以及圆满完成这些工作所能得到的分数。这是一种能够充分发挥学生主观能动性的教学方法。我们应当积极探索适合于训练动作技术的教学方法，但不能否认传统教学方法仍然有其合理之处。因而，在探索新方法的同时，不能忽视对传统方法的研究与改进。新旧方法应该在比较中获得完善。

五、方法教学是教学方法的首要关注点

方法教学是动作技术教学的支架，是科学、系统、合理地传授技术结构和运动规则的基石。方法教学的重要性是由体育教学内容的特殊性所决定的。班杜拉认为，学习过程是由个体、行为和环境交互决定的。

那么，个体的学习内容即教学内容在这种情境中就至少具有以下三个特征。一是内容的整体性。如上所述，从小学到大学，教学内容不能是简单重复，而应该有新的内容，根据学生发展的特点提出更高的要求。体育项目是丰富多样的，教学内容也不能一成不变。这是内容整体性的实现，即其作为一个多样性的一个有机整体所提出的要求。二是内容的情境性。情境性的内容符合生态学的标准，有助于学生形成有效的迁移，增进学习效果；能使学生建立动作图式之间的广泛联系，建构运动技能的意义性，从而产生主观效能感，发挥出主观能动性。三是动作技术的学习是一种程序性知识的学习，遵循产生式规则。所谓产生式，是由条件和动作组成的指令和规则。安德森提出，前后两项技能学习之间产生的重叠越多，越容易产生迁移。鉴于动作技术学习的以上特点，重视方法教学是极其必要的。方法教学的任务或目标：首先，应当教给学生大量的可供提取或选用的学习方法和技能；其次，应当训练学生知道如何确定学习目标；再次，应当帮助学生储存有关学习及学习方法或策略的信息。

本节对体育教学方法与内容的关系进行了系统分析，认为：教学目标转化为学习目标是二者契合的中介；在二者的相互关系中，教学方法具有更大的能动性，是体育教学的关键。教学内容具有特殊性，并且与形式不可分离，这是制定科学、合理的教学方法的基础；对二者关系的分析应该建立在教与学的关系之上；教学方法的有效运用，教学目标的实现，依赖于新的适应于特殊教学内容的教学方法的探索和对传统教学方法的改进。

第二节 高校体育教学方法与创新教育的探讨

对于高校体育课堂教学中创新性的探究是新时期体育学科的特征，是时代发展的必然趋势，是素质教育在高校体育教学中的具体体现。通过对高校体育课堂教学中创新性的探究，不仅能培养学生的创新精神，更重要的是培养学生的自主学习能力和动手动脑的结合，所以，它应成为我们这一时期体育教育的使命和共识。

一、"创新教育"的含义

创新教育是挖掘人的创新潜能，弘扬人的主体精神，促进人的个性和谐发展的教育。它的本质就是遵循人的创造活动规律和人的创造素质的培养规律，以培养创新人才为宗旨。因为创新教育是指以培养创造性人才为培养目标的教育。创新教育不是一种具体教学模式，而是一种意义深远的教学思想，创新教育思想是时代发展的产物，是知识经济时代对教育提出的必然要求。

二、新的体育教育思想指引体育教学方法的变革方向

体育教学方法的确立和发展源于教学思想，一定的教学方法，是一定的教学思想在教学活动中的具体反映。在教学过程中，以不同的教学思想作指导，教学方法所表现出来的效能和作用便会截然不同，贯彻不同的教学思想，会产生不同的教学效果。社会的发展也在影响着体育教学思想本身不断地变化与更新，这种变化与更新又直接影响着教学方法的不断改革与发展，推动了教学方法的整体向前发展。

三、当前体育教学方法改革面临新的问题

（一）传统教育思想的制约

传统的体育教学思想是改变受教育者的心理和生理现状，使受教育者能够达到预期教育目的。而在这种传统的体育教学观念下往往只注重了教育者的作用，忽视了受教育者的主观能动性，从而阻碍他们自主学习的能力。在推行创新和素质教育的今天，传统的教学方法已经不能适应现在的教学，不进行改革就阻碍了现在教育的发展。在传统的体育教育思想模式下禁锢了学

生的创新能力，使学生在体育课上缺少主动性，制约了他们的发展。他们的个性与活力受到现在教育的压制，许多学生是为了完成学分而去上课，从而缺少主动性，这严重影响学生创新能力的发展和降低学生上课的兴趣，使学生不能得到全面的平衡发展。

（二）体育教学模式缺乏创新

我国传统的体育教学模式已经不能适应学生身心健康发展的需要，由于现在教师教学处于中心的位置，是知识的传播和灌输者，在教育思想和行为主义的作用下直接影响着学生的健康发展，而学生是接受外部教育者，知识和思想的灌输对象。体育教学主要是以教师教学为中心，传授知识的方法和手段是教师的本领与技术。在教学过程中教师的讲解和说明是主要的教学方法。这样就使老师凌驾于学生之上，忽视了学生自主学习的能力，对学生的自主性视而不见。在授课中同时也会出现指责、呵斥学生等错误的做法，这对学生的人格来说是无情的摧残，对学生的创新意识是无情的扼杀。这样就造成了对学生主体地位的忽略，直接影响到学生的创新能力，不利于学生综合素质培养和身心健康的提高发展。

四、高校体育教学方法创新探讨

（一）构建有效的教学模式

要进行高校体育教学方法的创新，需要有先进的理论思想作为指导，并且要有教学实践，这样才能少走弯路。要想改变现在高校教学方法创新理论，就必须重视现代科学方法和心理教学研究，了解现在大学生的具体情况，只有明白了原因才能在体育教学中有所创新。由于现在信息论、系统论、控制论等思想的出现，引发了现在体育教学领域从思想到实践的广泛变革。现在体育教学的研究日益受到重视，特别是在现在提倡素质文化教育，体育教学得到广泛的关注。高校创新教育是高等教育的一种全新的模式。中央教育科学研究所课题研究和实验方案将"创新教育"界定为"以培养人的创新精神和创新能力与基本价值取向的教育实践"，是以培养创新型人才为主要目标的教育。高校的创新教育就是在中学阶段已进行的"创新方法和技术"训练的基础上，为培养创新人才搭建的一个平台，着重大学生创新精神和创造能力的培养。要构建高校体育教学方法创新的先进理论，就必须要对创新教育、创新方法有所了解，在经过多年的研究和发展，创新教育已经在教育管理制度教育方法等方面形成了一系列有效的理论和措施。我们可以通过借鉴古今中外优秀的教学经验,并结合体育教学方法的实际情况,努力构建高校体育教学方法创新的先进理念。

(二)引进创新型体育教师

体育教学方法的创新是高校体育教学创新的关键,这就需要培养和造就一批高素质创造型体育教师。培养创新型体育教师途径也是多种多样,可以通过在校的教育培养,也可以通过专业的渠道对体育教师进行专业的培养训练。同时要加强体育教师师范教育专业的学习,充分发挥教育培养创新型教师渠道作用,要求高职高专院校要立足现实着眼于长远,进一步优化体育教学机制,改善体育专业和学科教学的设置。

创新教育的开展离不开现实中的实践,一切创新型人才的出现也离不开实践,只有通过实践才能找到根源,才能真正地创新,从不足中找到原因对症下药。我们常说理论创新、体质创新、科技创新等都是适应实践的需要。体育教学方法的创新也不例外,通过实践体育教师才能够理论联系实际,结合实际的情况在教学中探索创新,提高自身的创新意识。同时带动身边的老师和学生,把理论知识应用于实践,在实践中创新,在实践中不断探索不断进步,把创新立足于实践之上。现在世界开放国际交流频繁,在交流中学习先进的体育教育理念、体育教学模式是加强创新型教学理念的关键,也是培养创新型教师十分重要的作用。体育教学在教学上有两个观念"教"和"学",树立学生是体育教学的主体,"教"要求体育教师要有较高的专业文化知识水平对专业课程能够详细地为学生解答讲清楚知识框架。同时重视学生独立自主的学习能力和创新精神的培养。在高等院校中树立高等体育教育与终身体育教育的教学观念,充分认识现代体育教育的思想观念,把体育教学不断创新不断深入。

(三)引进国外先进体育教学方法

国外体育教学与研究起步较早发展较快,在长期的实践与改革中积累了很多教学经验和教学方法。例如:有一种方法是教学生学会学习,提高自主学习能力。像西德根舍因等人的"范例教学法"、美国奥苏伯尔的"先行组织者教学法"、中国的"自学辅导法"等,就是把学科知识的基本结构教给学生,使学生能够掌握学科知识结构,并能够通过自己学习,提高自己的学习能力。还有一种是培养学生的主体性和实践性能力,像美国罗杰斯的"非指导性教学法"、美国的"合作学习法"、中国的"成功教学法"等,都是在调动学生的主动性,引导学生独立自主探究学习,锻炼学生运用知识解决实际问题的能力。我们应该在体育教学论的基本观点和方法的指导下,积极吸取国外先进的体育教学方法，发掘和继承我国传统的体育教学精华，结合当前高校体育教学的实际，对体育教学方法进行整合优化。在引进国外先进体育教学方法的同时，不能盲目随从，不能照本宣科，应按照我国体育教学的实际情况以及我国学生的体质、文化水平、心理状态等等，以国外先进体育教学理念来指导我国体育教学方法的创新。在引进与整合的过程中，结合本国的实际，逐步摸索出适合高校体育教学的先进体育教学方法。

总之，新的体育教学理念和体育教学思想创新不断地涌现，这就要求我们要站在时代的前沿，走在发展的前头。去探索和改革新的体育教学模式和新的思路，创造高校体育教学的先锋，推动我国高等教育院校体育教学新风尚，打破传统的教育模式，在探索中进步发展。争创先进优秀的高等院校，带领新一代的体育改革与体育时尚。

第三节 高校体育教学中分层次教学法的应用

在我国高校体育课程教学中，相关人员不断探究和尝试运用多种创新型的教学方法和模式，来达到提高体育教学效率的目的，然而目前我国对于教学方法的研究还不是十分深入，在应用的过程中存在着操作过于简单和理论性不强等一系列问题，对体育学科的教学难以产生积极作用。近几年，高校体育教学工作者不断尝试多种新型教学方法，在这些方法中分层教学法拥有着独特的优势，得到了广泛应用。由于学生在身体素质、兴趣爱好以及个性特点等方面都存在着较大差异，所以必须针对每位学生的特点，积极采取分层教学的方法来提升体育教学效率。

一、分层教学方法的概述

（一）分层教学法的内涵

分层教学，是一种新流入我国的创新型教学方法，其应用过程首先是分析学生不同的接受能力、潜力以及知识水平等因素，据此将学生分成不同的小组。虽然每个小组整体的水平不一样，但是在同一个小组内，学生的水平比较接近，这样学生可以相互帮助，得到共同进步。将分层教学的方法应用到高校体育教学之中，是根据每位学生的运动水平和身体素质等因素，将学生分成不同的小组，每个教学小组的教学目标不尽相同，这样能够真正达到因材施教的目标。不仅如此，通过分组学习还可以有效地增强学生的团队合作意识和责任感。最后，由体育教师采取不同的方法对不同组的学生进行评价，以便对其进行更好地体育教学。

（二）分层教学法的本质

众所周知，分层教学方法的引入能够有效弥补传统教学手段对于学生个体独特性不重视的缺点，因此，将分层教学模式应用到高校日常体育教学中显得十分重要。人们在日常的体育学习过程中，由于每个人的先天性差异以及受后天环境影响，难免会造成不同学生的体育素质存在明显的差别。然而分层教学模式主要就是结合学生的个体差异性所实施的一种新的教学模式，它针对学生的个体差异性，来编制科学有效的教学计划，从而达到深入挖掘学生体育潜能的目的。

二、在高校体育教学中应用分层次教学法的重要性

（一）将分层次教学方法应用到高中体育教学中，可以更好地因材施教

每个学生由于成长、学习环境的不同，导致了每个人的品性、习惯也各不相同，个体差异很大。这些不同的差异是影响学生在体育课上表现不同的主要因素。分层次教学法关注的不只是学生的成绩，它可以在尊重学生差异性的基础上，充分发挥自主性，同时促进因材施教的有效实施。

（二）分层次教学方法的应用可以提高教学质量与效率

将分层次教学方法应用到高校体育教学活动中，体育老师可以根据学生的不同层次、不同水平制定不同的教学计划和教学目标、组织不同的教学内容。可以保证每个学生都能通过自己的努力来获得相应的进步。这样可以使学生们不断在实践中丰富自己的经验，激发对体育学习的积极性。除此之外，每个学生在学习中都会遇到不同的问题，体育老师采用分层次教学法可以很好地了解每个学生出现的不同问题，进而有针对性地解决。这样不但缩短了时间而且还提高了问题的处理效率，让学生们可以将更多的时间运用到其他学科学习当中去。

（三）分层次教学方法的应用可以提高体育任课教师的专业水平

分层次教学方法和传统的教学方法相比较来说，对体育任课教师的要求比以往要高出很多。在开展高校体育教学活动中运用分层次教学法的时候，体育老师必须要对学生的实际情况进行全面的了解并详细掌握，然后对学生进行分层，对不同层次学生的教育管理要制定不同的教育方案和教学内容，这样才可以有效地完成教学任务，实现教学目标。与此同时，体育老师还必

须要积极去研究在体育教学过程中可能出现的所有问题，并制定好解决的措施。经过这样不断地实践，可以有效提高体育教师的个人能力以及教学经验，对提升专业能力来说有着很大的积极作用。要想保证教学工作的顺利进行，学校必须要提高对任课教师的相关要求，加强对教师的培训力度，提高体育教师的综合能力，打造一支高素质的教师队伍，为高校体育教学工作的顺利进行提供有力保障。

三、分层教学法的具体实施策略

（一）在充分考虑当前大学生的实际情况的基础上进行分层教学前的设计

在对学生实施分层教学之前，必须要对分层进行科学合理的设计。实施分层教学要充分考虑到所有学生的实际情况及课堂中从事的运动项目特点，然后有针对性地在课堂教学中实施分层教学。只有这样才能有效地调动学生的学习积极性，才能真正达到培养学生终身体育意识的目的。具体到分层教学设计实践中，必须要同过去传统的个别教学或者分组教学区别开，而主要是要将技术水平接近的一批学生安排在同一层次小组。在分层设计之前最好是能对所有学生进行一个有关身体素质、学习态度及专项素质等几个方面的测试。其中的身体素质测试可以主要测试学生的速度素质或力量素质，比如可测试学生的50米跑等。对于专项素质的测试可以通过某些特定项目来测试，或者通过查阅学生的电子档案来了解他们在大学之前是否已经掌握了一些体育专项技术。对于大学生学习态度的测试主要是在体育课上完成，主要的测试途径就是通过仔细观察，通过耐心谈话来完成。体育教师根据多方的测试之后，就可以根据测试的结果按照一定的标准将所有的学生进行分层。通常可以将学生分为三个层次：一般来说可以将身体素质较差，很少去主动进行体育锻炼，但是对体育学习的态度还是非常认真的，对体育课有一定兴趣的学生定位为第一个层次；其次就是可以将身体素质比较好，非常喜欢上体育课，但并没有能掌握一项专项的运动技术的一类学生定位为第二层；再就是可以将身体素质比较好，对体育课有着非常浓厚的兴趣，能掌握一项或者多项特长，并且还能密切配合体育教师的课堂教学的一类学生定位为第三层。这样在教学前就对学生进行分层，可以有效避免伤害学生自尊心和自信心的情况，还可以有效避免重复教学。

（二）科学制定层次化的高校体育教学目标

高校体育教学的目标不是要将学生锻造成体能过人的超人，而是将在校大学生培养成有着健康体育意识的人才,帮助学生不但能慢慢积累体育知识,而且还能时刻注意自身体能素质的提高。从这个教育目标出发,在对学生完成分层后,就必须要根据不同层次学生的知识结构和学习特点来合理制定层次化的教学目标。当然这个目标并不是说对不同层次的学生体育教育的标准不同了,而是在共同的体育教学目标下要体现出不同层次学生的教育目标的差异性。这样有差异的教学目标可以帮助不同层次的学生都能实现学习目标,体会到成功的乐趣。

(三)分层设计高校体育教学内容

根据不同的标准和要求对全体大学生进行分层之后,我们要承认各个层次的学生的起点是不同的,所以在安排教学内容的时候就要有所区别,需要在确保全体学生整体体育技能提高的前提下体现出一定的差异性。具体来说,对于第三层的学生可以不必严格按照教材的要求进行授课,可以采用比赛或竞赛的形式授课来帮助他们不断提高自身的技能水平。对于第一层,甚至第二层的学生的教学内容安排就最好是能以教材大纲为准,不要刻意去不切实际地拔高。这样一来,一方面照顾到了体能素质差的一类学生对基础知识的掌握,另外一方面也照顾到了体能素质较好的一类学生的体育技能的进一步提高和体育潜力的进一步开发。

(四)尊重大学生之间存在的差异

根据分层结果选用不同的教学方法,从而发挥每一个学生的主体作用。不同学生之间存在差异是客观存在的,所以教师必须承认这一点。对于不同层次的学生的教学必须要选择适合本层次学生的实际情况的教学方法,这样可以很好地培养学生的自信心,培养学生的创造精神,培养学生健康的竞争意识及师生之间的交往能力。但是,不管采用何种教学方法都必须要充分发挥每个大学生在课堂教学中的主体作用,让学生都能参与到实际的课堂教学中来,体验到成功的快乐。这样就可以最终充分发挥出学生学习的积极性、创造性及主动性。

(五)开展分层考核评价,培养大学生对体育学习的热情

在对不同层次的学生安排了不同的教学内容,设计了不同的教学目标,实施了不同的教学方法之后,就面临着如何对学生的学习成绩进行考核评价的问题。对于大学生的体育成绩的考核评价必须也要采用相应的分层考核评价模式,对于不同层次的学生准备不同的考核内容、制定不同的考核标准及考核要求。比如对层级低的学生重点考核基础知识的掌握情况,而对层级高

的学生就必须要提高考核标准，重点考核其技能的掌握情况及创新性。这样的评价考核才可以照顾到每个层次的学生的学习实际，学生也不会因为考核不达标而受到打击，从而可以很好地培养大学生对体育学习的热情。

第四节 高校体育教学中体验式教学法的应用

在高校，体育作为教学重要部分，随着教学改革深入开展，体验式教学模式作为重要的教学方法，其在体育教学课堂的引入，大大提高了教学效果，为此，基于有效的工作实践，对体验式教学模式进行了深入讨论，在明确其含义和意义后，重点阐述了体验式教学模式的应用对策，具体分析如下。

一、体验式学习的含义

（一）体验式学习的含义

所谓体验式学习就是让学生亲身参与到其中，感受体育运动带来的乐趣，在体验过程中学生能够通过对周围事物的观察、了解，真正的融入其中。教师在体验式学习中起着引导的作用，通过各种方式引导学生做好课前体验学习，从而激发学生参与体育运动的热情。

（二）体验式学习特点

体验式学习主要有三个方面的特点，第一，体验式学习强调学生学习的自主能动性，教师在体验式教学中起着引导性作用，通过这种方式能够让学生从内心感受体育运动的乐趣，自愿参与到学习体育学习当中；第二，体验式学习具有娱乐性特点，将学习和娱乐融为一体，将兴趣作为引导学生参与体育运动的基础，在教学过程中，教师会根据体育教学特点，通过有效的教学模式来激发学生的学习兴趣，用兴趣引导学生参与体育学习；第三，体验式学习更注重学生的心理活动，通过教学活动引导学生做好心理准备，在教学过程中也会关注学生心理变化，这种方式有利于培养学生积极乐观的心态。

二、高校体育教学中体验式教学应用的意义

（一）体验式教学激发学生进行体育锻炼的兴趣

培养兴趣是提升学习效果最好的途径，在传统的体育教育模式中，学生都是按照学校安排的课程去完成学习项目，学生按照学校的要求去上固定的

体育课程，在大学中虽然可以根据自己的意愿去选择体育课程，但是有很多体育项目都是学生在步入大学之前就已经学习过的课程，导致学习兴趣降低，体验式教学更多的是让学生真正地参与到体育知识的学习中，去亲身参加一些户外运动，例如：开展攀岩、野外生存训练等户外活动项目，户外体育活动项目在我国高校中还没有得到普及，学生群体中参加过体验式活动的数量有限，因此，学生会觉得体验式教学比较新奇，容易引发学习兴趣。长期以来学生一直在固定的室内和体育场学习体育项目，相比之下，会更喜欢尝试户外体验式学习方式，更愿意去追寻户外体验式体育教育带来的刺激和真实的体验感受，将体验式教学模式引入到高校体育教育中，能在很大限度上增加学习兴趣，并帮助学生获得良好的学习效果。

（二）体验式教学扩展了高校体育的教学模式

当前我国大多数高校开展的体育运动项目基本上以球类和田径类教育为主，其授课方式也是固定的，教师对学生讲解相关体育安全知识和运动基本规则，在学生进行体育锻炼时发现问题，教师针对学生发现的问题进行讲解并给予学生指导，学生按照教师设定的考试要求学习固定的体育内容，期末完成相关的体育考试。一成不变的体育教学模式不利于体育教育的发展，体验式教学模式作为一种新兴的教学模式，对我国高校的体育教育发展有着巨大的影响力。体验式教学模式还需要经过体育教师和学生的实践和完善，在探索的过程中能够在很大限度上提升体育教育的教学效率，促进体育教学整体水平提升。体验式教学在提升教学水平的同时也拓宽了体育教学的思路，教师在组织学生参加亲身实践的过程中完成整个教学，在实践中学习相关体育知识，从教学的形式上来讲，体验式教学模式丰富了体育教育的教学方式，拓宽了体育教育的发展道路。

（三）体验式教学有利于培养学生精神品格和心理健康成长

体验式教学模式扩大了学习的范围，使学习的过程不再局限于课堂中，将学习的过程深入到学生实践的整个过程中，扩大了教育的领域。体验式教学模式强调学生的主体参与性，强调学生在教学中的主导地位，让学生在体验中获得感受，在实践中对知识进行探索，以此加强对学生的探索精神和批判总结精神的培养，学生直接参与的学习探索所带来的感受是传统的灌输式教学模式无法比拟的，学生对于通过亲身实践所学习到的知识记忆更加深刻。体验式教学模式为学生营造出一个愉快轻松的学习氛围，调动学习积极性，使学生自主积极地参与到学习的整个过程中来。体验式教学模式冲破传统的教学模式的束缚，在不违背教学原则下使学生的自主性得到最大限度地发挥，让学生完成学习目标的同时也为丰富课外活动创造了很多的机会，在丰富的课外活动中进行交流，使自我价值得到最大的体现并且促进学生正确世界观得以完善，体验式教学模式的教学过程中，学生会遇到各种各样的困难，当面临困难时学生的毅力和克服困难的精神得到锻炼，有利于帮助学生形成良好的品格。体验式教学为学生与外界接触和促进同学之间相互交流创造了很多的条件，在与外界接触和同学之间相互交流的过程中，能够帮助学生认识世界从而促进身心健康发展。

三、体验式学习在高校体育教学中的具体运用

（一）科学制定学习目标，注重培养学生的独立意识

体验式培训教学并非绝对的"放飞自我"，而是让学生在户外活动中感受体育精神和掌握体育技能。这就要求教师除要拥有过硬的知识储备外，还应掌握策划活动并将需要教授的知识巧妙地融入其中的能力，让学生在活动中思考、提问、参与、学习和成长。要做到这一点，就要求教师能明确自己每一阶段、每一个课程的教学目标，并做出合理的规划安排。例如，当讲授到野外生存相关课程时，教师可以优先让学生在课堂上自己发言，阐释他们能想到的注意事项，将他们的想法整理分类，并做好准备去野外进行尝试。在这一过程中，教师起到的就是引导者的作用，发挥学生的自主意识。在实际的野外生存过程中，学生的准备如果有纰漏，教师可以进行补救，并在休息的时候适时地进行总结和相关知识的详解以加深其印象；如果学生是通过自己的准备顺利完成了任务，在最后总结时就应表示赞赏并着重表扬表现突出的学生。体验式培训理念的最终目标是培养学生的解决问题的能力，这也是它和传统教育的重要区别。因此在教师传授课程前，不妨先向同学提出课程相关的问题，并由学生自行查阅研究解决，这一过程中教师的作用被隐藏起来，学生的自主学习能力被有效地释放和培养起来；在实际教学中，教师则需对学生依旧无法理解的知识进行简单阐释，并让其在接下来的体验活动中进行实践应用，解决活动中遇到的问题，这样既能加深学生对知识的认识，又能大大提高学生学以致用的能力，从而帮助学生真正掌握知识。

（二）开展体验式体育教学，让学生在体验中提高技能

在体育教学活动中，体验式学习包括精神层面的和身体层面的，想要提高学生对体育运动的兴趣，就需要在理论学习中运用体验式学习情境模式，通过情景模式开展体育教学活动。情景学习主要是在教学过程中创设学习情境模式，例如可以利用多媒体开展情境教学，教师可以在体育教学前播放一

些相关的体育视频，如篮球技能教学中，教师可以播放 NBA 体育节目，让学生观察明星在球赛中使用的技能，然后让学生切身感受，教师再对动作进行指导，让学生能够有所感、有所悟、有所获，这样才能提高学生心灵上的感触，增强心灵体验。想要将体验式学习贯彻到体育运动当中，就需要开展多样化的体育项目，让学生在体验中提高技能、感受乐趣。传统体育运动比较单一，就是教会学生基本的动作、要领，让学生按部就班，这样学生就会将体育运动看作是自己的任务，而不能当作一种兴趣爱好去参与。因此，在体验式教学活动中，教师要注意体育项目的多元化，不断创新体育项目，例如在传统体育运动中，乒乓球运动大多都讲究技术，教师多通过竞赛来提高学生技能，这样学生压力就会比较大，这时候教师就可以设置新型乒乓球运动，让学生十人一组开展乒乓球接力赛，十个人排成一队，然后从第一个人开始向后传球，每个人的乒乓球需要通过乒乓球拍弹够十下方能传递到下一个人，看哪一个小队最先完成任务。这个过程不仅能够锻炼学生的平衡能力，运球能力，还能锻炼团队协作能力，能够提高学生们的参与积极性，让学生在体验中感受运动带来的乐趣。

（三）创造体育情景，引导学生对学习进行反思

体验式教学作为一种新型的教学模式其主要特点是注重学生的参与性与师生之间的互动性，高校采用体验式教学模式进行体育教学时，要摒弃传统的教学观念，不可以再继续使用传统的教学场景和教学方法，这就要求体育教师使用多元化的教学方式，调动学生的学习积极性，使学生对体验式教学模式有一个全新的认识。在体育教学过程中，让学生加入到体验中是一个非常重要的教学方法，通过具体的情景设定，让学生参与到体育教学的特定情景中获得一种身临其境的真实体验，从而调动学生的学习积极性增加学生的参与度，从而使体验式教学发挥其最大教育价值。体验式教学强调学生在教学中的主体性和参与体育活动的积极性，教师只是作为引导学生参加体育活动的向导，教师的重点任务在于引导学生参与到体育活动中，调动学生的积极性。无论什么形式的教学方式，最终目的都是帮助学生理解和掌握知识。体验式教学模式是通过教师的讲解让学生对知识有了进一步的认识后，再深入到实践中，在实践中获得思考，在实践中对学习的意义进行反思，通过反思加深知识的记忆，提高学习效果。体验式教学模式实际上是，让学生对已经亲身体验过的事物产生连续的思考，在思考的过程中将各个问题联系到一起，最后运用思维对所有感受过事物再进行反思，在特定的情景中，将所有的事物记忆。在学生进行反思的过程中，是离不开教师的引导的，由于学生

的知识储备和经验有限,所以教师应该在合适的时机给予适当的引导,从而激发学生的思维。

(四)优化体育教育资源,创造良好体育体验式教学条件

体育教育资源是体育课教学开展的基础保证。合理的课程安排、优良的教学场地,充足的体育器械,专业的体育教育工作者是体育体验式教学开展的基础条件。首先要有足够的体育课时,合理安排班级课程表,保证学生锻炼的时间以及上课班级数量,不要出现同一时段上课班级过多,影响教学效果。其次是要有良好安全的教学场地以及充足的教学器材,这样才能吸引学生主动参与,才能保证学生的练习量和熟练限度;最后是专业的体育教师,只有熟练掌握各项体育技能及教学方法、懂得安全保护的专业体育工作者才能吸引学生主动参与,帮助学生形成良好的体育态度,养成良好的体育习惯,为学生的终身体育奠定良好的基础。此外,还应该转变体育教育工作者的地位。在教育的范畴内,体育并没有被视作教育的资源和手段,最多只是在充当为教育工作锦上添花的道具,而在体育的话语体系中,学校体育的价值一直没有被正确估量。体育的育人功能被忽视,体育教育在学校教育中一直处于边缘化地位,体育教育工作者的待遇也相应较低。学校体育教育的发展应定位为"以体育人",将体育与教育统一,充分认识体育的教育功能,将体育教育纳入学校教育体系重点工作中,提高体育教育工作者的地位,合理安排体育教育工作者的工作任务,公平分配教师待遇及各项评优评先名额,职称评定考核公平对待。从而促使体育教育工作者积极投入到体育教学工作中,提高工作热情,认真努力做好体育教学工作,将体育教育的意义价值负责任的传达到我们的学生中去,为学生的体育态度,终身体育意识奠定基础,为我们民族的未来奠定希望。

总之,体验式教学以生为本,重在通过调动学生积极性,不断提高学生学习能力,从体验式教学方法在体育教学课堂应用效果分析,体验式教学方法非常适用于高校体育教学,为此,相关教师在有效的分析与实践过程,应该进行有效尝试,以不断提高高校体育教学质量。

第五节 高校体育教学中互动式教学法的应用

互动教学法指的是,在高校体育教学的过程中,教师按照学生的体育兴趣、体育基础能力水平、学生的潜能等,有目的的与学生按照某一个或者综合的因素进行互动,通过互动教师在不同的学生之间,能够更好地将教学内

容和教学方法得以实施，每个学生在与教师、同学互动的过程和条件下，实现体育学习效果最大限度上的提升和掌握。互动教学是加强师生间交流的平台，运用这一方法能够有效地提升学生的学习效率，避免教师教学脱离学生这一现象的发生。传统的体育教学观念对于广大体育教师的束缚比较严重。在以前的体育课堂教学中，不管是在课程内容选择、课堂反馈、课外活动和教学评价等方面还是在备课、授课方面，教师都很少从学生的体能、兴趣差异及学生个性方面进行考虑，导致教师的工作重心总是放在课堂教学方法的改进上，这样就造导致了教学内容和教学方法不能满足学生的体育需求，因此，体育教师要加强互动教学法的研究，为更好地实现大学生综合素质的提升，创造良好的条件。

一、互动式教学的内涵

互动式教学是通过营造多边互动的教学环境，在教学双方有效的平等交流与探讨的过程中，实现彼此间不同观点的有机碰撞与相互交融，进而激发教学双方的主动性和探索性，达成提高教学效果的目的。同时，互动式教学有利于构建新型的师生关系，在教学过程中注重对学生主体地位的凸现，是一种充分体现"以人为本"的、具有创新理念的教学方法。互动式教学是当代教育民主化在教学方法改革方面的重要体现，在此教学情境中，师与生双方以各自不同的身份，遵循一定的规则与规范，这些规则与规范是师生双方共同接受、共同认可的。在这些规则与规范的影响与导向下，师生双方在教学过程中进行着彼此相关、相互作用的物质与精神的交换和传导的活动。在这种过程中传导的包括物与非物的、言语与非言语的、理解与解释、领悟与说明等环节和方面。具体而言，就是师生双方在教学活动过程中共同构建起的教与学的情境。教与学是教学体系的基本构成因素，其相互间的关系问题是教学的本质问题，同时也是教学领域中起主导作用的理论问题。正确处理好两者之间的关系，是推进教学发展进程、提高教学效果的重要保障。互动式教学将教学的本质定位为交往，而交往的实施要建立在师生间相互尊重、平等和谐的基础上。

二、互动式体育教学的基本特征

（一）互动过程遵循秩序化原则

在教学过程中互动的实质是师生之间、生生之间在情感、行为、思想以及个性特征等诸多方面的碰撞、融合、互补、创新、发展的过程，是建立在民主平等基础上的交流、合作、竞争以及对成功的共同体验与共享。因此，这种互动要遵循循序渐进的发展规律，并在此规律的规范与引导下，有节奏、分层次地进行。

（二）互动空间具有开放性

体育教学自身具有开放性的特征，而互动式教学是一种开放式的教学方法，有效地打破了传统教学模式的束缚，从教学理念、教学方法、教学的组织形式以及教学内容的择用等方面，向着自主、开放的方向发展，整个教学过程呈现出动态的开放。首先表现为学生根据自身发展的需求进行自主的择师、自由选项；其次，在教学过程中，学生自主组建学习小组，以利于彼此间的交流以及研讨；再次，在教学过程中，教师处于引导与辅助的地位，更加有利于对学生学习动态的掌握，便于给予及时地修正与调控；最后，在教学过程中，鼓励与支持学生个性的张扬与发展，为学生的成长提供更为广阔的发展空间。

（三）灵活多变的教学组织形式

互动式教学最为基本的教学形式是组建学习小组，进行有目的性的研究与探讨。在此过程中，教师根据教学内容的需求，创设各种教学情境，进行形式多样的情景模拟、体验交流以及认知讨论等活动，从而促进学生更为深入、透彻地理解和掌握教学内容。另外，互动式教学还可以采取组间竞技、个性化意见的交流、团队合作等教学形式，来培养与提高学生的表述能力、沟通能力、交流能力和团体合作等能力，进而强化学生对体育教学内涵的感悟，对自身发展的追求。

三、高校体育教学互动教学方法的意义

（一）互动教学法有利于教师更好地了解学生

在高校体育教学实施的过程中，通过互动教学更符合学生身心发展过程中存在的个别差异。能够为体育教师充分的尊重、了解学生的体育兴趣、现有体育基础水平的差异。互动教学方法是通过教师对学生的体育兴趣、体育需求进行调查和访谈，遵循健康第一的指导思想来实施体育教学发展学生，根据不同学生的特点来寻找体育教学与学生发展的契合点，从而以主动、和谐的师生关系来保障体育教学目标的实现，促进学生综合能力的发展。

（二）互动教学法能够更好地实现全体学生的发展

互动教学作为提升体育教学效率的途径，对学生的综合素质发展有着重

要的现实意义。在高校体育教学过程中,教师根据民主、和谐体育课堂构建的原则,从学生的实际状况出发对学生进行横向和纵向的了解,并且在面向多数的前提下同时考虑到少数,同时处理好个别教学与集体教学的关系,对不同的学生提出不同的要求,以实现全体学生身心素质的发展,为高校体育教学目标和高等教育培养目标的达成,构建良好的课堂教学和师生交流的空间。

(三) 互动教学法的使用更好地体现素质教育理念

在高等教育体育教学实施过程中,体育教师在进行教学目标确定的时候,首先要构建良好的师生关系,而良好的师生关系的确立需要加强互动,也就是从适应学生"学"的角度来进行教,这样就能将学生的主体作用充分调动发挥出来,使他们得到激励、主动学习,达到教学成功的目的。高校体育教学中的互动教学是素质教育理念在体育教学中的实施,高校体育教学的互动内容包括:教师与学生这一主导和主体的互动,学生与学生的互动、师生与教学内容的互动、师生与教学环境设施的互动等等。从系统观点出发,构建良好的互动教学,是实现素质教育理念的基础。

四、高校体育教学中互动教学法的应用策略

(一) 做好学生体育需求等内容的调研

在高校体育教学工作开展之前,体育教师首先要对全班学生的体育兴趣等情况进行调查摸底,一般是通过体育课堂表现、信息反馈以及结合访谈等方法,对学生的体育差异做好调查和了解。还要对学生的家庭环境、心理、智能以及在校表现等情况进行详细了解。然后将每个学生的数据资料都分别进行分类归档和综合分析。根据分析的结果将学生划分成中下、中上两个层次的学习小组,同时让大家对每个学生在某一阶段所处的层次做到心中有数。在互动教学的过程中由于学生的个性差异比较大,教师必须发挥主导的作用,通过了解他们的能力、知识基础及心理特征针对性地开展教学。教师的教学安排要根据学生的信息反馈,对不同的对象加以区别,并及时地进行灵活的调控,从而使所有的学生都能得到帮助,并且都能在原有的基础上取得发展和进步。互动教学的基础是了解学生的各种需求,为其实施提供条件。

(二) 以教学目标的设置为依据开展互动教学

随着体育教学改革的实施,在高校体育教学中需要以学生发展为理念,进行不同教学目标的设置。在素质教育理念和体育健康课程实施标准的双重

引领下，对体育教材的知识结构以及学生的体育能力进行分析，然后制定出科学的体育教学目标。教学目标的设定不能实行"一刀切"，对于体育基础和身体素质中下层次的学生一定要采用由浅入深、先慢后快、密台阶、低起点、循序渐进的方法，而且要在体育学习内容的训练总目标基础上，设定一系列有梯度是连贯分目标，根据他们实际情况的不同，可以分一步或多步来实现考纲的要求；对于中上的学生则可以允许他们超进度的学习，互动教学是体育教学目标设置的体现和促成。

（三）尊重学生的学习需求和体育能力

学生作为能动的个体，教学目标的划分，除了老师的指导外，还要让学生对自己的水平进行自主分析，自己选择层次，充分尊重学生的意愿，并且还要注意保护差生的自尊，同时防止优等生出现自大心理。层次划分后并不是固定不变的，明显进步后层次可以向上提升，若出现后退的学生则先进行鼓励提醒，实在跟不上就要降低层次。通过创设这些问题情境，让学生独立地对还不了解的方法、定理、规律等进行不断探索和发现，绝不是将教师现成的知识技能"填鸭式"地机械地传授给学生。问题情境的设定一定要能将学生追求成功的欲望激发出来，而且引导他们独立、主动的进行思考。体育教师在上体育课之前，要从教学方法、教学内容、教学步骤、教学要求、教学时间以及教学实验等方面进行备课时，一定要结合各层次学生的实际情况。在课堂教学中必须改变授课的形式，在同一节课中不仅要有面向全体同学的"整合"环节，也必须有针对学困生和优生的"分层"环节，"整合"但不能死板，"分层"而不要分散。正常教学程序的预习、巩固、质疑、新授、辅导、小结必须要自然地融进，而且对于各层次间的教学矛盾也要妥善的解决，对于学生的学习要求要做到因材施教。

（四）强调体育教学方法的创新

对于学生的练习必须分课外、课内两种类型。对于课内练习需要教师设置不同的练习和掌握目标，全班学生分成不同水平的练习小组，教师做巡回指导和帮助。对于在练习过程中出现的超于练习要求和跟不上练习要求的情况，教师要做好机动的调整，避免因为练习的枯燥而影响了学生的体育学习兴趣。在教学评价运用的过程中，教师要将每个小组学生练习的整体状况和个人练习的状况相互结合在一起进行评价。要多使用鼓励性和表扬的语言对学生的体育学习做评价。通过分组练习促进学生自信心的提升，实现学生兴趣和能力的双重提升。

（五）优化体育教学环境

在高校体育教学实施的过程中，体育教学环境是实现体育教学目标、促进学生身心发展的基础条件。体育教学环境包括体育教学的自然环境、体育教学的社会环境、体育教学物质环境等等，加强体育教学环境的优化，即通过提高体育教学自然环境的绿色化，制定有利于体育教学的制度，创建安全、丰富的场地设施等。良好的体育教学环境能够激发学生的体育兴趣，促进大学生身心发展的有效度。

通过上述研究，大学生作为高校体育教学实施的主体，在互动教学法的实施过程中，需要体育教师从学生的体育兴趣等实际出发，面向学生的差异，以整体教学目标的达成为原则，在构建良好教学环境的前提下，不断培养学生学习的兴趣及自觉进取的愿望。互动教学的实施是高校体育课堂民主师生关系、和谐交往的过程。学校和体育教师要从学生发展、环境优化、民主实施、科学评价的角度出发，提升学校体育教学的互动限度，为高校人才培养的质量，予以全面的促进和达成。

第六节 体育课程改革背景下高校体育教学方法创新策略研究

体育运动是增强人体质的重要途径，在我国教育学习强度较高的状况下，学生的体质相对较低，很多学生由于学习压力大，学习时间紧，几乎没有时间参加一些体育锻炼，这样的方式导致处于学习阶段的学生身体状况不佳，同时没有坚强的意志，这对我国社会文明建设起到了阻碍作用。在常规体育教学下，学生参与度较低，究其缘由主要是由于教学方法不当。在这样的背景下，我国教育领域提出了体育课程改革的决策。针对这一决策本文展开了相应研究，具有很大的现实意义。

一、体育课程改革背景下创新高校体育教学的意义

在体育课程改革后，传统的体育教学应适当作出改变。这是由于体育改革中淡化了竞技运动陈旧的教学模式，树立了健康第一的教学指导思想，重视体育课程教学的功能开发，进而增强体育课程的综合性。在新型的体育课程当中能激发学生的运动兴趣，辅助学生树立终身体育的观念。不同的体育课程和锻炼项目能培养学生坚强意志，通过这样的方式能提高学生的社会适应与交往能力。这是由于团队竞争形式的运动项目，能提升学生团结协作的

意识，同时在竞争的环境下能提升学生的忧患意识。体育课程改革后，教学开展中注重以人为本，同时关注个体差异与不同需求，确保每一个学生在此过程中收到正能量信息，这对学生的成长与发展都具有重要意义。此外，改革的标准注重体育课程资源的开发，这对丰富体育课程形式起到积极作用，对体育教育的创新有益无害。

二、目前高校体育教学中存在的问题

（一）教育方法单一

当前，由于受到传统的教育观念和思想的影响制约，很多高校的体育教师在开展教学活动的过程中，往往存在着教学方法比较单一的问题。在教学活动的过程中，依然以把体育技术传授给学生为主要教育目的，在教学方法上依然表现为讲解、示范、练习等传统的方式。在这样的教学模式下，高校体育课程的教学效果可想而知，自然不会太高。事实上，传统的体育教学方法已经逐渐落后，开始存在着这样那样的不足。我们必须清楚地认识到，面对新的形势，高校体育教育的目标和形式已经发生了改变，原来那种传统的教学方法和教学形式已经不再适应新形势下的高校体育教学的要求。因此，广大高校体育教师的思想观念必须得到进一步的转变，要在继承发扬传统体育教育模式长处的前提下，不断创新高校体育教学的方式，更好地为高校体育教学的开展、和学生身心的全面健康而服务。

（二）实际效果不明显

如今的高校体育课的教学纲要，其实主要来自于对原有体育课的深化与改革。所以创新必然是高校体育课程的重点内容和任务。我们了解到，由于传统的体育教学把规范化技能教学作为唯一的任务，所以很多教师都会选择学生可以在短时间内就能掌握的技能来开展教学。还有的教师在教学中过于追求技能的传授，对学生准确地完成体育动作和掌握体育技能过于重视，而忽视了学生观察、创新和自学的能力，这就使高校体育教学的目标发生了偏差，使得学生的学习效果不够理想。

此外，有很多体育教师在开展体育教学的过程中，立足于创新的基础之上，采取了很多非常有效的教学方式和手段，对高校体育教学方法的改革产生了重要的推动作用。但是同时也育很多的高校体育教师过分强调课程的形式，在教学的过程中却没有注重到课程的实际效果，导致教学的实际效果并不明显，甚至有的教师为了彰显全新的教学理念，而在课堂中运用了一些高科技的体育教学，这样虽然能让学生们觉得耳目一新，但是由于操作不便，可一而不可再的缘故，实际效果也大打折扣。

（三）学生自我学习意识不强

由于传统意识的原因，很多高校体育教师在教学过程中习惯以教为主的教学模式。这种教学模式虽然在某些环节上有一定的效果，然而在培养学生主动学习、积极创新等方面存在着很大的不足。直到今天，这样老旧的教学模式依然随处可见，在这样的教学方法下，教师只会倾向于"大锅饭"式的教学，对学生的个体差异不够重视。然而事实证明，学生的个性特征即使他们心理健康发展的需要，也是现代社会中人才素质的基本要求。所以高校体育教师应该针对不同的学生的实际情况，给予支持和鼓励。

三、影响创新的原因

（一）教师素质的原因

高校体育教师在教学素质上的高低，是影响体育教学创新的重要因素。学生固然是高校体育教学活动中创新的主体，但是作为调动学生积极性和帮助指导学生发挥自己能力的引领者，教师的作用依然是不可忽视的。教师能力的高低，直接对学生的创造能力是否得到充分发挥造成了影响，所以高校体育教师必须善于指导和帮助学生学习，善于掌握学生的学习与心理情况，不断诱导学生自身潜在的想象力和创造力，最终实现对体育教学方法的创新。当前，我国大部分高校在体育教学方面方法比较单一，体育教师的教学素质和教学理论不足，致使很多学生对体育教学活动的兴趣不高，创造想象力逐渐下降。针对这种情况，教师要给学生留出广阔的学习和参与体育活动的空间，使学生根据自己的爱好选择参与体育活动，这样才有利于发挥和培养学生在体育教学活动方面的想象力和创造力。

（二）学生自身的原因

影响高校体育在教学方法上有所创新最主要的因素，是学生自身的原因。学生对体育活动参与的积极度、对某些体育活动的水平和兴趣，对体育活动是否有想象力等，都直接影响着高校体育教学活动的实际效果。就算学生拥有再好的天赋，如果不去积极地参与体育活动，那么其天赋也不会在高校体育教学中得到发展。

其中学生对体育活动的兴趣是关键的一点，作为最好的老师，兴趣不仅是学生参加体育活动的动机，也是学生能够积极学习并进行创新的重要前提。

如果学生对体育活动的兴趣得到了激发，那么就会全神贯注地进行学习和锻炼，其意志力就能够得到提高。如果在高校体育教学活动中学生善于思考，其能力就会在某些具体情况下表现出来，就会不断地出现新的形象和思维。

四、体育课程改革背景下创新高校体育教学方法途径探析

（一）丰富体育教学开展形式

在体育教育教学改革背景下应注重对体育教学形式的创新，这样才能激发出学生参与体育教学课程的积极性。例如，在热身环节，教师可以将音乐融入其中，通过音乐节奏的刺激，赶走由于热身给学生带来的疲劳感，同时在伸展运动环节中，教师可以播放一些舒缓类的音乐，让学生在美好音乐的熏染下放松身心，从生理上和心理上减轻热身带来的疲劳感，这样更容易接受教师后续讲解的知识。此外，教师不仅要将室内环境下适合的运动项目融入教学课程中，同时还应增加室外的运动，例如户外攀岩类型的体育运动，这样能让学生在视野开阔的环境下进行运动，同时这样的运动能增强学生的体力，锻炼其坚强的意志，更重要的是能激发学生参与的兴趣，这对学生未来养成长期运动的良好习惯具有重要意义和作用。

（二）加快高校体育教师队伍的建设

教师是体育教学开展的主导者，与其他文化课程开展形式不同，体育课程的开展需要教师的充分指导，才能保障学生在相对安全的环境下对一些知识进行学习，不论是从增强体育课程教学效果的角度或是创新体育课程教学形式的角度，对高校体育教师队伍的建设是毋庸置疑的。在实际操作中，学校可以聘用优秀省级或者国家级的教练员做全职（或兼职）的体育教师，这样不仅能指导学生按照标准的方式进行运动，同时鉴于其经验，能为学生提供多种有效的学习方式。另外，可以在本校中对在职体育教师进行培养，注重体育教师队伍的质量和数量，这样能为学生提供优质的体育教学服务。针对固有体育教师培训的方式和流程是：理论学习——实践课程演练——借鉴学习。在理论学习过程中，学校要聘请优秀和权威的体育教学人员，对不同体育运动项目的侧重点进行详细讲解，然后教师应针对各种类型的运动项目制定创新的开展方式，通过相互评价和学习来不断完善新型的体育教学方式与方法。

（三）制定规范化的体育运动安全防护体系

为了增加学生运动体验次数和安全系数，应对运动安全管理内容进行规

范。通过对不同环境下运动安全管理机制的细致管理，保障学生运动在安全和有序的环境下开展。在此之后，要细化高校开展各项体育运动项目的安全防范措施。不同的运动类型应制定相配套的应急措施，教师要在开展新型体育运动之前进行演练，这样才能在一定限度上保障学生的生命安全。第一，应聘请专业的项目运动员和教练员对安全防范的知识进行讲解，要让学生和教师明确体育运动的安全防范要点，这进而保障学生在突发状况下能实施一些自救的措施。第二，应组织应急救援小组，在高校开展新型体育运动之前，应急小组应时刻准备安全救助工作的开展。此外，学校还应准备充分的安全器材与紧急救助药箱，以备不时之需。

通过本文的论述得知，体育课程改革对学生自身综合素质的提升与体育教育事业的创新发展，均具有重要意义。因此，当下高校在开展体育教学的过程中应适当对该项教学内容进行完善和创新。本文在此次研究中提出了以下几点改善措施：丰富体育教学开展形式、加快高校体育教师队伍的建设、制定规范化的体育运动安全防护体系。望此次研究内容能被高校体育教师采纳，并应用在实际的教学当中不断加以完善与优化，以此来提升其教学的质量。

第四章 高校体育教学模式的理论与实践

第一节 高校体育教学模式现状及其发展趋势

进入新世纪以来，随着我国高等教育改革的不断推进，高校体育教学模式也成为研究者研究高校体育教学的热点问题之一，被给予了较大的关注。因此探讨当前我国高校体育教学模式的现状，并在此基础上分析我国高校体育教学模式的发展趋势。符合当前我国高校体育教学改革的理论需要和实践需要。

一、体育教学模式的基本概念

高校体育教学模式是在高校体育教学理论和教学思想的指导下，在体育教学实践中形成的相对稳定的教学活动的一套相对标准化的结构模式，是体育教学理论和体育教学实践的桥梁。其具有明确的指向性、操作性、完整性、稳定性及开放性等特点，由现代体育教学思想、体育教学目标、实际的操作程序、实现条件如教学内容、教学手段、教学环境等以及教学评价几个部分组成，是实现高校体育教学目标的重要载体。

二、当前我国高校体育教学模式的现状

（一）当前我国高校体育教学的基本模式

我国高校体育教学在长期的发展过程中逐渐形成了多元化的教学模式，各种教学模式在高校体育教学中发挥了巨大的作用，其中当前我国高校体育教学中使用的较为普遍的教学模式主要有以下几种：

1."三基型"模式

"三基型"体育教学模式是我国高校体育教学的传统教学模式之一，在我国高校体育教学中拥有较为悠久的历史，所谓"三基"型教学模式即体育教

学过程中注重对学生进行基本的体育知识、基本技术和基本技能的培养，以班级为单位进行授课。教师的主导作用得以充分发挥，学生能够获得较为扎实的体育知识并获得相应的体育技能，有利于体育教学活动的有效开展，但是其缺陷也是十分明显的，那就是学生在教学活动过程中的主体性地位被严重忽视。学生的学习热情和积极性不高，随着我国高校体育教学改革中对学生主体性地位的重新认识和重视。这种教学模式事实上已经退出了我国高校体育教学的日常教学模式了。

2."三段式"模式

这种教学模式是为了克服三基型教学模式的弊端而发展起来的，在主要将大学阶段的体育教学分为基础课、核心课以及专业选修课三阶段，并且在一年级、二年级和三四年级分别进行，这就一定限度上对学生的主体性地位予以了尊重，既重视了学生基本的体育知识的传授，又在此基础上培养学生的体育技能以及良好的体育习惯及能力等，在三基型的基础上有所提高，但是其本质上仍然是"三基型"的升级版。并未从根本上对学生学习的主体性予以尊重和重视，但其目前仍然是高校体育教学的"主力"。

3."一体化"模式

这一模式是近年来出现的新的体育教学模式，其主要目标是通过高校体育课程培养学生良好的体育意识、体育习惯。将学生的日常体育活动如早操、课间操以及体育课堂等联系起来，是一种较为理想的教学模式，但是其对于教师的要求较高，尤其是对体育教师进行教学组织、课堂管理的要求过高，使得教师的教学任务过重，在实际中难以真正开展实施。

4."并列型"模式

这种模式主要是打破以往高校体育教学中将基础课程和选修课程按年级分开进行的做法，而是将这两种课程在一年级和二年级分开进行，其有助于大大提高学生对体育教学的热情和积极性，有助于课堂质量的提高，能够有效开展因材施教的体育教学，但是却在一定限度上忽视了学生基本的体育知识和技能的养成，在高校体育教学中的最基础的教学目标上难以达标。

5."俱乐部"模式

这种教学模式是当前少数高校在体育教学中使用的教学模式，其在"终身教育"思想的指导下，由学生按照兴趣或者特长来选择不同的"体育俱乐部"，各个俱乐部在教师的指导下独自开展活动，最后由教师分别进行评定，这种模式无疑有利于提高学生对体育课堂的热情和积极性，对学生养成基本的体育技能、体育意识和良好的体育习惯等大有裨益，同时还可大大促进学生之间的交际和社会性发展,可以说是一种最理想的体育教学模式,但是目前这种教学模式还处于"试验"阶段,其教学模式、组织形式、评定方式等还未有统一定论,同时其对教师的组织、管理以及教学设施等多有较高的要求,在我国大部分普通高校中较难顺利开展。

(二)当前我国高校体育教学模式的基本现状

1. 高校体育教学模式在各种内外力的推动下需要适时进行改进

随着我国高等教育改革实施的不断深入,高校体育教学的改革也已进入到新的阶段,各种新的教学思想、教学理论纷纷进入到高校体育教学中,推动着作为体育教学的重要载体的体育教学模式进行不断的改革,同时,高校体育教学发展过程中的存在的问题、学生对体育教学质量的新的要求等也都不断对高校体育教学模式的改革施加着新的动力,这些都使得高校体育教学模式必须加快改革步伐,以对新的改革要求做出积极回应。

2. 高校体育教学模式存在多样化,并将在一定时期内继续存在

从以上分析可以看到,当前我国高校体育教学模式存在着多样化,体育教学中存在着多种教学模式,这主要是由我国高校众多。高校层次、种类等的不同造成的,随着我国高校体育教学模式的改革步伐的不断推进,高校体育教学模式也将快速走向科学化。但是这种多元化的教学模式格局仍将长期存在,高校体育教学模式的探索道路依然漫长。

三、当前体育教学模式实施中存在的问题

(一)学生主体地位得不到充分体现

教学是一个双向的活动,在这一活动中教师是主导,学生是主体。在高校体育教学中,课堂应该是学生的,学生应该充分发挥他们的主体地位,教学活动的设计都应该围绕提升学生主体性和主动性为根本,来促进学生的全面发展。以学生为本,学生为主体不是一句空话和口号,要求教师切实为实现这一思想做足准备。在备课时备教材、备学生、被场地,考虑好学生的情趣爱好、心理、生理状况,设计教材内容必须符合学生的学情。教学模式是为教学服务的,教学模式的运用必须考虑到教学效果和学生的实际接受情况。目前,高校体育教学模式的运用不能很好地体现学生主体地位,不能充分体现学生主体地位,不能很好地适应学生的情趣爱好和接受能力,备课不充分不全面,学生的主体地位得不到彰显,久而久之,学生的学习积极性严重受挫,影响了教学质量。

（二）教学内容陈旧

我们大部分学生大学学的都是篮、足、排、田径等竞技项目。练习也是模仿运动员的训练方法，把学生当运动员训练。把体育训练和体育教学的概念搞混，以至于影响到我们对教材内容的选取。新课改的教学目标告诉我们掌握基础知识和基本技能知识三维教学目标的一维目标。我们要满足学生不同的兴趣爱好需求，开设更加全面的教学内容。把体育课上成学生愉悦身心的游乐场，把体育的娱乐性、多样性、群众性、健康性挖掘出来，统一起来。把学生的思维活跃性、创造力、想象力调动起来，在新课标的指引下开创体育教学内容新局面。

（三）现行的体育教学模式的实践性较差

在实际的操作过程中，现行的体育教学模式的实践性比较差，大部分的体育教师和学生的专业水平，还有现有的教学用具等都无法与体育教学模式相适应，因此实践性较差，教学模式所体现的作用和要达到的目标也就无法顺利实现。

（四）不注重大学生的身心特点

大学生正处于青春洋溢的年龄段，现代的大学生的思想比较开放，对于新鲜事物有着充分的好奇心，并且大学生都已经是成年人，因此自我意识和独立观念较强。但是现在高校的体育教师在教学时不重视大学生的年龄特点以及心理特点，还是采用原先的教学模式，使得大学生的学习兴趣大大降低，因而体育教学的效率也就大打折扣。

（五）大学生自身学习态度差、不够积极

学生自身学习的主观能动性很大限度上决定学习效果的好与差，也就是说态度决定一切。在学习中，学生是学习的主体，由于各种客观原因，大部分大学生对体育兴趣淡化，久而久之对体育课直接产生反感，觉得上体育课就应该放羊自己自由活动，恶性循环导致他们对体育课产生偏见，忽视了体育的教育功能。

四、我国高校体育教学模式的发展趋势

（一）培养大学生的体育健康意识

现阶段，生活水平虽然大大提高，可是国民的身体素质却在下降，我国已经提出了"全民健身"的口号。国民对于健康生活的向往愈演愈烈，因此

对于体育运动也越来越重视，然而，不科学不合理的体育运动反而会损害人民的健康。所以，体育教师在上课的过程中一定要依据每位学生的不同身体素质进行教学，使得体育运动符合学习的实际情况，从而促进大学生的身体素质的提高。除此之外，在体育教学过程中，体育教师还要重视学生的心理健康，对大学生进行适当的成功教育与挫折教育，提高大学生的心理承受能力，使其不仅能够身心健康发展，还能够适合国家发展的需求。

（二）创新教学理念

教学改革，理念先行。一方面我们要积极学习新的教学理念，把新的教学理念学懂、弄通、用好。另一方面，我们要切实认识到旧的教学理念的弊端给学生带来的伤害。特别是要摒弃"填鸭式"、一刀切、满堂灌的教学方式，积极采用学生主体、教师主导、因材施教、探究学习等新的教学方法，努力调动学生自身学习的积极性、主动性，使素质教育提倡的面向全体学生，促进学生全面发展的教学理念落到实处。

（三）创新教学手段、方法

现代化教学手段有利于激发学生的学习兴趣，提高学生学习效率，电教化的学习手段在现代化的今天应该被充分利用起来，体育运动技术的学习更直观形象、精彩赛事的播放更有利学生欣赏体育水平的提高；教学方法应该与时俱进，培养学生创新能力教师就必须采用培养学生能力的教学方法。发现法就是其中的一个，在教师循循善诱的情况下学生主动思考，教师再给出答案，不能把现成的答案直接告诉学生，如果直接给出答案的话教学效果比较差。再就是小组合作学习法。教师把一个班的学生分成几个小组，在分组练习环节学生在小组长的安排下自主练习，互相讨论、互相学习、互相帮助，既调动了学生自身学习的主动性，又培养了学生发散思维，从而潜移默化地培养学生创新能力。

（四）适当融入娱乐体育的观念

体育运动现阶段正如火如荼地发展，而体育运动的娱乐功能逐渐地显示出来，并且体育运动也逐渐地融入普通家庭生活当中。现在体育运动不仅仅能够强身健体，还可以娱乐身心，这表明国民对于体育运动的认识在逐渐地深入和理性。高校体育课程也可以跟随时代潮流的发展，除了传统的体育项目如田径、球类运动之外，体育教师还可以在体育课堂中加入新的体育项目，丰富高校体育课堂的内容，促进大学生的全民发展。

（五）高校体育教学评价要注重科学与民主

进行高校体育教学改革，不仅仅要改革教学内容和教学方法，还要改革教学评价。新的高校体育教学评价要充分重视大学生的主体地位，降低结果性评价的比重，要增加教学过程中的评价的比例。除此之外，评价标准不可以一刀切，要依据不同年龄、不同学科、不同身体素质等具体特点去选择不同的评价方法。

综上所述，高校体育教学对于大学生的身心健康发展起着非常重要的作用，因此高校体育教师必须要重视现阶段我国高校体育教学模式中出现的问题，发现问题解决问题，促进我国高校体育教学的健康发展，促进大学生的身心健康。

第二节 高校体育教学模式要素及整体优化

高校体育教学模式是指在一定的教学思想或教学理论指导下，建立起来的较为稳定的体育教学活动结构与活动程序。旨在通过一定限度的体育专业性学习，建立基础且较为完备的体育认识体系，在课余生活中健身娱乐、怡情修身，以达到培养德、智、体、美、劳全面兼顾、完备发展的全能型人才。只有明确体育教学模式中的3大要素，即教学指导思想、教学过程结构、教学方法体系，并逐步改革再创新，使其更为契合时代发展要求，各个环节不断巩固加强，环环相扣，才能使之全面优化，更加符合当今教育主题。

一、高校体育教学模式的三大要素

（一）教学指导思想

教学实施的主体对象是学生，应秉持以生为本的原则，将学生个人能力的稳固提升和长期可持续发展放在第一要义，以塑造新时期新型全能型人才为教育最终目的。贯彻素质教育和终身教育，以终身教育为标杆，将教育伴随终生；以素质教育为主题，将教育落实到实处；并以德、智、体、美、劳多元化要素辅助，促进学生身心素质全面发展。纵观中国长期体育教育状况，真正实现教育素质化和终身化的例子少之又少，归根结底还是传统观念难以扭转。长期处于重视文化教育、轻视文体艺术培养的环境，不仅是家长，就连教育的施行者体育教师也在意识层次弱化了体育教育的重视限度，使得学生知识的获取缺乏完备性和全面性，单一被动地接受文化知识，而并非出于学生个人意愿的选择知识能力的诉求。在身心全面发展的阶段，接受畸形且功利化的教育将会阻碍个人能力的全面提升与天赋的发掘，出现能力发展的短板，不利于个人能力长期稳定的发展与提升。作为体育教学中的骨架，构造一个合理且牢固的框架，树立积极的指导思想，是体育教育在新时期新阶段中贯彻实行的先决要素。

（二）教学过程结构

受到天气及场地等诸多不确定因素的影响，在体育教育中时常出现意外，严重影响了教学计划的有效实施。而这些不可预测性因素的影响，恰好考验了教师个人的应变性和灵活度，使得教师与学生的默契配合与相互尊重显得尤为重要。这也从另一方面说明，体育教育急需更多的关注度和投入效力，需要学校硬件设施的进一步投资与加强，把更为完善的体育教学设施投入教学活动中，以应对不确定的突发性状况，对教师应对能力的提升也同样需要高要求的素质培养。相比于一般的学术性教育，体育教育更多的是学生的实际参与度，是一种更加直观的可变性过程，其结构的合理性与否体现在学生能否适应教学节奏与模式，以达到最大限度地实现教学目标。与专业的竞技体育训练目的不同，高校体育课程的开设旨在锻炼身体，促进学生身心健康与文化学习同步提升。通过贯彻健康第一的理念，激发学生的运动热情，丰富业余生活，达到终身体育的健康意识。教学结构作为体育教育的核心，将教学指导理念与实际情况相结合，形成多元化、高效化的课程结构，以谋求终身体育意识的发展，是实现整体优化的核心任务。

（三）教学方法体系

有了以指导思想为筋骨，过程结构为骨肉，急需的就是高质量高效力的教学方法体系为灵魂。三行合一，贯彻落实对体育教学模式的系统性全面优化。与拘束在单一教学空间的传统知识函授相比，体育教育有更多的可操作性与灵活性。不受单一人员和场地的限制，体育教学有更加丰富的教学内容与更加广阔的教学空间。从田赛到径赛、从排球到网球，风格迥异的体育项目为体育教学提供了丰富的教材实例，也让学生有了更多主观选择权与教学参与度。内容的可操控性更有利于激发学生的学习兴趣，根据自身能力的发展和身体素质的不同，有选择、有需求的学习，因人而异、因材施教，多元化的教学体系促进自身的个性发展，使每一个学生都拥有自身的独特性，成就鲜活而不可替代的个体。教师还可以根据所处地域的区域特色，因地制宜，创建具有地域特色的独到教学活动，让学生在亲身经历中更加有融入感，积极配合教师的教学。只有通过高质量的课堂教学，学生与教师的默契配合与相互协调才能使得课堂效率积极提高，到达事半功倍的效果，而高效课堂的塑造离不开教学方法的引导。因此，切实寻求一种高效率、高参与度的教学体系至关重要。

二、体育教学模式整体优化的原则

（一）整体性原则

体育教学模式的整体优化，其整体性原则是将体育教学模式看作一个系统，它由纵横两个轴向构成，纵向是由学年、学期、学段、单元和课时组成；横向是由实现教学的手段、方法组成，教师在进行课堂设计时，要使学生调动积极性来调度和操作课堂，对体育教学的大环境做一个具体的、整体的判断和分析，这是体育教学模式的整体优化中整体性原则的体现。

（二）关联性原则

1. 教学目标和学生接受限度相匹配

学生能够理解和接受教师在教学目标设定中的高度和梯度，并能够按照教学方案实施进行，这就是有效的可以达到的教学目标。反之，有五成及以上的学生未能达标，教学目标就应该被重新设定或更换。

2. 教学条件的利用限度和学生训练达标层次的相关性

体育教学在已有条件的利用上，总有具体条件的限制，例如，器材的陈旧，场地的不足，可利用器材和人数上的不成比例，都让教师在教学条件利用和开发上要兼顾实际情况和教学目标的平衡。

3. 在教学中，对学生情况的检测和体能、体质的分配

体育教学和其他课堂教学的最大不同，是除了应有的理论教学外，它有大量的运动技能学习，这是需要学生绝对参与并亲自练习的动态式教学。

（三）综合性原则

体育教学模式的整体优化在关联性中对局部因素进行关系分解和比重考核后，在教学结果的评测阶段要注意综合性原则的应用。检测教学结果的有效方式就是测试。教师要对每一次总结出来的未达标因素进行收集、归类，通过课堂外的研究分析，寻找解决的方法，并将方法再次投入课堂教学训练中，化为教学手段。

三、高校体育教学模式整体优化的策略

经济发展伴随着社会文化生活的改变，影射到衣、食、住、行、求职

就业等日常生活中的方方面面。日新月异的变化使得传统教学模式受到严重的时代冲击，也迫使教育界正视日渐凸现的教育模式整体优化问题，长期处于不被重视的体育教育模式的整体优化也被提上日程，并成为改革的核心与重点。分析高校体育教学模式的要素组成、如何对教育模式进行整体优化以求达到教育实践活动与社会发展相接轨是一项任重而道远的时代使命。

（一）教学观念再造

在传统的意识观念里，很多人理所当然地认为学生除了学习知识以外，无须参与其他与考试无关的事情。这种急功近利的思想使得学习的风气过于浮躁，无形中营造了体育无用论的教育大环境，导致大多数学生体育基础薄弱、身体素质不达标等诸多问题的爆发式出现。在当今高速发展的信息化时代，这种畸形的教育理念与时代进程的矛盾日趋激烈，引发了教育界的严重反思，只有铲除思想里根深蒂固的偏见和毒瘤，才能真正从精神层面对体育教育加以重视和关怀。学校作为人才培养的摇篮，是思想改造的第一道阵线，而作为整体运行决策者的学校领导人，其肩上的责任不言而喻。观念再造的第一步就是整顿风气，领导者应当通过亲身实践活动来带动学生的参与积极性，以身作则说明运动的重要性，从而使得整个学校都充满积极投身运动新浪潮的热情。其次就是改正部分教师思想误区，在长期消极懈怠的工作环境中，很多体育教师都消弭了工作热情，毫无工作建树可言，教师自身的不自信会严重影响学生的积极性，而想要阻止负能量的扩散，则需要在教师思想根源上下功夫。这就需要通过一系列教师动员会和举办大型的校内体育竞赛活动，让教师看到学校改革举措的决心，进而坚定不移地完成体育教学任务。最终，学生和教师两方面均得到良好的塑新，新型教学观念植入教学日常中，体育教学活动得以良好进行。

（二）教学结构合理化

因为长期处于劣势地位，体育教学中存在着教学设施落后老化、教学场地受限等诸多不利因素。硬件设施的不到位使得教师课堂教学表现平平，长期拘泥于某种单一化教学模式，体育教学的多元性与可变性等学科属性得不到生动体现。该问题的解决需要学校投入更多的人力和物力，只有重视度上去了，才能解决配套设施不到位的问题。除硬件设施这类客观问题外，教师个人能力的体现也格外重要。教师在教学中要秉承以学生为主的观念，通过积极地引导，实现学生个人主观意识的最大化发展，让学生成为自己课堂的主人和领导者。学生作为一类有个性化的群体，教师除了面向每一个学生的学习需求外,更多的是尊重每一个个体间的差异,进行个性化教学和引导,满足每一个个体的能力培养要求。为避免教学结构的单一化和强制化,充分发挥个人所长,可根据学生的兴趣方向和身体差异,开设多门课程自我选择,以自身发展为出发点制订最优选择方案。

(三)寻求最优化教学体系

时代的发展使得体育教学中诸多问题得到重视,当务之急并不是如何快速解决这些问题,而是寻求一种最合理的教学体系,从根源避免问题的再次发生。诸多涌现出的专家学者的研究成果和教学建议,缺乏对所在学校实际的考量和专业的评估,没有切实的说服力,也很难做到从各方面完美契合学校整体优化的全面需求,这也在一定限度上影响了对最优体系的制订,使得寻求方向越发无所适从。在这种情况下就更加需要以一种平和稳定的心态去面对问题,以自身实际问题为考量对象,以学生的切实利益为出发点,在不断地改革再优化、不断重复交替进行到底的过程中,稳住脚步,愈加精进。细水长流,才能走得更远;专注务实,才能飞得更高。只有坚定以育人成才为最终目标,使终身教育的观念深入人心,奠定个人身心长远发展的素质基石,充分调动自身发展个性,才能造就德、智、体、美、劳全面发展的社会主义全能型人才,真正让学校成为人才培养的摇篮。

在我国高校体育教学不断发展的过程中,首先对教学模式中的各个要素进行全面的分析与了解,积极掌握各个教学要素的主要内容与重要作用;其次才能在此基础上更好地对高校的体育教育进行整体优化,其最终目的是为了明确体育教育的教学观念、教学结构与教学体系在教育体制中的作用,更好地为人才优化培养提供服务。因此,笔者认为充分调动和发挥教育体制改革的有利因素,革除各类弊端和陈年旧疾,克服缺点漏洞,稳固薄弱环节,以最优化的手段对教学模式进行再优化、再创造是促进国家高要求新型人才持续发展的重要推动力量,同时也是极好的资源储备力。

第三节 高校体育教学模式运用中发挥学生主体性研究

随着社会的快速发展,人们的体育需求剧增。高校体育教学要顺应这一转变,突出学生体育素质发展,基于学生主体设计体育教学,优化高校体育教学模式,构建新型教学模式,提升高校体育教学效率,为学生终身体育发展奠定坚实的基础。

一、体育教学中发挥学生主体性的必要性和重要性

（一）体育教学中发挥学生主体性是改革传统教育模式、深化体育教学改革的需要

1. 传统教学模式无法满足学生和教学的需求

"讲解—示范—练习"这种传统的体育教学模式，是应试教育的衍生品，它为应试教育服务。在这种教学中教学内容主要是考试内容，教师以传授竞技运动技术为中心，教学活动以考核和检查教学质量为任务。这种教学模式忽视了学生全面锻炼身体、掌握体育锻炼技能的需求，忽视了对体育运动及健身保健基础知识的传授，忽视了学生的学习兴趣以及学生终身体育理念的培育。

2. 高校传统体育教学强调体育教学的规范和统一，教学方法和教学内容单调、呆板

传统教学模式忽视了因材施教原则，对体育素质好的学生来说在现在的体育课上"吃不饱"，相反对体育素质差的学生则是"吃不消"。

3. 填鸭式讲授方法使学生缺乏运动思维的实践

单一的填鸭式教学法的课堂里，老师滔滔不绝地讲，学生昏昏欲睡地听，上课讲，下课忘，以灌输的方式进行教学缺乏对学生的引导。

（二）体育教学中发挥学生主体性是培养高素质现代化人才的必然要求和基本保障

1. 体育教学中发挥学生主体性有利于学生社会责任感的培养

负责是对每一个人在人生各阶段承担的重要角色共通性的道德要求。高素质现代化的人才的一个重要的衡量标准是是否具有社会责任感，特别是现在高校学生大部分是"90后"，被认为是社会责任感缺失的一代。社会责任感的形成是多方面因素共同作用的结果，而高校学生在体育教学中发挥主体性在其中发挥着重要作用。在体育教学活动中，学生主体性的发挥是一种主动介入，体现的是学生的一种"自由"的状态，意味着权利和义务的统一，高校学生在体育教学活动中的责任是完成教学任务。在体育教学中无论是教学分组、保护帮助还是协助活动都会培养学生既对自己负责又对他人负责的意识和精神。所以体育教学中发挥学生主体性有利于高校学生社会责任感的培养。

2. 体育教学中发挥学生主体性有利于获得成功的情感体验

在高校体育教学中，学生发挥主体性，在体育教学过程中亲力亲为，获得生活体验和培养生存能力。在教学体验中成功的掌握一项运动技能或者成

功的带领自己的小组取得体育比赛的胜利,都会给学生带来满足感和享受感,这有利于学生获得成功的情感体验。

3. 体育教学中发挥学生的主体性是提高体育能力的有益尝试

身体是革命的本钱,现在越来越多的人意识到身体的重要性。学生主动参与到体育教学活动中,为教学活动提供了活力,体质差的学生增强了体质,体质好的学生进一步巩固了体质。学生利用自己的认知,对外界信息进行选择和推断,主动的构建外部信息的解释系统。在这个发现问题,解决问题的体育教学过程中学生不自觉地提高了自身的体育能力。

4. 体育教学中发挥学生主体性有利于自我认识和与他人沟通能力的培养

发挥学生主体性可以使学生个人正确地认识自己和了解他人。积极参与到体育教学中,一方面使学生学会了与人相处的艺术,另一方面也培养了自身的亲和力和增强了对自我的认识。这既能恰当地表现自己,同时又给别人留有表现的余地。体育教学中发挥学生主体性有利于锻炼和提高学生认识自我和与他人沟通的能力。

二、在体育教学模式中发挥学生的主体性研究

在体育教学模式程序中教师是主动的决策者和建设者,是学生学习的促进者和合作者,学生是教学的主体,其程序要围绕一切为了学生、为了一切学生、为了学生的一切这个中心,要让学生充分体验运动学习中的乐趣,满足学生的个体需要,尊重学生的自我选择,教师指导学生自定目标、自我评价,逐渐培养其自学自练及创造性思维和相应的体育能力。

在体育教学模式选择运用过程中,教师应从转变教育观念入手,树立"一切为了学生发展"的教育理念,在教学过程中贯穿始终。

体育教育教学的实质是引导学生学习和促进其主动发展,为了在教学中体现这一实质,首先要确立以下教育理念:第一,教学要体现个性。一方面在教学中应把促进学生个性发展作为基本目标;另一方面在班级教学的条件下,要关注学生的个体差异,因材施教,让每一个学生获得成功。第二,教学过程中要体现自主性。把激励学生自主地活动放在首位,使学生在活动中能表现自我,促进其个性发展。第三,教与学的过程要体现出合作性。具备与他人合作共事的愿望和精神,具有协调和组织能力,是高校学生获得主体性发展的重要目标。

（一）在体育教学中启迪与培养学生的主体意识

所谓主体意识,是指作为认识和实践活动主体的人对于自身的主体地位、

主体能力和主体价值的一种自觉意识，是主体自主性、能动性和创造性的观念表现。自我意识是学生主体对自身及其发展的自觉自我意识，包括主体对自己机体活动的状态以及对自己思维、情感、意识等心理活动的认识。在体育教学中，为促进学生自我意识健康、迅速地发展，要尊重学生的独立意识和"成人感"。学生作为教学中的一个独立因素，要保证他们有独立的学习空间、独立的活动时间、独立的人格空间。教师应与学生平等相处、以诚相待，调动学生运动的自主性和积极性，让学生主动地参与到教学活动中，提高自我意识。

1. 问题意识：学生主动质疑、存疑、设疑、问疑的自觉意识

在体育教学中，为了提高学生的问题意识，教师在教学过程中要有计划、有目的地设置问题，并鼓励学生提问，让学生带着问题学习动作，养成不断提出问题、独立思考、自我探索、自我创造、自我实现的习惯，使学生能够从本质的高度来理解和掌握体育技术动作。

2. 参与意识：学生全身心地投入并参与教学活动的自觉意识

在协作交往思想的指导下，让学生主动地参与练习，积极地思维，产生积极学习的愿望，使每个学生都积极参与到教学过程中来。教师要把握好学生参与的时机，选择适合于学生参与的内容，精心设计教学的每一个环节，让学生尽可能地参与。同时应注意分层教学，不同学生的参与机会要因人而异，兼顾全面性与层次性，使学生的参与意识牢固、持久。在培养学生参与意识的同时，还应注意学生合作意识的培养，让学生形成主动地寻求学习伙伴并共同探索问题的自觉意识。通过不断地交流与合作，使语言、情感、思想都得到沟通，互相尊重，进而促使学生的组织能力和交往能力得到不断的提高。

3. 评价意识：学生主动对人或事物做出事实判断和价值判断的自觉意识

在体育教学过程中教师要尊重学生的评价，对教学要有自我否定的概念，经常开展批评与自我批评。注意培养学生的评价意识，对成绩、运动技术做出科学的评价，也对教师的教学做出公正的评价。为了充分发挥学生评价的主体性，教师可安排诊断会、交流会，让学生发表自己的各种评价，不断提高评价意识。总之，学生主体意识的觉醒，意味着学生主动地参与自身发展，是他们主体性充分发展的开始。

（二）营造民主、和谐的课堂气氛

民主平等的人际关系，尤其是民主的师生关系，以及由这种关系营造出的生动活泼、愉快和谐的教学氛围，是学生主体性发展的基本条件和前提。

发扬教学民主，是指在教学过程中，师生相互尊重、相互配合，创造一种自由宽松的民主气氛，利用融洽的师生关系与和谐的心理氛围促进教学活动的顺利进行。在教学过程中，教师要诚心诚意地把学生当成学习的主人，强调发挥学生的潜能，启迪学生"我要学习"的需求，从而形成相互尊重与信任的支持型氛围。因此，营造民主、平等、宽松、和谐的教学氛围，不仅是一种提高教育质量的手段，还要成为一种教学目标去追求并努力实现。

1.构建新型师生关系，为促进学生主体性发展营造良好的人文环境

师生关系是指教师和学生在教育、教学活动中形成的相互关系，包括彼此所处的地位、作用和相互对待的态度。在体育教学中建构新型师生关系策略如下：

第一，师生之间应该相互尊重。在体育教学中教师应把丰富的感情和爱心运用到整个教学过程中。教师对教材的处理要充满"爱"的渗透，意识到自己的职责并不是把枯燥的知识塞给学生，而是做学生的朋友，激励学生去思考，在交往中让学生获得活的知识。高校学生虽尚未完全成熟，但他们都是有思想、有感情、有独立人格的活动着的个体，他们掌握的知识、技能较少，但在人格上与教师应是平等的，师生间理应相互尊重。尊重和关爱学生可使师生间建立信任，学生自然"亲其师"而"信其道"。

第二，在教学活动中师生共同的密切合作，形成一种相互理解的伙伴关系。教师应充分认识每一个学生，了解每一个学生的特性，以一颗诚挚的心与学生进行交往，才能够得到学生加倍的爱戴，才能够使学生成为教学活动的积极参与者和主动合作的伙伴。教师还应该主动关心、鼓励和引导学生，提倡和发扬学术民主和学习民主，使学生在平等民主的氛围中得到"主体"的感觉，进入"主体"状态，真正成为学习的主人；有意识分配给学生自主思维、自主选择与自主创造的时间和空间，为他们的自主发展创造条件。

第三，建立双向互动的新型师生关系，为培养学生的创新能力提供平台。体育教学过程中师生交往、交流、共同发展，学生个体、学生群体和教师等几个方面形成学习的"共同体"，在师生互动中，教师实现对学生的引导、合作与促进，学生则获得启发、指导和实践，在实践中学会学习和创新，以提高自己的实践能力、创新精神。在这种交互作用中，师生之间能够形成多向多级的沟通模式，建立平等的关系，充分调动学生的主体性，使其积极主动地建构学习、建构自我。总之在处理师生关系上，应强调以是否能调动学生的学习积极性，是否有利于学生的发展为准则，这样可以保证在教学过程中形成有利于学生发展的条件和环境。

2. 给予学生自由的空间和时间

在体育教学过程中让学生有更多的自主权，有选择的自由。学生可以对有关问题充分发表自己的意见和见解，可以随时向教师提出问题。在学生需要指导时，还要尽量提供多种方法让其自由选择。允许、肯定和赞扬创新精神，尊重学生的主体地位和主体意识，使学生成为名副其实的学习的主人。教师只提供参考意见，积极与学生一起学习，依据事实，客观评价学生的学习效果。充分了解学生，努力做到根据学生的不同情况区别对待，因人施教，在不影响整个班级教学的情况下，乐意给个别学生以帮助、指导和援助。

3. 关注学生的运动情感体验

在体育教学的过程中，在控制和激发教师自身感情的同时，要培养学生自身的情感，要赋予适宜的力度与内容，就是在体育教学中给予学生心理和生理上的刺激要适当，练习的内容要多样、生动，教学手段与方法须得当，让学生在学习知识和进行练习的过程中，有明显的情感体验，以取得最佳的效果。能够获得愉快和成功的情感体验是培养学生体育学习兴趣和终身体育意识与习惯的关键，是学生自觉、主动、积极地进行体育学习的重要条件，是实现体育课程目标的有效保证。教师要力图根据学生心理活动的规律来组织教学，结合教材特点选用教学方法和教学模式，关注学生的运动情感体验，使学生在体育教学中能够得到愉快的心理满足。教师还要通过挖掘体育教材中的兴趣因素，使教学内容更加贴近学生的实际，教学方法更加活泼有趣，运用体育特有的特殊魅力来激发学生的求知欲，通过趣味性的教学方法，激发学生自主参与体育学习的热情。

（三）在教学评价中体现主体性

体育教学的评价内容一般包括两个方面：一是学生所掌握的理论知识、技术、技能和身体素质等方面；二是学生在课堂上表现出来的态度、兴趣、动机、情感、意志等非智力因素方面。教师公正、准确、及时、灵活的评价，有利于学生正确认识自己和课堂内容，准确地给自己定位，进而激励自己不断进取，并获得这种不断进取的能力。实施策略如下：

第一，采用过程性评价与结果性评价相结合的方法。结果性评价是体育教学过程中不可缺少的环节，但单纯的结果性评价对整个技术课教学过程的调控性与指导性效果相对不是很强，这就需要过程性评价作为补充，使过程性评价与结果性评价相辅相成。通过过程性评价，随时调控整个技术课教学过程，使教学效果向最佳态势发展。

第二，师评、自评、他评相结合。首先师生都明确评价标准，并让学生按照师生共同讨论拟订的评价标准自行评分，认真关注学习过程的每一步骤，对照标准进行评估，如果出现偏差就予以纠正和指导；用同样的方法进行他评，他评法是同班同学对某一学生的动作及表现的评价，他评法既可使别的同学学会怎样评价，而且从别人的动作中想象到自己的动作，从而对自己的动作也有一个正确的评价。这样，过程性评价与结果性评价相结合，师评、自评、他评相结合，从而构成一个完整的评价系统。

总之，基于学生主体的高校体育教学模式构建是大趋势。高校体育教师要积极探索高校体育教学模式，立足于学习主体地位，激发学生学习主动意识，使学生从被动接受知识向主动学习转变，真正实现学习的自我发展，使学生学会学习，爱上学习，使终身体育理念扎根于学生心灵。

第四节 高校体育教学欣赏型模式构建

欣赏型体育教学模式是一种关注人和谐发展的教学理念，是以身心体验为核心，促进学生素质全面发展，提高体育教学质量美的教学观。所关心的不仅是学生在学习过程中获得多少体育知识、掌握多少体育技能，更关注学生在体育学习中获得丰富的感性领悟、深刻的情感体验、对生命潜能的感受以及创新意识等。

一、素质教育思想是欣赏型体育教学模式研究的教育学基础

素质教育思想是顺应我国全面开展现代化建设、提高整个民族素质的历史性任务而提出来的。它主要包括以下几个方面的内容：首先，素质教育把全面提高受教育者的综合素质作为教育的基本任务，以促进学生多方面素质得到整体提高、和谐发展为目的。其次，素质教育更加重视学生在教育过程中的主体地位，强调面向全体学生，使学生能创造性地学习，主动地发展。第三，素质教育把学生健康成长作为教育的重要价值指向，学生不仅要有知识和技能，而且还要有更好地身体素质、道德素质、审美素质、心理素质和人文素质，他们是人发展的基础。第四，在推进现代化的今天，素质教育还应包括通过教育促进人的现代化的内容。因此教育中"人也按照美的规律来构造"，按照美的规律既构造对象，也构造自己，这是人的特性。当教育明白人的这一特性时，便会明白审美在素质教育中的重大意义。"懂得处处都把内在的尺度运用于对象……在他创造的世界中直观自身"。这里所说的就是美学的尺度，既被运用于对象，又被运用于自己。正是"内在的尺度"，把主客体联结在一起，而"内在的尺度"正可被理解为主体的心灵。人用心灵去作用

于对象,也构造着对象,构造着自己。可以说,素质教育就在于寻求这种根本的变化,而美学因素在这起着特殊的作用,起着让审美教育进入心灵并成为心灵的一部分的特殊作用。

二、体育的审美价值是欣赏型体育教学模式研究的美学基础

美的规律存在于各种"物种的尺度"之中,尤其是体现在人的"内在固有尺度"之中。人类为了健身而创造了体育,为了审美而使其艺术化,这是体育发展上的一个飞跃。体育的艺术化,不仅是某些运动项目演变为新的艺术形式,也标志着体育活动整体的艺术水平在提高,它的表现形式是丰富多彩的,具体体现在以下几个方面:

1. 塑造健康美

体育运动是人类从劳动实践中逐渐独立出来的一种人体活动,为了塑造人体自身的健美,在活动的过程中,人们有意识、有目的地按照一定的比例、结构、手段等有效的形式,来改造人的身体。因此,体育运动的本身,就是力与健、健与美、技与艺有机结合的艺术。健康美不仅是针对人的身体而言,还能用来衡量人的动作姿态以及各种运动项目所产生的积极效果。这种美是大学生健康成长的基础,是人类的共同愿望。苏联著名的教育家加里宁曾经说过:没有很结实健康的身体,就不可能有人体之美。苏联伟大诗人马雅科夫斯基也说:世界上没有一件衣衫能比健康的皮肤和发达的肌肉更美丽。当然,人的体型和遗传变异等因素有很大的关系,然而是可以通过体育锻炼加以塑造和改变的。体育运动不仅把人体塑造得更矫健强壮,而且还把美的规律、美的尺度运用于其中。正如黑格尔所说:"通过体育锻炼,塑造一种和谐发展的人体,是同雕塑家的艺术创造相似的一种艺术创造"。

2. 运动项目自然美

"美是在人类的物质实践活动中,历史地形成的人的本质力量的感性显现"。"美的形态和存在方式是千姿百态的"。运动美是指人体在运动中形体变化表现出来的美,是人的本质力量的感性显现。"如果人们在实践过程中,把自己掌握真与实现善的本质力量,通过具体而又光辉的形象在对象中显示出来,这个过程及对象就会具有一定的审美价值。""身体运动不仅是身体方面的活动,还包括心理要素和社会要素。运动带来各种情感变化,并表现出充实人们生活内容的文化价值,为审美活动提供了新的广阔领域。运动是一切生命的源泉。体育之运动能充分展示富有朝气和生命活力的身体美。"。体育是充分发挥人体潜能的教育活动,它追求人的体能以最经济的方式发挥最大的功效,从而使人体在运动中获得最大限度的自由。"体育运动的发展,同时

意味着新的艺术现象出现,人类的运动美和人体形象特征在这种现象中被发现出来。"冰上芭蕾把溜冰、体操和舞蹈融于一体,具有强烈的可供观赏的表演性、艺术性,使它获得了存在和发展的重要条件。从不断向人体极限发起挑战的运动项目中,我们也能感受到人激动的美。

3. 体育的精神美

人体的美和伟大只有和精神相连接在一起的时候才是可能的,因为只有在精神的充分帮助下,肉体才能去忍耐、去超越。"如果缺乏了内在精神,人体也许就无异于一台机器了。从结果来看,能够完善地操作机器,只有灵魂。"顾拜旦复兴近代奥林匹克运动的主要动机之一就是为了给软弱无力的法国青少年注入活力,促使他们振奋起来。"人是身心和谐统一的整体,身体运动的过程,也伴随着心理、意识发展的过程,人在掌握运动动作的同时,也会塑造自己的心灵"。绝大多数人在运动之后都不会感觉自己是在浪费时间,因为他能感觉到运动给他带来的是一种精神上的满足,是一种美的享受、是一种心灵的净化。这种精神满足、精神享受,证明了体育运动中蕴藏着精神美学的成分。

三、人的审美需要是欣赏型体育教学模式研究的心理学基础

对美的追求是人的本性所在。人对美的追求是以其内在审美需要为动因和根据的,现实世界中人有各种需要,"他们的需要即他们的本性。"美国著名人本主义心理学家马斯洛将人的需要按水平由低到高,分成七个不同层次:生理需要、安全需要、爱与归属需要、尊重需要、认知需要、审美需要、自我实现需要。当人处在较高的需要层次上时,他能发挥出更大的生命能量,更少自私,更有活力。显然,马斯洛是将美的需要引入了高级需要之列,甚至是摆在认知需要之上的审美需要,最接近最高级需要和最易导致向更高级心理需要发展。人是自然物质世界的最高存在者,在人身上蕴含了物质世界的所有运动方式,但只有人的有目的的活动方式才能够体现人的独特生存特征,这种"有目的的活动"就是人的主体需求。恩格斯说:"在社会历史领域内进行活动的,是具有意识的、经过思虑或凭激情行动的、追求某种目的的人;任何事情的发生都不是没有自觉意图,没有预期的目的的。"人的意向性目的活动主要体现出三种自我存在状态,即本能活动、功利性活动、超功利性活动。本能活动是人的自然合目的性活动,表现为人的自在自发的自然存在状态,它是人进行有目的的自我创造获得的基础和前提;生产劳动是人的功利性目的活动,表现为人的自觉自为的社会存在状态,是一种自觉的以满足自身物质生理需要的、追求活动结果的外在目的的活动;审美是人的超功利

性目的活动，表现为人的自觉自由的文化精神存在状态。这是一种在活动过程中追求内心体验的内在目的的活动，是人的最高或终极目的的活动。这正好印证了马斯洛的需求理论。随着现代化科学技术或社会的发展，人们功利性物质需求得到了越来越大的满足，以追求精神自由或自我体验的超功利性的审美活动在人们生活中占有越来越重要的地位。所以说人的审美需求理论为欣赏型体育教学模式的研究提供了美学基础，它的特殊作用是可想而知的。

四、欣赏型体育教学模式的建构原则

（一）体验性原则

由于欣赏型体育教学首先依赖一种特殊的教学方式——审美体验。因而体验原则对于欣赏型体育教学来说，具有特殊的重要性。"一般地说，知识教育所运用的是理性的逻辑推理，技能教育所凭借的是动作的训练，审美教育所依赖的是审美体验。"体育教学中的审美体验可以使学生充分调动自己的感知、想象、情感、理解等各种心理功能，观察、感受、评价审美对象，从而形成陶冶心灵、情感的过程。它使学生对审美对象全身心地投入，全身心地感悟，从而达到主客体的真正沟通和交融。体育教学过程主要就是利用学生的参与体验完成的。因此，只有通过审美体验，学生才能与审美对象建立起严格意义上的审美关系，客体也才会成为真正意义上的审美客体。

（二）交流性原则

教学过程既是师生间的认知过程，又是师生间的情感接触和交流过程。师生之间的交往，不论是正式交往还是非正式交往，情感交流是其交汇点。情感交流作为师生间的一种纽带，是教育的灵魂。梁启超说："古来大宗教育家，都最注意情感的陶冶，是把情感教育放在第一位的。"但传统教学模式的建构偏重理性，忽略情感交流，因而使教师与学生之间、学生与教材之间、学生与学生之间产生距离与隔膜，这种距离感使学生难以形成热烈的情绪，难以主动地投入到教学过程之中。

（三）创造性原则

欣赏是对意象的情感体验，也就是说，主体在对审美客体感知观照的基础上发挥想象，引发对意象的审美感受和体验，达到情感的愉悦，从而产生对审美客体再造或重构的欲望。王朝闻指出："就人们的欣赏活动而论，也可证明主体反复体验的创造性是引起审美快感的动力。"无论是艺术美的欣赏还是自然美的欣赏，如果不能创造性地发现客体所蕴含的美感价值，就无法获

得那种陶醉感，那再"美"的东西也毫无意义。也就是说审美客体内化为审美经验并不是一成不变的，审美意象的产生本身就是一种创造过程。

（四）个性化原则

个性化教学原则在此有两层意思：一是要尊重学生的个性特征，二是要设计个性化的审美活动。尊重学生的个性特征，根据学生的需要、兴趣及审美发展水平等设计教学过程，这也是因材施教这一基本教育原则的要求。个性化审美活动的设计包括确定教学目标、安排教学内容、评价教学效果等方面。要制订相应的多样化的标准，否则就无法满足不同水平、不同层次、不同类型学生审美学习的需要，也无法达到审美化教学的效果。

五、欣赏型体育教学模式的建构程序

"学校体育作为促进个体生命健康成长的教育，它的目的、功能和价值均实现于体育过程中。"欣赏型体育教学模式的实现不仅取决于审美对象——教学活动的展现形态，更取决于审美主体——师生是否具有审美趋向性，是否能够发起审美活动。学生（审美主体）在这一过程中又处于一种特殊的状态，他们的审美能力更多地需要通过教学来培养，他们在学习过程中进入审美状态是需要通过教师活动给予积极引导的，从而唤起学生的情感投入，引导他们进行审美体验，更有效地促进学生审美能力的发展。

（一）创境——生命体验和审美感知的基础

教学过程必须精心构思、完美组织、巧妙安排，才会富有生命活力，才会唤起学生学习的欲望。现代情境学习理论认为：学生的学习实质是借助学习情境，实现学习者对知识的主动构建。教学活动中情境的创设是非常重要的，学生在审美情境中很容易受到情境氛围的感染，而产生审美体验。同时还能够起到一种渲染、唤起、激发的作用，使审美主体在心理上产生共鸣，从而吸引着审美主体去追求、去创造。引发学生美好的想象，有身临其境之感，使学生在美的情趣中持续地激发学习动机。在体验审美过程中学习体育知识、掌握健身的技能，在参与创造过程中拓宽体育情趣，直至达到"设境悟情"，产生求知的欲望。要创设合理的教学情景必须了解学生、研究学生，把课前准备的着眼点始终放在学生身上，根据学生的身心特征、生活经验、思维方式和已达到的体育知识、技能水平对体育教学过程进行精心的审美设计。

（二）入境——引起学习兴趣，激发审美感知

入境即教学过程的审美导入，引导学生进入预设的教学情境中。美的价

值就在于可以愉悦身心、陶冶性情，给人以清新、向上、愉悦的感受，在一定限度上满足人的精神需要。同时还因为这种优美的教学情境能使学生产生愉悦感、新鲜感和好奇心，学生情绪亢奋，求知欲强烈，精力专注，思维活跃。学生具有轻松愉快、积极向上的良好心态，自然进入学习状态。课的导入手段和方法很多，如实物、图片、卡片、录音、录像、音乐、游戏、直观形象的语言均可作为导入手段，要根据学生的身心特征、生活经验、感知思维方式和已达到的体育知识、技能水平，采用开门见山、承前启后、生活化情境、热点问题、精彩比赛欣赏等方法将把学生引进预设的学习情境中，从而唤起学生的审美情感，激发学生的兴趣。

（三）体验——呈现生命课堂，焕发生命的活力

"体验是生命存在的一种方式，体验不是一种外在的、形式性的东西，它是指一种内在的、独有的、发自内心的，和生命、生存相联系着的行为，是对生命、对人生、对生活的感悟。"美的教学是使人能够获得美的享受过程，是给人以美感的教学，是审美化的教学。师生之所以能够对教学产生美感，必然是他们在教学活动过程中进入了审美状态。这种审美状态即是审美体验的状态，也就是说，教师和学生在教学活动中体验到知识的学习带给他们美感，体验到教学活动给他们以美的享受，他们全身心投入到活动中，感受着教学活动的勃勃生机和生命韵律，体验着知识所蕴含的生命情态，他们在审美的体验中，不仅学到知识而且还能陶冶性情，培育精神，提升生命品质。

（四）感悟——获得审美享受，领悟到生命的真谛

"知识不能是由自认为有知识的人'普及到'，或'灌输到'自认为没有知识的人的，知识是通过人与宇宙的关系，通过充满变化的关系建立起来的，在这种关系中批判地解决问题，又继续促使知识发展。"我理解这里的"关系"就是"体验"。体验的过程不是以思维为主要特征的认识过程，也不是物质性的实践过程，而是表现和升华情感、激发个体的生命活力、发展创造性、开启心智、陶冶审美情趣的过程，是人本质力量的表现、是审美的最高境界、是生命的感悟。"感悟不是对认知的全部否定和排斥，而只是对认知的升华。当主体的单一认知功能转换为全部身心特性参与的审美状态时，认知就达到了极致。认知的极致就是对象和自我合一的审美，它既不是主体性泯灭的困顿，亦非主体性张扬的突兀，而是一种超主体性的境界。"感悟是知、情、意融于一体的人的生命活动，作为一个完整生命体的直观与感悟，是审美主体对审美对象形式所包含的深层意味的心领意会，是审美主体对审美意象和意境的一种较细致的体验活动。但是，在欣赏型体育教学过程中又不能没有认

知,认知是让审美主体知道客体"是什么"。所以,审美活动只有从认知上升到感悟,通过审美主体的审美体验,"是什么"才真正对审美主体产生生命论意义上的价值。如果过分强调学习中的认知方面,将会带来教与学中机械式的训练。因为认知强调的是知道"是什么",而"是什么"是可以重复和持续再现的。虽然说在运动技术的学习需要反复的训练,但体育学习的核心不是训练,而是通过训练掌握体育知识、健身的方法、享受运动的乐趣、感悟体育的生命意义。这实际上就是一种创造过程,即融入了审美主体自身情感的创造过程,从而使创新潜能得到释放,精神生命得到升华。

第五节 "生态体育"教学模式在高校体育教学中的应用

一、"生态体育"概述

(一)"生态体育"的研究现状及其概念

从1915年美国社会学家R。帕克在《城市:对于开展城市环境中人类行为研究的几点意见》一文中最先提出"人类生态学"概念至今九十余年。生态学作为一门较为年轻的学科,发展却较快,无论是研究领域的广阔性,还是与其交叉学科的数量,都是非常突出的。当下,教育生态学研究日渐兴盛,然而在我国,体育生态的研究明显滞后。面对世界生态革命、低碳生活的浪潮,体育界正在深刻地反思和研究现代体育所面临的生态问题,积极探索"人—体育—自然"和谐发展的基本途径和发展策略,以实现体育的可持续发展。尽管发展生态体育涉及社会、自然等诸多因素,但其基本途径仍然是通过社会体育和学校体育来实现的。在这种大背景下,众多学者对"生态体育"进行了研究与分析,虽较其他学科发展显得稚嫩,但也为高校体育教学改革指明了方向。国内较有代表性的有:蒋训民的《构建高等体育院系的体育生态教育体系》、谢雪峰等的《我国体育生态研究现状与思考》、曹秀玲的《体育生态系统特征及其实证分析》、邓罗平等的《"生态体育"教学模式下高校体育改革与可持续发展》等。这些学者从不同的角度对"生态体育"进行了阐述与介绍,特别对其在完善和充实高校体育课程方面进行了详尽的论述。综合研究发现,目前我国"生态体育"的研究基本上是零散的、移植的和提出问题式的研究,总体上显得单薄;其次,虽未冠以"生态",然而与其相近或内容相契的体育研究较多,为现在及今后"生态体育"的研究与发展提供了一定的滋养。由此可见,"生态体育"教学模式得到了大多数学者的认同,彰显了时代气息。

目前学者比较认同的概念如下："生态体育"是指人类—体育—环境的相互协调、共生共融、共同发展所构建的关系或联系的活动,即通过在自然生态环境和社会生态环境中开展的体育活动。具体体现为人与自然、人与社会、人与自身三大和谐在内的整体动态和谐。"生态体育"教学模式就是指:使学生与自然、社会亲密接触,运用适当的体育教学手段,实现对参与者灵肉的双重历练,并通过汲取大自然的精神与力量,获知一定的社会知识与经验,提高教学效果,培养学生的适应力和生存力。

(二)"生态体育"的特性

"生态体育"的提出不仅丰富了高校体育教学手段和教学模式,拓展了教学环境和教学场地,而且使弱化高校体育场地的局限性成为可能。"生态体育"的特征有以下几点。

1. 自然性

"生态体育"是指让学生走出原有意义上的课堂,融入大自然生态环境和社会生态环境中,在教学过程中充分利用自然资源,让学生在感受自然气息的同时获得身心发展,提升内心体验。从而提升学生热爱自然、保护自然的意识,使人类与自然和谐相处。在体育锻炼中无论人们是为了追求外在的身形之美,还是为了达到内在的身心愉悦、延长寿命,健康始终是人类为之所不懈追求的目标,而这些也正是生态体育的内在体现。这种生命的延续性正是生态体育的可持续性的最直接的体现。

2. 时代性

从"更高、更快、更强"到"更干净、更人性、更团结"理念的转变,使得奥林匹克运动更加符合时代的强音,真正体现了全球各民族平等以及全人类的和谐发展,从而为体育发展提供了更为广阔的空间。在"生态体育"理念下,各个高校应该结合当今社会发展的特点以及高校教育改革的要求,紧扣时代脉搏,创编出适合自身特点的高校生态体育课程。

3. 层次性

现代体育生态系统是一个集政治、经济、文化、教育、科学、信息网络及其他系统构成的多因子、多层次的复杂系统,从本质上讲是一个自然—体育—社会的大系统,包括人在内的从低级向高级有序的构成系统。人是体育的主体,人的主观能动性影响并制约着体育环境效能的发挥。因此,在高校体育教学中,必须充分考虑人对生态体育不同层次功能发挥的影响,挖掘各个层次对体育的效能,通过对人的管理,实现体育的可持续发展。

4.适应性

在某种限度上,生态体育的适应性可以理解为主动适应和进化。随着社会的发展和新世纪对新型体育人才的需求以及高校体育人才培养模式的变更,对体育人才的培养要摈弃目标单一、重专业轻基础的"专才型"培养模式,而转向适应社会发展、面向未来,重基础、重个性、重素质等方面的人才培养模式。及时转变教学理念,明确培养体育教育人才的方向,改革教学手段方式,建立新的教学模式,让学生由"要我学"变为"我要学"。

二、"生态体育"教学模式在高校体育教学中应用分析

（一）体育院系进行"生态体育"教学的有利因素

1.对大学生人文素养的影响

最近,无论是新闻媒体,还是街头巷议都在谈论高校大学生犯罪的增多,如何杜绝"我爸是李刚"、"药家鑫"现象的产生,让社会对当今大学生有个正确的客观的认识,成为高校在培养高素质人才的同时必须关注的问题。"引领文化是大学的重要功能。大学是高等教育机构,也是文化发展的中心。……大学不断促进探索和争鸣,激励新思想、新学术的产生,为人类的文化发展做出了重要贡献"。

2.对大学生心理健康的影响

大学时期是大学生即将步入社会但又不成熟的阶段,也是人生观、价值观、道德观形成的最重要时期,无论是在生理机制还是心理方面都还不能完全融入社会。因此,必须对他们加强管理,让他们树立正确的人生态度,加强心理引导,避免学生在校期间荒废学业与青春。调查显示：大学生在校期间逃课的人数不占少数,而且他们逃课的主要原因就是对学业的厌倦、缺乏激情、对前途的迷茫、空虚等方面的因素。"生态体育"对学生的心理有积极的影响,其中在改善社会交往、抑郁、焦虑等方面作用明显,能有效地改善学生的心理健康状态。同时,学生在自然的环境中更能激发其锻炼的兴趣与学习的热情,减少厌学、逃学现象的产生,减少学生在校期间安全隐患。

3.高科技在高校的运用为构建"生态体育"体系提供了物质保障

全球的生态环境日益恶化,简单地通过大自然的自身修复是难以达到原有状态的。随着现代化高科技的发展,通过在体育设施及相关领域中的运用是可以缩短生态环境自身修复的进程的。高科技手段在"生态体育"中的运用必然会增强该模式在高校中开设的优势。在高校构建新的教学手段的过程中,也只有充分利用高新科技,并将其转化为生态动力,才能使在体育领域

中出现的对生态环境有碍的问题及隐患得到良好的解决与预防。总之，实现高新科技与体育的完美结合，才能打造出人类与自然和谐统一的格局。

4."绿色奥运"的成功举办为高校"生态体育"发展模式提供了模板

2008年北京奥运会的成功举办，为世人打开了一篇和谐的篇章。"绿色奥运、科技奥运、人文奥运"的理念在奥运场的软件、硬件设施上处处得以体现，"绿色奥运"的理念渐渐成为继顾拜旦提出的"和平奥运"之后的主旋律。由此可见，高校在推进"生态体育"的教学模式可以借鉴其理念与方式，灵活运用，让"生态体育"成为高校体育教学的一朵奇葩。

（二）体育院系进行"生态体育"教学的障碍因素

1. 自然以及社会生态环境的恶化

当下，环境问题的日益严重，臭氧层的破坏、荒漠化的加快、土壤沙化、盐碱化、沼泽化，森林面积急剧减少，矿藏资源遭到破坏，野生动植物和水生生物资源日益枯竭，旱涝灾害频繁，以致流行病蔓延。另一方面，城市化和工农业高度发展而引起的"三废"（废水、废气、废渣）污染、噪声污染、农药污染等环境问题，使得人们在享受现代文明带来的便捷与舒适的同时，也遭受了来自大自然的报复。自然环境和人文环境的恶化，为我们进行"体育生态"教学带来诸多制约因素。

2. 生态意识的淡薄

通过对全国59所高校3500多名大学生参与的"大学生生态保护意识调查"显示：多数大学生对生态知识不太了解，对于生态保护方面的了解还很肤浅，整体保护生态的意识淡薄又肤浅。大学生是倡导、推动环保事业的主力军，国家有关部门在高校也相继开展了丰富多彩的环保活动。在面向社会传达环保理念及生态知识方面起到了积极的作用，同时在大学生群体中也形成了一定的氛围，使他们在认识到环境保护的重要性、紧迫性的同时，也积极地向社会群体传达环保的理念，在社会上有了一定的正面影响。但同时也应看到，就整体而言，大学生对生态保护的理解和认识并不深刻，多数情况下仅停留在参与活动的层面上，还不能将这种态度在生活中有效地体现出来。这不仅不利于大学生整体素质的提高，而且对促进生态保护事业也会产生一定的负面影响。

3. "生态体育"课程设置不完善

近年来虽然有不少学者对"生态体育"进行了研究，但调查发现，真正采用生态体育教学模式的学校极少，有些院系虽然尝试着开始了小高尔夫球、钓鱼、定向运动、木球、拓展训练等课程，但仅是作为新课程的尝试，并没有形成高校体育教学系统的统一认识。因此,"生态体育"教学模式缺乏实验研究,需要有敢于尝试者先行,形成局面,带动整体发展。

(三)体育院系进行"生态体育"教学的时代背景

1. 生态环境的恶化,迫切需要进行生态教育

自然生态系统是人类赖以生存的不可或缺的外部环境,虽然我们积极提倡自然的权利与环境伦理,要我们善待自然、善待环境、善待生物,但是还没有成为决策者的自觉行动。高校体育具有传承和发扬生态体育的独特优势和魅力,大学生是社会趋向的引领者,他们的观念影响甚至决定着一个时代。

所以,在高校教学中运用一定的教学模式培养学生的生态理念、环保意识是非常必要的,通过大学生自身素质的提高辐射到周围的人群,从而提高整个社会的生态意识。

2. 体育院系的可持续发展,需要进行生态教育

21世纪的大学生对学校的要求越来越高,在高校生源竞争激烈的当下,如何运用特色专业吸引学生的眼球是赢得生源的最直接、最有效的手段。90后的学生特别希望自己能从被动的课堂中解放出来,寻求一种全新的学习方式与理念,"生态体育"教学不仅可以树立学校专业的特色,而且还可以满足学生走出教室、融入自然的需求,另外由于高校的不断扩招,也可以缓解当前高校体育场地器材短缺的问题。这种亲近自然、融入自然的教学模式,一定会让学生更加理解人文体育、绿色体育、天然体育、环保体育的理念。因此,体育院系的可持续发展,必须不断地寻求与社会发展相适应的教学手段与模式,吸引学生的眼球,激发学生的学习兴趣,这样才能为其更好地发展奠定基础。

3. 体育课程的可持续发展,需要进行生态教育

时代的发展及其对人才需求的不断变化,要求高校在制定人才培养方案的同时必须考虑学生的就业与社会适应能力。因此,在积极响应课程改革的同时,使课程的设置能够适应社会的发展,满足社会对人才的需求。在高校体育教学中,可以把体育教学内容和周围的自然生态环境相结合,让学生在自然的环境中感受大自然、贴近大自然。学校可以利用周边的环境结合季节的变化在不同的学期进行课程设置,如可以利用山地开展登山、野外拓展、野外自救、蹦极、定向越野、山地自行车等项目;利用大海、河流、池塘等开展沙滩排球、游泳、钓鱼、潜水、漂流等体育项目;有旅游景区的可以结合开设体育旅游、体育保健、理疗等项目。总之,充分利用自然资源开展体育有关项目,不仅可以丰富体育教学内容,提高体育课程设置的可持续性,

更能够满足社会对体育专业的多元需求。

(四) 体育院系进行"生态体育"教学面临的挑战

1. 实践经验方面

相对于西方的生态体育模式,我国的生态教学起步较晚。在体育领域,近十几年才有学者专家开始此方面的研究,但并未在整个体育界形成生态研究趋势,所以对体育院系学生进行生态体育教学无疑是一项具有挑战性的工作。学校体育生态化的研究还缺乏深入与实证性的论证,在操作上也缺乏理论性的材料作为指导,导致盲目性较大。

2. 教学方面

当前,生态体育教学模式的构建还不完善,缺乏国家性的大纲、计划、教材等,生态体育课程还缺乏有深度的实验,没有较为成熟的课程模式可以借鉴,缺乏实战经验,大多数的研究仅仅局限在浅层次的论证,缺乏深度和广度。生态体育教学过程中有一定的安全隐患,如果教师缺乏一定的应急经验和救助措施,就会造成不利影响。同时,师资培训不全面,仅有定向越野等方面的一些培训,教师在教学经验、教学手段的运用等方面都存在不足,要想在短时间内有较为明显的效果就要付出较大的心血和成本。在传统的教学模式中,我们所采用的评价手段也是一套体系,生态体育教学模式的开发与使用,必然也要有与其相适应的评价体系,但是评价体系的制定需要经过反复的论证,不可能一蹴而就。

高校体育文化建设对推动教育发展、丰富社会文化具有不可替代的作用,"生态体育"教学模式的运用必然为提升大学生自身素质、丰富教学手段及内容、促进社会体育的发展起到积极的作用。我们要以教学改革为契机,加大投资力度,建设积极的体育环境,加强师资培训,积极探究新的体育课堂教学模式,构建多元的学生课余生活,引导专家学者对生态体育的研究,推动生态体育的发展。当下"生态体育"在高等体育院系的运用可以说是优势与劣势、机遇与挑战并存的格局,如何克服劣势,接受挑战,突出优势,抓住机遇,成为高校体育进行改革的主要问题。

第五章 多媒体网络教学模式在高校体育教学中的应用

第一节 多媒体网络教学的内涵及特点

随着社会的进步，多媒体技术近些年发展迅猛，因其显而易见的优点，日益引起人们的广泛关注和使用。利用多媒体网络技术进行课堂教学即为多媒体网络教学，其直观、形象等诸多优点为教学开创了一片新天地。但它绝不是万能的，且凡事有利就有弊，我们要客观的认识它，对其加以合理运用，否则，它就会变成一把双刃剑。

一、多媒体网络技术的内涵

"多媒体"（Multimedia）是指"与计算机控制有关的领域，该领域包括文本、图形、静态和动态的图像、动画以及任何能够将各种类型的信息数字化的再现、储存和处理的其他媒体"。"网络"（Network）是指"将地理位置不同且有独立功能的多个计算机系统，通过通信设备和通信线路连接起来，在网络软件的支持下实现彼此之间的数据通信和资源共享的系统"，又叫"计算机网络"。"多媒体网络环境"指的是在广域网（即 Internet）中可以进行文本、图形、图像、动画、音乐、声音等各种信息处理和组合的数字化环境。

二、多媒体网络教学的优点

1. 直观性

能突破视觉的限制，多方位地观察对象，并能够根据需要突出要点，有助于理解和掌握，如高等职业学校的机器设备课，当某些设备无法看到内部构造时，可以制作或下载相应的课件，给学生演示，增强感性认识，提高教学效果。

2. 图文声像并茂

多媒体技术所具备的声、形、光、色这种特质，在课堂教学中可以启迪学生的智慧，激发他们的奇异想象，多角度调动学生的情绪、注意力，提高学习兴趣。

3. 动态性

有利于反映事物的发展过程，能有效地突破教学难点。

4. 互动性

借助多媒体网络环境，实现了灵活的"人机对话"。能让学生更多地参与，学习更为主动。

5. 信息量大

教师不用当堂课板书，所讲内容基本都体现在多媒体上，节约了空间和时间，提高了教学效率。

6. 可重复性

多媒体中的教学内容可以重复播放，不仅可以减少教师工作量，还有利于突破教学中的难点。另外教师还可把课件通过网络传给学生，便于他们课下消化和复习。

7. 针对性

使针对不同层次学生的教学成为可能。

三、多媒体网络教学的缺点

首先，因为教学过程不仅是传授知识、发展能力的过程，而且也是情感交流和学生人格形成的过程，网络教学主要是人机交流，学生面对的是没有情感的电脑，教师的言传身教、人格力量被削弱了，在情感培养人格的塑造方面，网络显然无能为力。

其次，思维空间变小，多媒体课件在体现容量大、速度快、易操作、效率高的长处的同时也存在着问题。若画面的切换太快，没有充分考虑学生的思维水平和思维速度，像电视或电影画面那样一闪而过，不容学生细看和思考，那将极大地影响教学效果。

第三，屏幕面积小，每一屏的容量有限。企图用屏幕来代替黑板的所有功能，缺乏板书、演算的做法，将会事与愿违的。如《高等数学》中的一些公式的推导或例题的计算，只有教师在黑板上边对照着刚学过的公式、定理进行计算、讲解，这样教学效果会明显好于用多页屏幕演示。

第四，缺乏真实感。虽然许多科目可以利用计算机实现仿真环境，但还是不如让学生实际动手操作效果好，所以能有条件让学生"真枪实刀"练的机会，就不要"仿真"，以增强学生的动手能力、实物操作能力。

第五，教学成本高。美国大众传媒学家施兰姆曾说："如果两种媒体在实现某一教学目标时，功能是一样的，我一定选择价格较低的那种媒体。"对于教师来说，要做到因课制宜，追求低成本和高效益的最佳结合，教师必须在备课时认真钻研教材，根据教学目标的需要来确定采用何种教学资源。

四、发展趋势

（一）多媒体网络系统通过先进的"媒体技术"功能促进向"系统技术"的目标转化

多媒体网络本身属于"媒体技术"范畴，具有承载和传播信息的一般媒体功能。但多媒体网络是一种特殊的"媒体技术"，其特殊性主要表现在一是其承载和传播的信息形式是多种类的，包括文、图、声、像多种媒体信息，覆盖教学系统的各种要素信息，具有全面性二是提供了各个部门、各类人员、各项工作、各个环节和各种要素信息之间联系的信息通道，而且这种联系是多向的、交互的三是信息传递的高效性，多媒体网络是高带宽、高速率网络，是典型的信息高速公路，保证了联系的快速沟通四是形成了系统整体结构，全方位要素信息及其高效联系，形成了系统整体。多媒体网络运用于教学，通过各种教学信息资源的检索、设计、处理和传递，有利于教学过程和教学资源的设计、开发、利用和管理，促进"媒体技术"功能向"系统技术"目标转化，实现教学过程的优化，这正是多媒体网络不同于以往任何媒体技术的重要特征。

（二）基于多媒体网络的教学模式呈现出多样化特征

多媒体网络的出现和运用于教学的时间虽然不长，但由于其强大的功能，广大用户迅速开发和应用，使基于多媒体网络的教学方式已出现多种模式。

按照教学的基本组织形式分，多媒体网络教学可分为课堂讲授模式和自学交互式模式。前者以辅助教师的课堂讲授为主，所开发的软件一般称为"讲授式"课件后者以辅助学生的自主学习为目标，所开发的学习软件一般称为"自学交互式"课件。自学交互式模式亦称为个别学习模式。

按照教师在实际中使用的多媒体网络技术来教育学生的方式划分，多媒体网络教学有教学呈现、模拟演示、交互性视频、探索与发现、项目制作等模式。教学呈现是通过视听材料的呈现，增强和丰富学习者正确观察和解释事物相互关系的能力。这些视听材料包括动态录像、动画、照片和彩色的课文或对话，这样可以把课程中枯燥的概念和信息用图片或视频来展现，以简化问题、增强说服力。模拟演示是通过多媒体，把视频、声频和动画结合起来，进行逼真的模拟，这对于一些在现实生活中很难出现或不易观察的现象可进行方便的模拟学习。在网络上还可以进行模拟数据的实时传输，进行大规模模拟学习训练。交互性视频教学是通过增强教师与多媒体计算机的交互作用来提高教学效果。发现与探索教学是通过选择一个学生们感兴趣且又和教材有一定联系的主题，编制成学习问题清单和对学习过程进行调控的问题，然后指定学生自行学习，鼓励学生进行发现和探索。项目制作是让学生制作有关教学内容的多媒体项目来完成学习作业，这是多媒体在教学中最具挑战性的应用。

按照学习者在网络上的学习情景来划分，可分为讲授型、个别辅导、讨论学习、探索学习、协作学习等模式。网络上的讲授型模式突破了传统课堂教学的人数及场地限制，只要是能上网的用户都可以参与学习，网上的学习者可在同一时间聆听教师讲授，并可进行师生间一些简单的交互。这种模式是由教师将事先准备好讲授的材料，以多媒体信息方式呈现，以超文本的方式组织，并存放在网络叭陌服务器上。教师通过叭记服务器呈现教学内容，并通过网络电话或电子邮件的方式向学生讲解或接受询问，使学生的浏览学习达到同步，并及时了解反馈信息，根据学生的反馈信息再作进一步解释和应答。个别辅导模式是通过网络上的自学式多媒体课件以及教师与单个学生之间的密切通信来实现，学习者自由下载课件库中的课件，根据自己的兴趣和基础进行个别化学习，并可通过电子邮件得到教师的个别指导。讨论学习模式是利用网络上的电子布告系统，在专职教师监控下，学生自由参加讨论和发言，进行讨论学习。探索学习模式是由某教育机构设立一些适合由特定的学习对象来解决的问题，通过网络向学生发布，要求学生解答，同时提供大量的、与问题相关的信息资源供学生在解决问题过程中查阅，并设有专家给予适当启发和提示，促进学生探索学习。协作学习模式是指利用网络和多媒体技术，由多个学习者针对同一学习内容彼此交互和合作，以达到对教学内容比较深刻的理解和掌握。协作学习模式又分为竞争、协同、伙伴与角色扮演等，协作学习是基于网络的一种很有发展前途的学习模式。

（三）多媒体网络教学向交互式、智能化、全球化方向发展

交互式是多媒体网络教学发展的必然结果。一般来说，多媒体只是多种媒体的结合，是对多种视、听成分的线性结合和显示，交互性差，因此难以满足教学过程中复杂的教学交互关系的需要。随着多媒体网络教学不断深化，

必然要求多媒体向交互式、非线性方向发展，其直接的初步成果是超媒体和虚拟现实技术的出现。超媒体是指以多种媒体形式呈现信息，并以某种非线性方式进行控制。教育技术学家德底把超媒体看成是以非线性方式来呈现符号的一种结构。他认为超媒体是一种外部关联记忆，由技术帮助其组织和获取信息。超媒体是计算机和多媒体的集成，可产生交互式、非线性的超环境，代表着多媒体的交互式发展方向，有时我们把超媒体就直接理解为交互式多媒体。虚拟现实是多媒体向交互式发展的更高层次，是多媒体技术最终发展的趋势。虚拟现实，是一个高度交互的、以计算机为基础的多媒体环境，使用者在其中成为"虚拟真实"世界的参与者，从而使计算机从用户的头脑中消失，只能体验到由多媒体计算机产生的像现实一样的环境。虚拟现实有多媒体的许多特点，例如高度集成了多种媒体，信息表征具有高度交互性、多样性、灵活性，要求学习者的积极参与因此，与一般教学媒体相比，虚拟现实的优点是不言而喻的，它具有成为课堂教学强有力的新工具的潜力。

智能化是多媒体网络教学向深层次发展的客观要求。尽管多媒体网络教学迅速发展，大量多媒体课件和多样化的教学模式被开发使用并取得较好成果。但人们在开发使用中发现，这些系统始终存在这样一些缺陷学生的学习仍然是被动的，学生无法回答深层次的问题，回答有错时不能准确确定原因，个别化指导的针对性不强等。因而需要未来系统能够做到第一，实现友好和自然的人机对话，能够通过人类的自然语言来进行人机对话，更深入地了解。学生的理解状态，学习环境更自然，学习能较方便地学习知识和规律，并表达自己的认识和要求。第二，能检测和判断学生犯错误的原因并给予适当的指导和纠正。第三，对未预期的提问和错误能给出合理的反馈，包括理解学生的反应、评价学生的猜测是否合理等。第四，不断积累教学经验，并能针对具体情况及时调整系统的教学策略等。

全球化是多媒体网络教学发展的必然趋势。在互联网已连通世界各地、Internet 站点遍布全球的当今时代，无论是校园网、多媒体教室局域网，还是单台多媒体计算机，不与广域网连接、不利用 Internet 上无限丰富的信息资源，是不可思议的。基于 Internet 的新型教学，突破了局域网多媒体教学在资源、距离、规模上的限制，将多媒体网络教学推向全球，"开放大学"、"虚拟学校"、"全球教室"等一批新型的教育教学系统迅速发展。

五、关于合理使用多媒体网络教学的几点看法

多媒体网络教学因有着许多显而易见的优点，所以近些年被广泛使用，但其中不乏滥用现象。多媒体网络教学本身不能提高教学质量，它不是万能的，不能完全取代传统的课堂教学，它只是一种教学辅助手段，如何利用好这个工具，为我们的教学服务，个人有以下几点看法：

首先，要根据教学内容确定是否采用多媒体进行教学。在实际中往往有些教师习惯于使用多媒体，不管讲授什么内容，堂堂课都采用这种方式；还有些教师为了偷懒、省事，制作一些简单的课件，照着念或多轮使用，而不是本着提高教学效率的目的去认真思索所授内容是否适合使用多媒体。另外要打破一些固有的观念，不要认为多媒体教学有诸多优点，就堂堂课用或整堂课用，何时应该采用多媒体教学，关键是要因内容而定。当然还可以根据授课内容在一堂课中把多媒体与其他教学手段结合使用。

其次，如果确定在课堂中要使用多媒体了，那就要潜心研究大纲、教材，把握好重点、难点，领会教材意图，当然还要考虑学生的实际水平，对能反映教学内容的媒体进行择优或精心制作，千万不可胡乱选择、粗制滥造，更不能弄个"教材搬家"的PPT来糊弄学生。

第二节 多媒体网络教学系统的含义及其构成要素

一、多媒体网络教学系统的含义

一般而言，系统是指由若干要素以一定结构形式联结构成的具有某种功能的有机整体。系统有三项是普遍的、本质的东西：其一是系统的整体性；其二是系统由着相互作用和相互依存的要素所组成；其三是系统受环境影响和干扰，和环境相互发生作用。现代通信技术、计算机网络技术和多媒体技术的快速发展，与教育的融合，孕育了新型的教学方式——多媒体网络教学。而优化的多媒体网络教学系统是有效进行多媒体网络教学的基础和保证。

本文认为多媒体网络教学系统是指：基于网络系统的，以学习者为中心的，支持教学、学习活动的静态和动态要素的总和，它与教师、学习者构成一个整体，处于不断变化、发展之中。多媒体网络教学系统中，静态要素和动态要素彼此相互影响、相互依赖、构成不断运动的整体。静态要素是系统中可见的一切物质要素构成，是一种物化要素。它包括系统中的空气、噪音、光线等自然性要素，也包括网络、计算机、教学设备、学习资源库等可见的有形的人为性要素。而教师个体的知识水平、教学经验，学习者个体的观念、学习动机、情感、意志等心理因素，人际交互（包括自我交互）以及蕴含在教学、学习活动中的教学策略、学习策略等成为影响教学、学习的无形因素，我们称之为动态要素。

二、多媒体网络教学系统的构成要素

（一）基于网络的静态构成要素分析

在多媒体网络教学系统中，优化的静态要素是实现多媒体网络教学的物质基础，可分为两大类物质性要素：一是硬件要素，二是软件要素。

1. 硬件要素是实现多媒体网络教学的支撑平台，是整个多媒体网络教学的物质基础

目前的多媒体教学系统的硬件要素还多以地网（Internet 和学校校园网）为主，采用地网与天网相结合的方式来实现网络的功能。天网主要由地面卫星接收系统和卫星接收机组成，确保及时接收某波段的视频课程信号，以及保证视频信号质量稳定。地网是多媒体网络教学系统的重要静态构成要素，主要由接入模块、交换模块、服务器模块等构成。

2. 软件要素可分为保证多媒体网络教学系统正常运行的基础软件和网络学习系统两部分

基础软件包括系统平台、Web 程序开发工具等。系统平台为用户提供了一个良好的交互界面并有效地控制和组织着计算机内各种硬件、软件资源，起着连接计算机与用户的接口作用。

网络系统由网络教学系统、基于网络的资源库系统、网络学习评价系统、交流与协作系统、辅助工具和网络学习管理系统等几个部分构成。（1）网络教学系统提供了不规则的实例变化的情境，多种的知识表征方式以便于学习者理解和应用非良构领域的知识，解决实际情境中的问题。（2）资源库系统提供了为支持学习活动专门设计的网络课程、优秀的教案、媒体素材、网络图书馆等。（3）网络学习评价系统包括各类题库及非测验性的评价体系等，按某些标准对学习者某一学习阶段的绩效作价值判断。（4）交流与协作系统，实现网上的实时或非实时的沟通。（5）辅助工具包括了文字处理工具、网页编辑工具、信息搜索引擎等，通过多种常用工具的组合运用，实现特定的功能，促进学习者对知识的有效建构。（6）网络学习管理系统是一套自动管理学习活动的软件，学习管理系统可采用 B/S 体系结构，利用 WWW 上的应用系统，实现实时或非实时交互学习模式下的管理功能，为学习者提供了通过网络进行报名、注册、选课、预约考试、答疑、辅导、成绩查询等自动管理功能。

（二）基于网络的动态构成要素分析

在多媒体网络教学系统中，人们的价值观念、态度、情感、个性倾向等

条件是促进学习者健康成长、勇于探索的关键因素。在基于网络的教学环境中，主要的动态要素有交互环境、学习氛围、教学策略、学习策略等。

1. 交互环境

基于网络的动态构成要素的交互与传统面授的口头语言交流或肢体语言交流不同，主要有三种形式：(1)学习者与学习内容的交互。学习者与学习内容的交互导致了个体性知识的建构。(2)人际交互。人际交互是学习者与学习伙伴、指导者等之间的社会性互动。学习者与学习伙伴交互，共同讨论学习问题，倾诉体验，分享学习群体的智慧。人际交互导致学习者社会性知识的建构。(3)学习者在网络的自主学习中，产生自我评价、自我激励、自我调整学习行为的心理活动，由此而形成自我交互。

2. 学习氛围

网络教学系统是学习者学习和探索的园地，是一种培育人的环境，教学系统中的主题（内容），学习者间不同的信念、学习风格、行为，指导者细心的引导等综合因素形成的学习氛围、学习导向是激励学习者学习的重要条件。因此，教学设计者在设计网络课程的界面、内容导航、布局等的时候，借助于网络技术使人人都有机会通过BBS、聊天室、电子白板、视频会议等表达自己的观点，分享学习群体的智慧，营造了一个更公平、更民主、更和谐的学习氛围。良好的学习氛围有利于学习者之间进行协商、探究、分工合作，呈现自己的观点，开展协作性的学习活动，共同分享各自的见解，从不同的角度看待问题以达到对所学内容全面、深层的理解。

3. 教学策略

教学策略，即以一定的教学目标为导向，在某个教学情境中对教学活动进行调节和控制的一系列措施和行为执行过程。在网络教学中，教学策略、学习策略是学习者在知识、能力建构过程中内在化的进程与方式，涉及学习者如何与学习资源交互，构建自己的知识体系，从而实现认知结构改变的问题。它影响着学习者学习活动的决策，引导其进行自主、协作学习，促进学习者主动完成意义的建构。目前，在基于网络的教学环境中主要的教学策略有三大类：主动性策略、社会性策略和情境性策略。多种行之有效的教学策略、学习策略保证了不同学习者针对特定的学习内容选择适合于自己的有效的学习策略学习，有利于每一位学习者都能顺利达到既定的学习目标。

在研究基于多媒体网络的教学系统中，静态和动态要素都要涉及，不能只顾其一。一般来说，在硬件、软件设施都不完备或网络传输出现技术故障的时候，动态要素对网络教学活动的影响占据主要地位。当物质环境比较完善的时候，那更值得注意的便是动态要素对教学的影响。静态要素和动态要素是一个问题的两个的方面,它们是既相互联系,又有区别的事物的整体,正因为二者的相互联系,才构成了网络学习环境的多样化、复杂化和无限生机。

三、多媒体网络教学系统的主要功能

1. 多媒体网络教学系统在技术层面上的功能

主要包括:(1)多媒体集成:录音机、录像机、投影仪 VCD 播放机等多种教学媒体可以方便地与教师用机挂接,也可以方便地播放多种媒体集成的教学软件。(2)"H 远程"监控:监控系统能够实现教师对学生机的全功能的远程操作。(3)多向交流:系统结构可实现多路视频和语音信号的实时传送,使教师和学生之间、学生和学生之间任意交换信息,构成多种信息通道并存的多媒体网络系统。(4)同步和异步通信:系统兼具同步通信和异步通信的可能性。学生一方面可以同步与教师交流,另一方面也可以按个人需要选择不同时间进行交流。(5)资源支持和信息获取:系统通过服务器与国际互联网相连。具有使用权限的使用者只要掌握各个信息资源部门的网址,便可轻松点击,上网浏览。加上检索技术提供的支持,更可迅速查到有关信息。(6)安全使用:基本系统实现零内存占用,在整个教学过程中,毫不影响本机系统的正常运行。教师或多媒体网络教学系统管理人员可以通过远程命令一次实现对多台机器的统一设置、文件传输、远程运行、远程关机等操作,减轻了因学生误操作、软件复制、系统升级等带来的维护工作的负担。技术层面的功能将通过精心设计的教学活动得以体现,并进一步实现多媒体网络教学系统在教学层面上的功能。

2. 多媒体网络教学系统在教学层面上的功能

主要包括:(1)方便实现多媒体教学,使教学内容更加丰富。(2)教师灵活监控,高效地完成教学任务,提高教学质量。(3)易于现代教学理论的具体实现,使得教学设计更加丰富,利于学生素质的培养"。(4)灵活的交互,便于学生进行个别化学习。(5)方便地实现网络练习和测试,及时了解学生的学习情况。(6)便于教师进行电子备课。

第三节 多媒体网络教学平台在高校体育教学中的应用

在高校教育体系中,体育教学具有十分重要的地位,开展体育教学有助于学生的身心健康发展,但是由于传统的教学理念的影响,导致高校学生对体育课程的重视限度不高,兴趣度较低。兴趣是影响学生学习积极性的重要因素,学生的学习积极性往往以他们的学习兴趣为转移,当学生对某个学科

的知识产生兴趣的时候,家就会积极主动,带着愉悦的情绪去学习,反之,学生对带着负面情绪去学习,学习水平较低。影响学生对体育课程的兴趣爱好的因素有很多,比如教学方法比较陈旧,教师的综合水平较低等,这些都会导致学生在学习的时候渐渐失去兴趣。多媒体网络教学是现代化教学模式的重要体现,在教学过程中应该要积极加强对多媒体教学平台的应用,借助多媒体平台和互联网资源,开展有针对性的教育,培养学生的体育精神。

一、高校体育教学存在的问题

(一)学生对体育课程缺乏兴趣

学生对体育课程的认知以及兴趣度会直接影响体育课程教学水平,从现有的高校体育教学活动来看,体育教学过程中一般采用户外教学模型,形式比较单一,体育活动的项目也存在单一、重复等问题,因此导致很多学生对体育课程失去了兴趣,缺乏新鲜感。另外,有的学生本身的基础能力较差,在课堂上对于某些体育动作的时候无法很好地完成,害怕遭受其他同学的嘲笑,渐渐对体育课程失去兴趣。

(二)教学方法比较陈旧

一直以来体育教学的方法主要都是理论讲解+动作示范,通过教师的动作示范,让学生学习、练习,这种方法虽然可以达到一定的效果,让学生学习到一些理论知识,但是新时期背景下,这种教学方法已经比较陈旧,缺乏实践性。另外,教师的能力水平不高,缺乏对体育教学管理的深度探索和监督,加上配套的体育设备不足,影响了高校院校的体育课程创新发展。

二、多媒体网络教学的重要性

体育锻炼可以有效地提高学生的身体素质,而且能够对学生的心理进行塑造,对于学生来讲十分重要,尤其是对于一些心理和精神压力较大的学生,通过体育训练可以发泄情绪,宣泄压力,让负面情绪消失。体育教学在高校教育体系中具有更加重要的意义,因此开展体育教学创新也势在必行。多媒体网络教学平台是开展网络教学的重要渠道,开展网线教学也是未来高校教育创新的一个具体方向。多媒体网络教学在体育教学中应用的重要性体现在以下几个方面:

1. 突破传统教学的限制,提高教学灵活性

计算机网络的快速发展,在教育过程中出现了新的教学模式,即多媒体

网络教学平台的应用，彻底改变了传统的教学模式，以计算机网络为基础，以互联网的巨大功能为教学辅助，学生的学习过程中不受时间和空间的限制，提高了教学的灵活性，能够有效提高教育教学质量。多媒体网络教学在高校体育教学中的应用，真正打破了传统的单一的教学模式，为学生提供了开放性的学习环境和更加丰富的资源，无形之中增强了学生独立思考问题和探索问题的能力。

2. 促进高校发展

多媒体网络教学平台的应用对于高校教学发展以及教学质量的提升有异常重要的作用，因为体育是以锻炼身体为主的学科，其教学目标是为了增强学生的身心健康。在体育课上，最关键的就是要不断运动，开展实践练习，如果没有体育运动，就失去了体育课程的本质与精髓，当然，传统的体育课堂教学模式还是有一定优点，网络教学不可能发展成为一种独立的教学方式，而是对传统教学的一种补充和辅助，多媒体网络教学是现代教学体系中不可或缺的内容，通过多媒体网络教学和传统教学的有机融合，可以给学生更好地体验，让学生在课堂上学习到更多有用的知识，这也为高校现代化教学发展奠定了基础。

3. 拓展学习资源

多媒体网络教学平台最大的特点就是学习资源十分丰富，学生可以从中获得大量学习信息和虚席资源，使学生的视野变得越来越开阔。网络教学还有效地解决了学生学习过程中的时效性问题，当学生掌握了信息之后就在无形之中增加了学生自主学习的能力，提高了自己的知识水平。另外，网络教学平台上的资源共享，也为高校体育教学开辟了新的道路，给学生提供了汇集信息的资料库，而且资料的种类很多，包含了各种各样的体育新闻信息、体育产品、体育课件等，而且学生还可以在网络上选择其他的学习内容，这也是传统的教学模式不能达到的。

三、多媒体网络教学在高校体育教学中应用的问题

在高校体育教学中应用多媒体网络教学时，虽然说会因为应用的学校环境不同、条件不同、面对的学生的实际情况不同而遇到各种各样的问题，但是概况而言，以下几种问题较为普遍：

1. 网络教学资源的数量有限，质量不高

在将多媒体网络教学应用于高校体育教学时，网络教学平台中教学数量有限，而且质量不高的问题十分普遍。目前涉及了多媒体网络教学的高校，网络教学的内容多数都是以体育基础理论为主，关于体育技战术教学的内容

非常少，而且并没有很好利用多媒体技术和网络技术来突出多媒体网络教学的特点，从而限制了教学资源质量的提升，影响了学生利用网络教学平台进行学习的积极性。

2. 任课教师的网络教学技术水平有待提升

多媒体网络教学作为一种全新的教学方式，在进入高校体育教学时，部分体育任课教师常常会因为自身网络教学技术水平的有限，而影响多媒体网络教学作用的充分、有效发挥，无法满足开展多媒体网络教学的需求。

3. 多媒体网络教学的基础建设工作有待完善

多媒体网络教学的基础建设工作涉及硬件和软件两个方面。部分高校的网络教学设备，如：投影仪、计算机、摄录设备以及音响设备等均安置在固定的教学地点，使用时还必须要走烦琐的申请流程，部分学校甚至这些设备都不完善，以至于影响了多媒体网络教学在高校体育教学中的应用。而在软件的方面，很多学校都忽视了对相应的软件的开发与应用工作，影响了多媒体网络教学在高校体育教学中的有效应用。

四、多媒体网络教学平台在高校体育教学过程中的应用

（一）建立体育教育专业网站

传统的体育课程教学虽然有明显的优势，但是在新时期，单纯地应用传统的方法进行教学并不能达到良好的效果，开展网络教学并不是对传统教育教学的否定，而是在积极探索新的教学模式。多媒体教学平台将会满足现代教学的需求，在高校体育教学过程中可以运用一系列的知识理论为基础，在学校内部建立体育多媒体网络教学平台，让学生可以从网络上收集到更多有用的学习信息，通过多媒体网络教学平台，使学生教育进入新的阶段。同时，学校应该要注重教育信息的完善，对各种相关的体育教学软件进行应用，建立全国性体育网站，并且在网站之间实现互联，形成全国性的教育网络，真正改变学生的学习习惯。另外，从学校的角度来讲，学校应该要就建立自己专门的体育交往，建立自己的体育教育主页，在网站内容方面，应该要提倡所有的体育教师都积极参与进来，让网站的内容更加丰富，涉及更加广阔的范围。为了激发学生的学习积极性，还可以定期组织体育成绩比较不错的学生发表更多与体育相关的文章，通过老师筛选，选出一些比较优秀的文章放在网站上，供更多学生学习、参考。

（二）创新教学方式

高校体育教学过程中教师应该要根据学生的个体实际情况开展教学，让

学生明白体育课程的独特性、趣味性，从而不断提高学生在体育课程学习过程中的热情和积极性。在多媒体时代，体育教学模式也可以不断创新，利用多媒体网站开展创新教育，教学平台中的核心模块主要是为了辅助高校教学过程，在本模块中应该要包含对于本课程的介绍、课程安排、教案设计、课件下载、教学视频直播等子模块，每一个子模块都具有不同的作用，教师可以根据教学进度、教学需求选择教学平台中的不同的子模块开展教学，比如对于教学过程中的一些难度比较高的战术动作，可以采用视频方式进行展示，让学生能够更加直观地看到这些动作的细节，学生可以更好地掌握各种动作要领。再比如在教学过程中可以开展微课教学，教师将教学过程中的一些重点和难点内容制作成为微课视频，让学生对体育课程的重点和难点内容有所了解，并且能够在课后对这些难点与重点内容进行学习，真正提高学习水平。

（三）提高体育教师的网络信息化能力

互联网是一种新颖的高科技产品，在教育教学过程中，教师对互联网技术、计算机技术的掌握能力将会直接影响教学质量，有的教师对计算机和网络知识比较熟悉，也能够更加熟练地进行各种网上操作，利用电脑实现人机、人与人之间的有效沟通，但是有的教师的信息技术水平较低，对这些新技术的掌握不到位、不熟练。因此必须要加强对教师的培训教育，不断提高教师的网络信息化能力，运用网络技术，在网络教学中突出学生的主体作用，让学生能够更加主动地学习。同时，网上的体育教学信息可能会发生无序化情况，这也需要教师要具备较高的信息化能力，对网络中的信息进行整合、分类，让学生能够一目了然地了解这些网络信息，给学生提供正确的学习方法、学习资源，提高学生的自学能力。

（四）改善传统的评价模式

在高校体育课堂教学改革过程中，要形成配套的考核与评估体系，对传统的考核评价模式进行改进。游戏教学法的应用，使得体育教学模式发生改变，课堂氛围发生改变，因此也必须要转变传统的评价模式，开展综合评价，对学生的综合能力进行考评，尤其是在互联网教学背景下，学生的学习环境发生了改变，在对学生进行考核的时候，也不能完全按照传统的方法进行考核，必须要契合新时期的教学特点，比如多考核学生在日常实践练习过程中的表现，对学生的组织能力、团队协作能力等进行考核，不能只是看期末的考试成绩，实现对学生的全面考核与评价。

(五)加强交互

在多媒体网络教学平台应用过程中,多媒体平台为学生的学习奠定了坚实基础,也给学生提供了交流与沟通的渠道。学生与学生之间、学生与教师之间可以通过互联网平台、社交软件等进行实时交互,教师可以对学生进行答疑,学生之间相互交流也能拓展学生的思维和眼界,从而有效提高学生学习水平。

综上所述,学习兴趣是学习的基础,高校体育教学对学生的发展至关重要,传统的体育教学理念陈旧,方法单一,对学生的学习积极性有很大限制。在体育教学过程中,应该要不断培养学生的学习兴趣,从改变教学模式、设计课堂情景、改变教学评价模式等方面着手,加强对多媒体教学平台的应用,真正改变学生的学习模式,让学生能够从网络中获得更多的学习资源,有效提高体育学习水平。

第四节 现代教育技术在高校体育教学中的应用

随着知识经济时代的到来和信息社会的飞速发展,计算机和网络通信已涉及和深入到现代社会每一个领域,同时由于社会对高等教育需求的增加和计算机的普及,现代教育系统面临严峻的挑战和机遇。基于计算机网络教学具有强大的信息资源共享性能,可为学校体育教学提供丰富的教学资源和无比灵活的教学形式,提高学生学习的主动性和灵活性,能够满足个性化和个别化教学的需求。网络教学、远程教育及现代教育技术的运用已成为学校体育教育改革的趋势和方向。因此探讨和研究现代教育技术在体育教学中的应用具有重要的现实意义。

一、现代教育技术的概念

所谓的现代教育技术,就是运用现代教育理论和现代信息技术,通过对教与学过程和教学资源的设计、开发、利用、评价和管理,以实现教学优化的理论和实践。包括以下几个方面:1.教育教学中运用现代技术手段,即现代教育媒体;2.运用现代教育媒体进行教育、教学活动的方法,即媒体教学法;3.优化教育、教学过程的系统方法,即教学设计。因此现代教育技术是以计算机为中心的通信网络、多媒体技术等各种高新技术与现代教育心理学、哲学和经济学等学科的有机结合。利用现代教育技术能够使得教学过程具有媒体的多样性、媒体的集成性、操作的交互性、信息组织的非线性、内容的动态性、时空的开放性等特点，它已成为一个新的学科领域和一种新兴产业。国际上的许多著名跨国公司都在建设和研究基于互联网络的"全球校园"。在信息科技突飞猛进的今天，传统的"教室""、图书馆"等教学时空的概念，已经悄然发生了令人惊叹的变化。现代教育技术是"应"知识经济时代之"运"而生，成为适应知识经济人才培养和教育模式的重要特征之一。

二、现代教育技术在高校体育教学中的应用现状

现代教育技术就是运用现代教育理论和现代信息技术，通过对教学过程和教学资源的设计、开发、利用、评价和管理，以便实现教学优化的理论和实践。就目前而言，主要是体育教学中存在教育观念相对滞后，现代教育技术氛围不浓；体育教师的现代教育技术水平落后，计算机硬件落后，教学软件的开发及产品落后，换言之就是现代教育技术环境较差；现代教育技术在体育教学中的应用限度也不太高。

三、体育教学中应用现代教育技术存在的问题

（一）教育观念相对落后

教育观念是指人们对教育的认识及办教育的指导思想，主要包括教育观、人才观和教育质量观等方面。教育观念决定教育意识和行动，决定我们每一个体育教育工作者的工作思路和工作方法。在教育现代化的今天，我们还有不少的体育教育工作者的思想固执僵化，习惯于用传统的教学模式、教学方法和手段来衡量体育教学，这种教育观念心理定势严重地影响现代教育技术在体育教学中的运用。

（二）体育教师的现代教育技术水平落后

由于我国高考对体育考生的特需规定，体育考生的文化成绩录取分数线低于普通考生的分数线，特别是外语、数学、物理等与计算机相关的课程基础较差，因此大学毕业时，体育专业毕业生的计算机水平整体上相对落后。近年来许多高校和教育行政部门多次组织教师的计算机水平培训，将计算机水平测试与教师晋升职称挂钩，想方设法提高教师的计算机水平，体育教师计算机水平也有所提高，但比起其他专业来，体育教师的计算机水平还相当落后，亟待提高。

（三）计算机硬件落后

硬件设备的配置落后严重地阻碍了现代教育技术在体育教学中的应用。

这主要是指体育院校或普通高校体育系（部）计算机的配置较低，许多是其他专业用剩或淘汰的机型。这样的计算机处理速度低、存储能力差，又怎样能满足现代教育技术教学要求的需要呢？即使有些学校给体育专业教学配置了较好的计算机，也只是凤毛麟角，不能代表整体水平。

（四）教学软件的开发及产品落后

教学软件的开发及产品落后影响了现代教育技术在体育教学中应用。网络凭借其信息共享、双向交互、时空不限等特性为现代教育技术开辟了新的领域。超媒体是多媒体技术和超文本链接技术的结合。它能够采用非线性的网状结构来有效地组织块状的声音、图像、文本等形式的信息。现已开发的体育教学软件及产品许多不能支持网络环境和不具备超媒体功能，大部分软件不具有智能化功能，这样的产品既浪费时间和金钱，不具有实效性和前瞻性。今后要开发的产品必须要支持网络环境，必须具备超媒体和智能化功能。具有智能化的教学软件才能够真正实现教学过程的控制和交互，实现因材施教，实现知识的不断积累。在知识爆炸的今天，智能化的软件为教学过程中的软件维护和完善提供了必要保证。

四、现代教育技术在高校体育教学中的应用对策

（一）创造良好的现代教育技术氛围

1. 体育教师教学的转变

一是要求教师加强现代教育技术理论知识的学习。在现实的高校体育教学中，教育技术理论往往不被予以重视，仅仅是片面地和低层次地加以现代教育技术应用，至于如何展现体育运动变化过程来激发学生对体育运动的兴趣，进而提高学生学习体育运动的效率却持有消极态度，导致这一现象出现的根本原因是高校体育教师缺乏体育技术理论的指导，甚至对待体育技术理论漠不关心，这样必然导致学生仅凭自我兴趣来领悟体育运动的内在原理。因此就有必要要求高校体育教师在应用现代教育技术教学时加强理论知识的学习。

二是要求高校体育教师利用现代教育技术进行灵活组织教学。在以往的传统体育教学中，体育教师只能依赖体育设备和黑板粉笔进行讲解，而在现代教育技术介入体育教学过程中，体育教师就可以借助多媒体教学平台突破传统教学手段的限制，创造出动静结合和图文并茂的教学效果，从而借助多媒体的视频、图像、动画和声音等媒介进行教学来激发学生学习体育运动的

兴趣，这样就大大突破了体育教学空间和教学时间的限制，为体育灵活组织教学提供了多种选择。

三是要求高校体育教师积极树立现代体育教学观念。俗语说的好，思想决定行动，有什么样的思想观念就有什么样的行为活动。对于体育教学而言，什么样的体育教学观念就会有什么样的体育教学活动。因此，高校体育教师对现代体育技术的关注和观念的树立对于提高高校体育教学活动质量与教学效果有着不可忽视的意义，因此体育教师要树立正确的现代教育技术观念。

2. 高校学生学习的转变

一是要求高校学生加强现代教育技术知识的学习。由于我国高校学生的生源有的来自城市，也有的来自农村，而城市孩子相比农村孩子接触现代教育技术的机会就相对较多，自然反映到高校学生学习中利用现代教育技术的能力就存在很大差异，而如果学校没有设置现代教育技术公选课，就会使得高校学生在应用现代教育技术上存在很大差距，不利于来自农村的高校生对于现代教育技术的学习。因此，在有条件的学校要开设现代教育技术公选课，以便加强高校生对于现代教育技术知识的学习，从而提供良好的学习氛围和提高体育教学水平。二是要求高校学生转变学习观念。在现代的教学模式中，排斥填鸭式的教学而提倡学生主动式的学习，即采取授之以渔的方式来培养学生独立自主地探求知识，使得学生成为体育教学的主体。而现代教育技术恰好提供了这样一个自我学习的平台，不受时间和地点的制约从而激发学生兴趣的培养。

（二）建立和完善现代教育技术环境

1. 加大硬件设施的投入

一是加大校园网的建设。校园网并不仅仅是满足学校宣传和行政管理事项，也要注重校园网的教学服务功能和学习功能，创建相关的体育教学网页鼓励教师学生参与网络教学，这样才能充分发挥现代教育技术的强大效能。但是这一目标的实现就需要加大硬件设施的投入，以改变目前现代教育设备不足应知的问题。

二是建立体育信息交流平台。体育信息交流平台可以提供为学生与老师进行沟通与教学反馈，也可以为老师与相关学者进行学术交流，更可以通过这一信息网络交流平台提供高校之间的合作并进行互通有无和共享资源。

三是增加多媒体教室数量。多媒体教室是进行多媒体教学的基础设施，而多媒体教室则是由诸多液晶投影机、中央控制系统、计算机、数字视频展示台、音响设备和投影屏幕等现代教学设备组成的。而限于高校资金投入不足，往往使得多媒体教室数量有限，因此需要加大多媒体教室建设的力度。

四是增加体育场馆及与场馆配套的现代教育技术设备。良好的体育场馆是充分保证体育教学质量提升的一个有效途径，而在现实的现代教育技术设备中，场馆建设和与之配套的系列设备建设存在供给不足的状况，这就需要高校根据自身条件，有计划地加强体育场馆等设施的建设。

2. 提高现代教育技术软件环境

一是丰富多媒体教学资源库。多媒体教学资源库主要包括相关课件、比赛数据资料、各种竞技视频、体育相关图片、电子教材等。而多媒体资源库的建立需要通过多种渠道进行，最主要的是学校老师和学生积极主动地对有关体育资源进行搜集整理，并建立专人管理机制进行资源库的管理。另外，也要加强本校与国内外先进教学资源库的合作关系，以便更好地实现资源共享。

二是加强教师多媒体课件的制作能力。高校要有计划地加强本校多媒体课件库的建设，将课件库进行整合分类。但是目前而言，许多高校最为缺乏的是体育多媒体开发的力度不足，特别是由于体育老师自身进行多媒体课件制作能力不足，并且缺乏与信息技术专业人员的有效沟通手段，进而导致各高校体育老师对于多媒体课件的制作能力。这就需要各高校配备一定数量的专业课件制作人员，同时体育教师掌握几种课件制作软件，以便能够独立制作简单教学课件。

三是加强开发网络体育课程。网络体育课程具有共享性和交互性的特点，能够突破传统体育教学的时空限制，有助于学生自学和创新能力的培养。当然，这一前提是网络体育课程的开发能够满足高校需求。但是现实情况却不容乐观，往往由于资源瓶颈而限制了网络体育课程的开发力度。因此，需要高校加以重视网络体育课程开发，设立固定资金来建立固定的网络课程开发队伍，从而使得网络体育课程开发能够满足学校需求。

（三）加强现代教育技术在体育教学中的应用

一是有效促进体育教育内容的转变。以身体练习、体育表演和运动竞赛为形式的体育教育内容需要应用现代教育技术加以充实和更新，并渗透其他教学方面的知识，以便满足不同学习需求。同时，丰富体育教学内容的储存方式和教学表现形式，如电子教科书和武学教学课件等，使得学生在近似的模拟环境中，有效拓展学生的观察经验，从而提高学生的自主性。

二是积极探索建构主义学习理论指导下的教学模式。在建构主义模式下，主张建立"教师为主导、学生为主体"的教学模式，而传统教育模式却突出老师为中心，学生被动吸收知识，显而易见，这两种教学模式的教学效果会截然不同，建构主义相比传统教学模式的教学效果会得以有效提升，学生可以利用现代教育技术在老师的指导下主动学习，从而提高教学质量。

现代教育技术的应用重在教育思想、教育模式和教学手段等的变革，而其应用也是体育教学改革的催化剂。因此需要加强现代教育技术在体育教学中的应用限度，以便推动体育教学的改革和发展，满足现代体育教学信息化、网络化、智能化的需要。

第六章 分层教学模式在高校体育教学中的应用

第一节 分层教学的内涵及理论依据

一、"分层教学"概述

（一）分层教学的含义

分层教学是指教师在尊重学生学习主体性及认知规律的基础上，结合学生实际知识水平（知识水平、学习态度等）、具体的学习目标以及学习的可能性，根据学生在学习中存在的差异性，而把一个班级或几个班级中的学生按其原有的知识水平和学习能力，分成若干层次，提出相应的教学要求，设计不同的教学内容和方法，并采取相应的激励机制，促进不同层次的学生都能得到最优的发展，感受到成功的愉悦，实现"利用个体差异，促进全体发展"的目的。

（二）分层教学的指导思想

教师的教要适应学生的学。学生是有差异的，教也要有差异；教育要促进全体学生的发展。教育要以人为本，包括学习困难学生在内的每一个学生都是有充分的发展潜能的，在教育中特别是在课堂教学中要促使全体学生在原有的基础上有所收获，有所提高。不能以牺牲一部分人的发展为代价而求得另一部分人的发展；学生之间的差异是一种可供开发、利用的教育资源，为了开发利用这种差异资源，要在课堂上努力创设一种合作学习的氛围。在这一思想指导下分层教学应做到以下几个方面：一是符合学生的学习心理。分层教学的立足点是面向全体学生，因而必须使教学要求适合每一个层次学生学习的"最近发展区"，使学生在学习中获得成功与自信。二是符合学生在发展中客观存在的需要。每个人都受到不同的遗传因素、家庭因素及社会环境等方面的影响，这必然使学生的发展存在着客观差异，分层教学必须针对学生的"个体差异"，做到有的放矢，区别对待。三是符合课堂的教学原则。在教学过程中，针对不同层次的学生，教学目标分层、教学环节分层等应符合"因材施教"原则。四是符合有利于发挥教师主导作用的要求。因为检验教师发挥主导作用如何的重要标准就是能否使学生积极主动地参与教学。所以分层教学必须使教师的"教"适应各个层次学生的"学"，学生才能真正地发挥主体作用，促使"教"与"学"互应。

二、"分层教学"的理论依据

（一）孔子的因材施教理论

在国内，分层教学是一个古老而又崭新的话题。其思想渊源最早可追溯到春秋时期的孔子关于"因材施教"的思想。孔子是我国古代伟大的教育家，他之所以有三千弟子、七十二贤才这样令人称羡的业绩，除了他本人具备良好的素质外，主要得益于他因材施教的教学思想。关注兴趣，分层优化，孔子对这一问题的认识是相当高明的，他明确提出自己的主张："中人以上，可以语上也。中人以下，不可以语上也。"在学习上，何者为"中人以上"，何者为"中人以下"，孔子认为：'知之者不如好之者，好之者不如乐之者。'看来，应以兴趣为区别其层次之第一要素，而知识结构、认识水平等为次。通过这样的区分，学生的兴趣、爱好、才情等的不同就相对符合他应受教育的实际情况，更便于从不同层次、不同角度对他进行教育，更易于最经济地发挥教育之优势，收到更好地教育效果。因材施教的核心是在发现其兴趣、优势后正确引导，扬长避短。俗话说，各有所长，各有所短。顺着这个"长"发展下去，其能力就会得到很好的展示。但可以肯定的一点是，让他在自己所"短"的方向上做出成绩，是绝对不可能的。由于每个人的"长""短"不一，因此，他们绝对不可能成为同一类型的人才。分层优化这种做法，远比一刀切的大锅饭的教育更适于学生的发展和提高。对不同的受教育者施以不同的教育，这是孔子因材施教思想的精髓，也是这一思想得以实施的保障。它既应成为我们实施教育的指导思想，也应是学生才能有效培养的捷径。

（二）步鲁纳的"学科基本结构理论"

"布鲁纳运用结构主义的方法原理，借鉴其认知心理学的研究成果，提出学科基本结构理论，围绕'教什么，什么时候教，如何教'阐述了其基本观点。"布鲁纳认为，教学活动的程序会影响学生获得知识和发展能力。因此，教师在教学过程中应该注意设计和选择最佳教学程序，这种程序要考虑学生认识的发展，学生个别差异等。他强调，教学既要探求向优秀学生挑战的计划，同时也不要"破坏那些不很幸运的学生的信心和学习意志"。他还指出："任何学习的首要目的，应该超过和不限于它可能带来的兴趣，而在于它将来为我们服务"。在教学方法上布鲁纳主张"发现学习"。分层次教学"分层施教、整体提高"的思想也符合布鲁纳关于优生差生都要重视其教学的观点。

（三）巴班斯基教学过程的最优化理论

教学过程最优化是巴班斯基教育思想的核心。他指出："教学过程最优化是在全面考虑教学规律、原则、现代教学的形式和方法、该教学系统的特征以及内外部条件的基础上，为了使过程从既定标准看来发挥最有效的（即最优的）作用而组织的控制。"分层教学要体现素质教育的精神，使全体学生既要学得好，又不感到负担过重，就要探索教学过程最优化的方法，以使学生在有限的教学时间里获得最大的发展。

1. 评价最优化的基本标准

可以把教学过程最优化的评价标准规定为：（1）在形成知识、技能和技巧的过程中，在形成某种个性特征、提高每个学生的教育和发展水平方面可能取得的最大成果；（2）师生用最少的必要时间取得一定的成果；（3）师生在一定的时间内花费最少的精力取得一定的成果；（4）为在一定时间内取得一定的成绩而消耗最少的物资和经费。

2. 教学过程最优化的方法体系

教学过程最优化的方法体系是指相互联系的、导致教学最优化的方法的总和。这一方法体系强调教学双方最优化方法的有机统一，它既包括教学过程的五个基本成分（教学任务、教学内容、教学方法、教学形式、教学效果），又包括教学过程的三个阶段（准备、进行、分析结果）；既包括教师活动，又包括学生活动，强调师生力量的协调一致，从而找到在不加重师生负担的前提下提高教学质量的捷径。

巴班斯基提出要研究学生实际的学习可能性。包括个人接受教学的能力、思维、记忆等基本过程和属性的发展限度；学科的知识、技能和技巧；个人的学习态度等内部条件；包括家庭、教师、学生集体等影响的外部条件。根据具体情况选择最合理的教学方法。巴班斯基认为，每种教学形式和方法都有自己的优点和不足，有自己的适用范围，实施教学过程最优化必须根据具体情况选择合理方法。而且教学方法具有辩证统一性，各种方法互相渗透，师生从各方面相互作用，因此教师应该根据相应教学阶段的任务、教材内容的特点、学生的可能性以及教师运用各种方法的可能性来选择教学方法，并对教学方法进行最优组合，配合运用。采取合理形式，实行区别教学，对学生进行区别教学是教学过程最优化的一个重要办法，为此，必须把全班的、小组的和个别的教学形式最优地结合起来。区别教学绝不是简化教学内容，而是对学生进行有区别的帮助。

巴班斯基的教学过程最优化理论，具有兼收并蓄的特点。巴班斯基从辩证的系统结构论出发，使发展性教学的所有研究成果都在教学过程最优化理论体系中占据恰当的位置，通过教学过程最优化体现出发展性教学的最优效果。

3. 教学过程的最优化理论与分层教学

教学过程的最优化理论，从教学目标上提出使全体学生得到最大可能的全面发展，这对全面实施素质教育有极大的启示作用，巴班斯基提出的两条最优教学标准，有利于减轻师生的教学负担，有利于优质完成教学任务和提高教学质量，最大限度地促进学生的身心发展。分层教学正是按照教学过程最优化的理论对教学的各个环节、要素进行优化，本着"照顾差异，分层提高"的原则，使得目标确定、内容安排、教法选定，反馈评价等都有所区别，使之适合不同层次学生的"实际学习可能性"，根据教学过程最优化理论的方法体系，优化最基本的教育活动，并把全班的、小组的和个别的教学组织形式最优地结合起来，推动教学过程的整体优化，谋求全体学生的最优发展。

第二节 实行分层教学的必要性及实施策略

一、高校体育课实行分层教学的优越性和必要性分析

（一）分层教学进入普通高校体育课堂的优越性

现代体育理论究表明：下个世纪学校体育的目标应该更加注重开发学生智力，完善学生的人格。"分层教学"的体育教学模式在实施过程中依据以下目标进行。即：促进学生的生长发育，增强学生体质；传授知识，掌握一些基本的运动技能；培养运动兴趣和爱好，发展学生的基本身体活动能力；体育教学中渗透思想品德教育，培养良好心理品质；养成良好的体育锻炼习惯，形成健康的生活方式。"分层教学"的体育教学模式是基于"快乐教育""终身教育""成功教育"这三大理论产生的。它在教学上重视学生的个性发展，可以打破过去的"一刀切、一锅煮"的格局，一切从实际出发，满足不同层次的需要，体现区别对待的原则，让学生在自己的学习领域里，享受成功的喜悦，充分发挥长效性。

（二）科学的体育课程体系的要求

《面向 21 世纪教育振兴行动计划》明确提出，要全面推进素质教育体育是实施素质教育的重要组成部分。在实施面向 21 世纪教育振兴行动划的进程中，努力构建适应素质教育需要的大中小学相衔接的、较为科学的体育课程体系，据调查，目前我国新入学的大学生，受应试教育的影响，其体育素质很不理想，他们在进人大学以前。已经接受了十二年的体育学习，但已经掌握了一项运动项目的基本技术的人却占不到总人数 10%。甚至有一少部分学生很少上过正规的体育课，大部分时间都是放羊式的自由活动。传统的教学方式很难完成这些参差不齐的中小学体育教育与大学教育的接轨。

（三）分层体育教学有利于面向全体学生

素质教育的一个重要特点是面向全体学生，赞科夫提出了"发展性教学理论"。有要使全体学生（包括差生）都得到发展的原则。分层教学较好地解决了统一施教与学生限度参差不齐的矛盾，有针对性地使优秀生"吃饱"、落后生"消化"、中等生"解渴"。由于在教学中实施了"低起点、多层次"教学，每一位学生都自信地参与教学活动，感受教学带来的快乐，因而中向优靠拢、落向中迈进则十分自然。随着教学活动层次化由低到高的发展，学生学习和探究能力也得到了相应的提高，使各层次的学生都在自己的邻近发展区"跳一跳，摘果子"。分层教学适应学生多极化的差异，并使处于不同水平或者类别的学生能得到充分的发展。

（四）分层体育教学有利于发挥学生课堂教学中的主体作用

教学活动是师生的双边的活动，学生是教学活动的主体，因此考虑教学过程一定要符合学生认识事物的规律，分层教学的特点之一是尊重学生的需求和重视学生的情感体验。注意教师在教学活动种的主导作用的同时强调体现学生的主体地位，以充分发挥学生的学习潜能，提高学生的体育能力。分层教学改革了传统的教学手段和授课形式，促进教学过程的"个别化"，"个性化"，以学生独立的、自主的活动来代替班级呆板、统一的活动，给学生更多的适应个性的机会。尊重学生在知识、技能、兴趣、个性等方面客观存在的差异，努力实现"个别化"与"集体化"的最优组合以弥补传统教学单一、呆板和僵死的严重的缺陷。这是主体性教育思想对当前体育教育的迫切要求，也是体育课实施分层教学的优势。

（五）分层体育教学有利于提高学生的兴趣树立终身体育的观念

学校体育是终身体育的基础，大学体育是学校体育的最后阶段，大学时期的体育教育对终身体育观念的树立有着重要的意义。在学校实施终身体育关键是要培养学生锻炼身体的兴趣,养成习惯,持之以恒。学生对参加学校体育的兴趣、爱好和习惯的形成,是奠定终生体育基础的重要标志之一。因此,在学校体育教学中应该培养学生对体育的兴趣、爱好,要求和促使学生养成体育锻炼习惯的观念。实施分层教学,就是根据学生原有的知识和技术水平,把学生分成相应的组别为其设定相应的学习目标,这些目标对每个学生来说都不是渴望而不可即的,也不是不努力就可以达到那么简单,而是经过一定的努力过程才会得到的收获。这种方式使学生感受到成功的快乐,从而提高学习兴趣,对能力较高的学生而言,难度可以设置的更大一些让他们享受到挑战的快乐。在每一个学生心中种下自信的种子,促使他们发挥积极性、主动性。

分层教学使每位同学可在教师的引导下,根据自己的水平和能力从低层次目标开始逐步升级,这样每一个学生的水平和能力都得到提高,做到真正意义上的因材施教、循序渐进,由浅入深、有一定的梯度,学生根据自己的限度,通过自己的努力,实现在自己最近发展区的运动能力,从而不断地有所进步和发展。分层教学是以"问题探索——问题解决"为主线,以学生自主探索活动为主体,以教师点拨为主导,以培养学生学习兴趣和能力为中心,以优化课堂教学、培养学生学科素质和大面积提高教学质量为目标的课堂教学模式作为学习的主体,学生虽然处于不同的认知和能力发展阶段,但是他们作为教育对象从本质上来讲没有优劣之分,只有不同层次之分,不同层次的学生所获得的相同甚至不相同限度的进步,对于教师来说本质上是相同的。分层教学注重发展每一个学生的潜能,为不同的学生创造各种尝试、探索、发现和发展的条件和机会。在分层教学过程中,不同层次的学生通过努力,能在各自学习的"最近发展区"获得最佳发展,人格受到尊重,个性得以发展,素质得到提高。分层教学符合教学规律和学生实际,对学生发展有利,符合学生愿望,实施分层教学是必要而又可行的。

二、高校体育课分层教学的实施原则与策略

(一)普通高校体育课分层教学的实施原则

在普通高校体育课分层教学的实施过程中必须遵循六个教学原则,即因材施教可接受原则可接受原则、多元性原则、层次性和整体性原则、递进性原则、隐蔽性原则、反馈性原则。

1. 因材施教可接受原则

全面深入地了解学生，十九世纪的俄国教育思想家乌申斯基曾说过："如果教育学要在一切的关系上培养一个人，它就该首先了解人的一切关系。"可见了解学生之重要，它是"因材施教"的基础。要全面深入地了解学生，就应坚持全面和发展的观点，科学地分析其个别差异与可变因素，引导其向好的方向发展。有针对性地"对症下药"，把"因材施教"真正地落实到每个学生身上。在教学中，既要从绝大多数学生的需要出发，又要考虑到个别需要。无论什么样的学生，肯定有其特殊的一面，要"对症下药"，三、采取有效措施发挥学生的特长，使其得到充分发展。应该认识到每个学生都有自己特有的长处。四、原苏联教育家巴班斯基指出；"可接受原则要求教学的安排要符合学生实际学习的可能性，使他们在智力上、体力上、精神上都不会感到负担过重。"教学要求应该是学生学习可接受的，学生通过努力可以达到的，使每一个学生充分地发展。层次的选择也应该是学生可接受的。

2. 多元性原则

体育课分层教学的层次划分不能简单地通过身体素质水平测试高低、运动技能掌握情况，而应该提倡尊重学生的自我意识、兴趣、爱好、个性、特长等方面的区别等因素。分层体育教学的形式也应该是多元化的，不应该拘泥于班级内分层、年级内分层、运动项目分层等单纯某一个形式。坚持多形式包容贯穿。

3. 层次性和整体性原则

教师要充分考虑各层次学生的实际，包括其基础知识、学习方法、学习能力等多方面的实际情况，分层设计教学目标、教学内容、课外锻炼、测试与评价、矫正－调节－提高几部分形成的完整体系，虽然对学生进行分层教学但学生的发展应该是完整的，让全体学生通过自己的努力都能得到最佳发展才是是整体的目标。

4. 递进性原则

层次的划分要公正、客观，充分考虑学生的实际情况，同时要用发展的观点看待问题。经过学习，学生的学习情况是不断变化的，所以层次和目标也应是动态的。教师通过各种渠道，及时，调整层次及教学计划，加强个别指导，使低层学生能大步跟上，少数优生能脱颖而出。对学生的分层划块是非固定的。教师要根据学生的学习和发展情况进行阶段性调节。做到"有进有出"，"有上有下"。其目的是如何始终把学生置于最有利他们发展的环境中。

5. 隐蔽性原则

教学中从各层次学生的实际出发，尊重学生的人格和创新精神，在分层次教学的过程中不断增强他们的内驱力，使有着差异的学生都能自觉地、积极地、主动地参与到整个教学活动之中，参与实现教学目标的全过程，学生分层的具体情况教师应清楚地掌握，做到心中有数。但又不能将某个层次定义为差、中、优、良等内容。不将其作为评价学生的依据。这是因为：分层不是一种针对学生学习成绩的终结性评价。其目的也不是一种对学生能力的测验，而是为了学生的发展。具体操作时应注意保护学生的自尊心。尽量减少由于分层对学生造成的心理负担。

6. 反馈性原则

无论采取何种形式的分层，都要注意保护学生的自尊心。在实施教学策略的过程中，要加强反馈，及时补救。对中下层学生的一点一滴的进步也给予充分的肯定，激励他们努力向上，挑战自我，享受成功的喜悦。分层教学过程中，对教学内容和学生的掌握限度要评估准确，对项内容分层效果评价要细致、科学并设计或调整下一步教学。

（二）普通高校体育课分层教学的实施策略

为了推动普通高校体育课的分层教学，在贯彻好分层教学的实施原则的前提下，我们必须采取若干有效的策略。本研究结合理论研究与以往的实践归结，提出实施分层体育教学的两种主要策略，即在体育教学中始终把握"以人为本"的教育理念；分层教学的方式及系统性。

1. 始终把握"以人为本"的教育理念

人的全面发展是教育追求的最高目标。当代世界教育思想发展的核心是以人为本。分层体育教育应贯彻以人为本的教育观念。在实行体育教学实践中，确立学生的主体地位，增强学生的学习自信，营造良好的教育氛围，发掘学生的发展潜能。人本主义教育认为，教育的核心目标就是挖掘学生的潜能，促进每个人内在潜能的发展；重视培养受教育者的完整人格。人本主义教育主张培养"完整的学生"，追求"人的能力的全域发展"；学生是学习的主体。人本主义教育从"以学生为中心"的教育原则出发，十分重视在教育过程中调动学生的积极性，发挥学生的主体作用；要求尊重学生的个体差异。人本主义教育认为，不论是发展的限度还是发展的方向，每个人的潜能是各具特色的，在教育过程中应承认差异，尊重差异。

2. 关于分层教学的方式及系统性

在分层方式上，有些学校对分层教学盲目分层，或是分层标准单一，简单地按身体素质，或运动技能的掌握限度将学生分成高、中、低班，这种单一地按某一个因素分班的方式，可能给学生带来了沉重的心理负担，失去自信心。同时低层班级的学生通常不能获得足够的教学资源和激发学习兴趣的课程。分层教学的方式可以依据学生的身体素质、运动技能掌握情况、学生的兴趣爱好、学生的自我倾向等关键因素通盘考虑由学生自己选择,在对学生分层的基础上,在教学上要做到有针对性地进行分层备课,分层授课,分层训练,分层辅导、分层评价,使得整个分层系统完善,建立新的考核评价制度,创新评价工具。以做到教学有的放矢,区别对待,最大限度地调动各层次学生的学习积极性,使每个学生在原有基础上得到尊重和发展。教师根据实际情况对学生提出较高要求、一般要求、和最低要求,把原来统一的教学内容变为不同层次的教学内容,让不同层次的学生自主选择适宜自己的目标要求,并在学习中表现为达成目标所做出的积极行为。使得面向全体与注重个别差异既辨证又统一,既突出群体水平的提高,又照顾了个别学生的一些特殊要求。激发了学生积极学习的竞争心理,贯彻激励原则,动态式的层次管理的方式,随时肯定和帮助一些学生。作为教师还应该认真地研究各种不同层次学生的特点、教学内容的安排、教法与学法的选择多方面的问题,更好地完成分层教学的目标。

第三节 高校体育教学中分层教学模式的构建

随着高校体育课程改革的全面推开,重新审视和评价原有的教学模式,是摆在广大体育教师面前的重要课题。传统的教学模式是以教师为中心构架的,教学目标的制定、教学方法的选择都是教师设计,学生始终处于被动的执行状态,每一道教学程序都是学生按照教师的"命令"运作的。分层教学模式强调在教学过程中发挥学生主体作用,注重学生参与教学过程的积极性和能动性,重视对学生能力的培养,以适应未来社会对公民素质的要求。在新的历史时期体育课被赋予了更多的价值和使命,因此,需要对传统体育教学模式进行多方面的改造,改变学生被动学习的方式,在体育教学中融入新方法、新观念、新技术,注重借鉴和创新的有机结合,这是推动体育课程改革向理想方向发展的必然趋势。

一、分层教学模式的概念

教学模式是选择教材、构成课程和指导教学活动的一种计划或范型。分层次教学是基于学生有差异的前提下,教师依据学生的实际情况,以学生为主体,根据教学目标、教学内容采用的分层次方式,并在课堂教学中对不同层次的学生提出不同层次的教学要求,创立评估体系,从而使学生均能得到最充分的发展与提高的教学过程。分层次教学模式是面向全体学生,全面提高整体素质,促使每个学生在最适合自己的环境中求得最佳发展的一种计划或范型。

二、分层教学模式的理论渊源

(一)因材施教思想

分层教学模式的思想渊源最早可追溯到春秋时期的孔子关于"因材施教"的思想。"因材施教"的教育思想的实质就是在共同的培养目标之下,根据教育对象的性格、意志、能力等方面的差异,有针对性地进行教学,使每个学生都能扬长避短,获得最佳发展模式。孔子非常关注学生的兴趣,注重分层优化。他明确提出:"中人以上,可以语上也。中人以下,不可以语上也。"在学习上,何者为"中人以上",何者为"中人以下"。孔子因材施教的基本内容是在发现其兴趣、优势后扬长避短,正确引导。孔子因材施教思想的精髓就是对不同的受教育者施以不同的教育,它既应成为我们实施教育的指导思想,也应是学生才能有效培养的捷径。

(二)教学过程最优化理论

巴班斯基教育思想的核心就是教学过程最优化。他指出:"教学过程最优化是在全面考虑教学规律、原则、现代教学的形式和方法、该教学系统的特征以及内外部条件的基础上,为了使过程从既定标准看来发挥最有效的(即最优的)作用而组织的控制。"他认为教学方法具有辩证统一性,各种方法互相渗透,师生从各方面相互作用,因此教师应该根据相应教学阶段的任务、教材内容的特点、学生的可能性以及教师运用各种方法的可能性来选择教学方法,并对教学方法进行最优组合,配合运用。分层教学要体现素质教育的精神,使全体学生既要学得好,又不感到负担过重,就要找到一种教学过程最优化的方法,使学生最大限度地获得全面发展。

(三)学科基本结构理论

外国教育家布鲁纳认为,教学活动的程序会影响学生获得知识和发展能力。因此,教师在教学过程中应该注意设计和选择最佳教学程序,这种程序要考虑学生认识的发展,学生个别差异等。老师必须充分考虑学生个体的不同技术水平和学习能力,对课堂上出现的具体情况做出有针对性的分析。老师要坚持因材施教,要遵从教学的统一要求,既有利于大多数学生达到培养目标的要求,又有利于造就一批优秀人才,并使学生的个性得到全面而充分的提高。

（四）最近发展区理论

"最近发展区"简称 ZPD，又译为"潜在发展区"，是维果茨基在 20 世纪初创立的一个重要概念。他认为，教学必须符合学生的年龄特征，必须以学生的成熟或准备性为基础，这是"可接受性原则"的基本要求。维果茨基指出必须了解两种发展水平，一种为"现有发展水平"，指已经完成的儿童发展周期的结果和由它而形成的心理机能的发展水平；第二种发展水平为"最近发展区"，意指儿童正在形成、正在成熟和正在发展的过程。这就要求教师要了解教学的最佳期限，了解学生目前对于知识的掌握限度，从而合理安排教学内容，采取灵活多样的教学形式，培养学生创新性学习能力，充分地体现了学生的主体作用和教师的主导作用。

三、分层教学模式在高校体育中运用的必要性

分层教学模式具有不同于传统教学模式的功能和价值。首先，该模式是从承认学生个性差异的角度，在尊重学生个性的基础上，依据学生的不同特点，因材施教地进行各种教学活动，使教学的目标和方法尽可能符合学生实际，从而避免教育的盲目性。分层教学不但体现差异性，尊重学生的个性化特征，也注重全面发展，在教学过程中能够最大限度地消除智力歧视，能够被大部分学生所接受，成为一种较为理想的教学模式。其次，该模式强调的是在教学的过程中，通过促使学生积极主动地参与，顺利完成既定的教学目标和任务。通过教师的正确引导，提高学生的学习积极性，为学生营造一个有利于发挥自己才能的良好环境。再次，该模式更加注重学生创新意识的培养。分层教学实施过程中，对学生的个性差异、知识结构、认知能力、综合素质等进行深入的调查研究，能够比较全面地了解学生的各方面素质，并根据学生的特长和个性特征，做到因材施教。最后，分层教学模式更加重视学生非智力因素的培养。非智力因素包括毅力、习惯、兴趣、态度等，是影响学生学习质量的外在因素。分层教学模式重视培养学生顽强的毅力、良好的学习习惯、正确的学习方法、浓厚的学习兴趣、严谨的学习态度等，能够充分挖掘学生内在的潜能，塑造良好的个性。

在传统的高校体育课教学中，过分强调教师的权威和授业功能，不把学生当成学习和发展的主体，仅看成是被动接受教育的客体。部分老师运用机械灌输与强制训练的方法，把自己的知识和观念强加给学生，按照教师既定的模式去塑造学生，而不是从学生的身心出发，努力促进其能力和人格的发

展,以致严重地遏制了学生的主体能动性。实施分层教学模式,就是要求教师在教学过程中,强调学生"主体参与"的必要性和可能性,承认在整个学习活动中学生是学习和发展的主体,从而树立起"以学生为主体"的观念。另外,由于学生具有能动性、自主性和创造性,因此,在学习活动中学生是学习和发展的主体。但是,学生要真正成为学习的主体,必须具有对学习活动和学习所要达到的目标有强烈的兴趣,从而愿意学习、乐于学习。体育课教学中,要采取有效的措施来提高学生的学习动机和学习兴趣。教师不但要完成教学任务,还要在教学中清醒地认识到自己的"导演者"角色。"分层次"教学法以学习者为中心,根据不同的学习者制定不同的学习目标、教学计划和教学手段,使基础接近的各层次学生有共同的努力目标,克服教学流程中出现的一些负面影响,从而有利于建立一个优化的学习环境。

四、分层教学模式在高校体育课中的构建原则

（一）以人为本的原则

以人为本是现代教育理论的重要方面,它强调以人尤其是个人的兴趣、价值观和尊严作为出发点,主张发展学生的个性和追求自我价值的实现。分层教学贯彻了以人为本的原则,根据不同学生的能力制定不同的教学计划,使能力相近的学生有共同的奋斗目标。学生的学习过程不应是被动灌输的,而是一个主动的过程。以人为本是现代教育理念的重要方面,分层教学正是根据主体的实际情况,以人为本,面向全体学生,调动每一个学生的主动性和积极性,增强学生的自信心和责任感,减轻学生的思想负担和心理负担的一种教学方式。通过在教学实践中以学定教,使每个学生都获得适合自身特点的教育,得到全面和谐健康的发展,让他们逐步从被教育转变到主动获取知识。

（二）区别对待的原则

无论是先天遗传的,还是后天培养的,人的个体差异是客观存在的。学生身心发展,在一定年龄阶段具有一定的稳定性和普遍性。但因每个人的生理素质、环境和教育的影响,以及主观努力诸方面的差异,使处于一定年龄阶段学生的身心发展水平又表现出其特殊性和差异性。在体育教学的实践过程中,教师要充分考虑学生在各方面的差异,因人施教、因材施教。也就是在认真分析学生差异性的基础上,教师选择适合不同发展层次学生的教育方式,使学生在各自隶属的层次上,最大化实现个性的发展。教师在备课时必须精心设计教学方案和程序,按不同层次学生的特点选择合适的教学方法,

有区别地进行教学活动。

(三)隐蔽与递进的原则

高校体育课教学中从各层次学生的实际出发,尊重学生的人格和创新精神,在分层教学过程中不断增强他们的内驱力,使有差异的学生都能自觉地、积极地、主动地参与到整个教学活动之中,参与实现教学目标的全过程。教师应清楚学生分层的具体情况,不能把学生简单分为优、良、中、差等层次,不能把这看成评价学生的依据,尽量不对学生透露分层信息,减少由于分层对学生造成的心理负担。高校体育课实践性较强,学生层次的划分要公正、客观,充分考虑学生的实际情况。同时要用发展的观点看待问题。经过学习,学生的学习情况是不断变化的,所以层次和目标也应是递进的。教师要通过各种渠道,及时调整层次及教学计划,加强个别指导。对学生的分层划块是非固定的,教师要根据学生的学习和发展情况进行阶段性调节。

从 20 世纪 70 年代初期出版了由乔伊斯和韦尔合著的《教学模式》一书之后,一个新的教学研究领域——"教学模式论"开创了,在教育界引起较大反响,也冲击和影响了我国的教育界。分层教学模式的实施从根本上改变了过去单一刻板的教学形式,其教学方法多样,能够保持体育教学的灵活性和发展性。高校体育课实施分层教学模式从根本上强调学习过程以学生为中心,教师处于辅导的地位,依据学生发展的需要和学生技能掌握的不同限度进行分层教学,采用激发学生动机、民主参与的形式,充分发展学生的身心。从这个意义上说,体育教师要学会构建分层教学模式,以适应学校教育改革和学校体育改革的需要。

五、高校体育教学中分层教学模式的构建策略

(一)立足教学实际和学情,对学生进行合理分层

高校体育教学中分层教学模式的构建,需要以教师对学生的充分了解为基础和前提,所以高校体育教师在制订体育教学方案时,一定要先对教育对象进行充分了解,根据大学生的身体素质、运动基础、锻炼习惯、兴趣爱好等对学生进行合理分层,做到对学生学情的准确把握,并且以此作为体育分层教学的重要依据,对学生进行合理分层。在此基础上,体育教师可以对不同水平的学生进行分层教学,但是在对学生进行分层时,必须考虑到大学生的自主意愿,当学生自身的能力与所处层次不太相符时,要允许学生进行调整,这样才能保持学生对体育学习的积极性。

（二）制订富有层次的体育教学目标

高校体育教师在对学生进行合理分层的基础上，体育教师需要针对不同层次学生的特点制订差异化的教学目标。一方面，体育教师要制订长期目标和短期目标，长期目标要面向全体学生，而且要尽量保持一致；短期目标则应当有所差异，对于高层次的学生不仅要有基础性的体育教学目标，还应当有提高性、拓展性的教学目标，低层次学生则应当以基础性的教学目标为主。另一方面，体育教师对教学目标的制订要有针对性，坚持递进性原则，教学目标的制订要具有可操作性和较强的执行力，这样才能确保分层教学目标的顺利实现。

（三）丰富教学方法，提高分层教学效果

由于不同层次学生在身体素质和运动能力等方面的差异，体育教师在选择教学方法时也应当有所区分，这样才能确保各个层次学生的体育学习效果。对于高水平层次的学生，由于学生基本具备了良好的基础素质和能力，所以教师可以多采取集体性的教学方法，如以赛代练的教学方法，可以充分调动学生的参与热情，让学生在实际的竞争与对抗中激发学习潜能，促进学生技战术素质的提升。对于中等层次的学生，教师可以多采取一些启发式的教学方法，让学生对技术动作的连贯性和技战术等进行更加深入的掌握和理解，使学生的体育综合素质能够再上一个台阶。而对于低层次的学生，教师则可以多采取示范讲解法、多媒体教学法、快乐教学法等，以激发学生的体育学习热情，提高学生的知识感知能力和领悟能力。

（四）完善评价机制，实施分层评价

由于不同层次学生之间的素质差异，所以体育教师在制订教学评价机制时，要根据不同层次学生的特征制订差异化的评价策略，高评价标准应该适用于高水平层次的学生，低评价标准应该适用于低水平层次的学生。同时，高校体育教师要坚持过程性评价与终结性评价的有机结合，要考虑到学生的学习态度、体育情感、进步情况等，并对学生实施及时的鼓励和表扬。此外，体育教师要鼓励学生开展自我评价和相互评价，营造出互帮互助、共同进步的良好学习氛围。

总之，高校体育教师需要在"因材施教"理念的指导下，充分了解学生的身体素质和体育学习需求，制订差异化的体育教学目标、教学内容和评价标准，充分调动不同层次学生对体育课程的学习兴趣，让学生真正认识到体育运动的价值和魅力，在课外养成良好的体育健身习惯，促进学生终身体育意识的培养，最终实现学生身心素质的同步改善。

第七章 俱乐部教学模式在高校体育教学中的应用

第一节 高校体育俱乐部教学模式应用的可行性分析

随着我国改革的不断深入发展，在高校教育中寻求改革与发展教学模式也成了当务之急。体育教学仅仅依凭国家的投资来实现其教学的任务与目标不能够实现社会主义市场经济体制下对学生应变能力以及创造能力的培养。这就需要高校体育的教学能够构建起适合我国国情发展需要培养学生个性发展的多层次、多渠道的高校体育教学模式，即当下提倡的高校体育俱乐部。高校自推行俱乐部的教学模式之后，便在各个院校中得到了很快的发展与提高。据相关数据统计，我国目前采用俱乐部模式的体育教学高校约占到了15%。该文即通过对高校体育俱乐部这一模式的研究，探讨如何在高校实施这一模式并为高校体育俱乐部的发展及其建设提供重要的依据。

一、我国高校体育俱乐部教学模式的发展现状

早在17、18世纪体育俱乐部就成为了欧洲国家所进行体育教学的一种形式。1608年英国就已经出现了高尔夫球俱乐部。而在如今，俱乐部形式已经成为各国发展自身体育事业的一个非常重要的选择。在一些欧美国家，这样的体育俱乐部主要分为了两种形式，一种是业余的，另一种是职业的。而我国高校在推行体育改革中所倡导的体育俱乐部主要是根据《全国普通高等学校体育课程教学指导纲要》和《学校体育工作条例》，并结合学校自身发展现状而实施的。

在新时期，高校的体育教学与传统教学有着不同的特点。在教学课程设置方面会对学生的爱好与运动项目自身的特点进行很好地结合，来考量是否有利于大学生身心健康的发展。在我国高校的体育教学中，大学一年级和二年级一般都是将体育课作为必修课程来学习，在教学内容方面不仅要使得学

生能够相对提高自身的身体素质也能够通过体育课堂学习到某项体育运动的技能。因此，在很多高校中都在体育教学的内容上安排了篮球、足球、排球等一些传统的球类项目，还有体育舞蹈、健美操、网球、跆拳道以及太极拳等深受学生喜爱的健身运动项目。高校俱乐部活动的开展大都是依托于高校的体育教学以及俱乐部的社团形式而存在，而各种各样的体育协会很多都是由学生自发的组织进行的。但是由于种种原因，体育运动开展的水平其实并不高。但是体育俱乐部因为会有专业人士的辅导，并且在学习与锻炼的时候能够保证有充足的场地且运动器材也能够很好地得到保障，因此，学生的参与积极性会比较高。

二、高校体育俱乐部教学模式的可行性分析

（一）体育俱乐部教学模式的主要特征

在教学指导思想方面应该培养起学生学习体育的兴趣并在体育学习中提高其体育能力。在教学形式上的特点主要是，由于年级不同，可以针对学生的不同兴趣来开展一些形式多样的体育俱乐部课程。这首先需要改变以往的传统观念，改变体育教学中以教材、教师以及技术技能为中心，在体育俱乐部教学模式的引导下，需要以学生的健身活动为主，教师应当转变自身的教学方式辅导学生进行练习，而不是主导整堂课程的讲解活动。这样教学模式的开展与实施会使得学生与教师的自由空间会大大增加，使得彼此对于教学或者是学习都能够减少大量的压力与负担，从而使得学生能够养成一种自觉锻炼的习惯。其次，体育俱乐部模式需要能够充分发挥学生的主体作用，对学生自主学习的能力应当作到足够的重视。最后，还需要能够对学生的个性发展予以足够的尊重。强化学生的特长，培养学生进行体育运动的兴趣，这样能够对传统体育教学中只重视技术的弊端进行有效克服，使学生个性得到发展，不断培养起学生的终身体育意识和行为。

（二）高校体育俱乐部教学模式的优势

将高校体育俱乐部归入到体育的教学管理体系之下，能够使得大学生根据自己的兴趣爱好以及特长在这一俱乐部里进行基本知识、技能以及技术的学习，同时也能够不断提高学生进行体育运动以及锻炼身体的积极性和自觉性。通过俱乐部的形式来有计划、有目的地开展各项体育活动，不断地对大学生的体育活动进行规范与引导，这样能够使得高校在体育教学方面能够很好地与学生课余的体育活动进行有效的结合，以保持两者之间的同一性和连贯性。关于高校体育俱乐部的设置形式，可以对高校体育课程的课时限制进

行突破，将大学生的体育教学这一过程延伸到这一高等教育的全过程之中。可以将终身体育设立为一个主线，让学生能够在这样的系统体育教学过程中不断地了解自己，使学生自身能够养成锻炼的良好习惯，并因此而受益终身。

这种教学模式的优越性在于它能够很好地发挥出学生在体育学习中的主观能动性。这种教学模式对学生的兴趣与特长十分重视，因此能够成为我国如今在普通高校中比较理想的一种体育教学的模式。

（三）对高校体育俱乐部建设要有明确的目标

通过不同形式的体育形式来调动学生进行体育运动的热情，培养起大学生对于体育的热爱与兴趣，这就是在高校建立体育俱乐部的目标。而这一目标同时也成为高校采用体育俱乐部这一教学模式的主要原因。高校开展体育俱乐部教学模式应当能够实现以下目标，即，使大学生对体育运动产生兴趣并培养学生的终身体育的意识。不断提高学生的体育知识，不断推动学生进行体育锻炼这一良好习惯的养成来提高学生的身心健康。对学生的合作精神以及体育道德和竞争意识进行有意识地培养。

（四）学校需要因地制宜里发挥自身优势开展体育俱乐部教学

在开展体育俱乐部教学时，学校应当充分考虑到自身学校所具有的特点。对于学校自身的长处应当作好保护以及发扬的工作，在体育教学内容的设置上，也需要将社会化以及生活化的体育运动项目不断地引入进来。在体育俱乐部的教学中以及项目的设置上应当能够很好地体现"终身体育"这一目标。除此之外，需要发挥学校的一些自身优势因地制宜地来开展体育俱乐部模式的教学活动，对学校的体育设施、场地以及体育器材的安置，都需要能够得到高效率的运用。同时，对于体育馆、体育场以及健身房等活动场所的活动时间也需要安排得合理、科学，以促进校内的体育资源能够最大限度地被利用。

（五）对高校体育俱乐部组织管理的进一步完善

为了能够使得高校体育俱乐部教学模式的效率发挥到最大值，就需要建立起组织严密、运行有序且职能明确的组织管理机构，以此来加强对体育俱乐部的管理。这是能够推动高校体育俱乐部发挥出最大效用的一个必要的前提。这一组织机构不仅需要能够为各个单项的俱乐部的运行以及发展来提供必要的指导和支持，而且还通过监督职能以及自身管理来发挥对各个单项体育俱乐部进行购置设备，筹措经费以及组织运行的监督和管理工作。

通过一系列的分析，不难看出高校体育教学采用俱乐部的模式是一种比较理想的体育教学模式。体育作为大学一、二年级的必修课无论以哪种形式来进行教学，都需要场馆设施。而在采用体育俱乐部教学模式之后，学生倾向于选择室内的课程会增加，这样就需要馆场的设施能够得到最大化地利用。同时，也需要加强教师队伍的建设，对于教师而言，采用体育俱乐部的教学模式会对教师的业务素质以及专业水平提出更高的要求。因此体育教师也应当进行定期的培训学习以积极主动地适应在教学上的新要求。尽管这一模式还有很多有待提高的方面，但体育俱乐部模式的教学能够在具体教学实践中具有很大的可行性。

第二节 高校俱乐部型体育教学模式的构建实施

在全面推行素质教育，以学生为主，教师为辅，注重培养学生独立思维能力和创新能力的今天，高校体育教学模式的改革必须要顺应教育的基本理念，要注意社会的需要和个体需要和谐发展。传统的体育教学模式过分注重学生"三基"的掌握情况，片面强调用"分数"来衡量学生运动水平，从而忽视了学生的情感、兴趣和爱好，影响了学生上课的积极性和思维创造能力，不利于学生养成良好的体育锻炼习惯和形成终身体育思想。高校体育俱乐部教学模式的建立，大大增加了学生主动参与体育学习和锻炼的意识，使不同个性、不同爱好、不同身体条件的学生都有机会参与体育锻炼，实现自己的体育目标和理想；也给学生提供了更多的交流平台，使学生之间相互理解，相互帮助，团结协作。因此，高校建立体育俱乐部教学模式是必要的。

一、高校体育俱乐部教学模式的界定

体育俱乐部教学模式，是根据高校人才培养的目标，结合大学生对体育教学的需求，以培养和建立学生终身体育意识，掌握1—2项长期从事锻炼身体的技能和方法，充分发挥个人的体育才能、兴趣与爱好，为终身健康奠定基础的一种以俱乐部形式组织进行的体育课教学。体育俱乐部教学模式的采用应该以学生的个体需要、社会适应和学生心理的全面发展为目的。学校体育的主要形式是体育教学，学生根据个体需要，有自由的选择所学项目、任课教师，在教师的辅导下，围绕某一运动项目，以俱乐部的形式完成教学内容。

二、高校体育俱乐部教学模式的特点

（一）教学内容设置更注重以人为本

传统的体育教学模式牺牲了学生的个性、兴趣、情感、爱好、才能等特

性，课程内容设置单调、乏味，为完成教学任务进行教学。而与传统的体育教学模式相比，体育俱乐部教学模式极大地满足了学生的个性要求，采用一种多类型、多层次的组织教学形式，充分发挥了学生与教师在教学中的整体互动功能。此外，体育俱乐部教学模式下设立的教学内容和体育运动项目多以丰富性和多样性为主，能充分满足学生对体育课多元化的选择需求，调动了学生上课的热情，拓宽了学生自主活动空间。

（二）教学内容设置具有针对性

大学阶段，学生的身体和心理发育都到了相对完善阶段，由于个体的差异性显著存在，学生对体育兴趣和爱好也就存在着明显不同。俱乐部教学模式的产生，针对学生对体育不同的需求，设置不同的学习内容与考核标准，以提高体育专项运动能力为目标。这种教学模式充分发挥了学生的主观能动性，为学生树立终身体育思想打下基础，使他们养成运动习惯，为学校体育与社会体育接轨奠定基础。

（三）学生对所学内容选择的灵活性

传统体育教学模式统一安排课时计划，以传统的教学为主，强调教师的主导地位和教学计划的执行情况，注重技术动作的掌握限度和教学的计划性与统一性相结合。而体育俱乐部教学模式可以利用当今信息传播方便、快捷的特点，将学期内的教学计划、任务、任课教师的简历、教学指导思想、教学方法以及如何考核等教学资料以公告或网页等形式提供给学生。学生可根据自己的身体条件、兴趣等自主选择学习的内容和任课教师。这种教学模式有利于学生大致了解体育运动的项目，根据自身的特点选择感兴趣的学习内容，从而能很好地配合教师共同完成教学目标，使体育教学能够按照其发展规律进行。

三、高校实施体育俱乐部教学模式的意义

（一）符合新型的教育特征的要求

高校体育俱乐部教学模式与现代体育的时代特征相适应，充分发挥了学校体育在素质教育中的作用。现阶段我国教育是素质教育，其目标就是要教会学生做人，强调提高学生的心理素质和对社会的适应能力。随着科学技术的发展和对体育认识的深入，运动方式以温和的、循序渐进的体育锻炼取代了不科学的大运动量练习。高校体育俱乐部教学模式作为身体文化和社会文化的一部分，在修身养性、育德教化等方面有其特殊的功能，是其他教育所

无法代替的。它从以往单纯的健身与传技中解放出来，以学生为本位，关注学生主体的全面发展和个体的健康成长。

（二）将"健康第一"的指导思想放在首位

《中共中央国务院关于深化改革、全面推行素质教育的决定》中指出：健康的体魄是青少年为祖国人民服务的基本前提，是中华民族旺盛生命力的体现。世界卫生组织最新界定健康的标准是：健康不仅是没有疾病和衰弱，而且包括身体、心理和社会适应的完好状态。高校采用体育俱乐部教学模式，其体育教学的直接目标已不单单是增强体质，而是以增进学生的身心健康为主要目的，以身体锻炼为主要的练习手段，教学生如何利用体育手段调节日常生活，调节心理和行为，影响和干预自身的心理品质，让心理和行为朝着健康方面发展。

（三）符合大学生心理发育和生理发育的需要

大学生正处在身体成长发育的关键时期，在身体形态机能、素质、内分泌诸方面的发展，标志着人体全部器官走向成熟。但同时由于性别、年龄、环境、营养及体育锻炼等因素的影响，每个人都有较大的个体差异，因而表现出身体素质、运动机能等方面的显著差异。大学生的心理特征尤其是个性心理特征已趋于稳定，已初步掌握某些体育运动技能、技巧知识，积累了一定体育锻炼经验，对体育活动认识逐步加深。大学生体育俱乐部就是根据学生身体素质的差异、不同兴趣爱好，设立多种单项俱乐部，在时间、场地上给予一定保证，通过多种锻炼内容和方法，引导学生积极参与，满足学生的需要。

（四）提高了学生的体育兴趣

体育俱乐部教学模式在教学形式和教学方法等方面进行了更新和变化，有效地激发了学生的求知欲和表现力。学生通过在学习活动和竞赛活动中充当不同的角色，体验不同的乐趣，感受成功的快感。在快乐的体育学习氛围中既掌握了知识又锻炼了能力，在教学活动的安排上，适当地让学生自主安排练习方法，设定考核标准，有利于培养学生的逻辑思维能力，让学生主动积极地参与到体育教学活动中，互帮互助，自我完善。从"要我锻炼"转变为"我要锻炼"的自觉行为，有效地培养了学生终身体育的观念，对学生体育健身意识的形成产生了非常积极的影响。

（五）培养了学生良好的个性心理

体育俱乐部教学模式承认了学生存在的差异，对每一位学生区别对待，努力让每一位学生在最适合自己的环境中寻求好的发展。在教学过程中，教师对每一位学生的成绩予以及时的肯定与鼓励，这对学生来说是一种动力，学生就会在学练的过程中克服遇到的困难，更加认真地去完成练习，这就促使学生要不断地进行思考，从而培养了学生发现问题、分析问题和解决问题的能力。由于俱乐部教学模式是以学生的爱好为依据形成的团体授课模式，在教学活动中，教师和学生之间的关系会更加融洽，学生之间通过相互交流、相互帮助、相互协作，从而增强了团体的凝聚力，优化了俱乐部的内部环境。

（六）增强了学生的社会适应性

高校体育教育是学校体育的最后一个阶段，也是学校生活与社会生活的交替阶段，此阶段学到的知识、技能，养成的习惯最能影响到人的一生。体育俱乐部教学模式采取在教师的指导下，通过俱乐部组织的各项活动，比如学生竞聘负责人、自我设计锻炼方法、课制教学、俱乐部考勤、自创自编动作进行比赛等，这种运作方式一方面培养了学生积极上进、开拓创新的精神，同时也培养了学生吃苦耐劳、团结协作的良好品质，使学生具有积极的人生态度、开拓创新精神、沉着应变能力、团队合作精神、敬业精神等。俱乐部时常请一些学有成就的学生与其他学员交流分享学习心得，提高了学生的语言表达能力和人际交往能力，为学生之间的交流与增进感情，强化个体的社会化限度提供了机会和平台。

四、体育俱乐部教学模式构建与完善分析

我国高校体育俱乐部的构建主要分为四个部分：决策系统（从宏观角度主要指教育部体卫司、群体司，从微观角度主要指各普通高校体育教学领导小组）执行系统（从宏观角度主要指体育卫生处以及各高校体育教学领导小组，从微观角度主要指各高校教务处、各院系体育教研组以及体育俱乐部的教学老师等）反馈系统（宏观角度主要由省市专人和部分高校校长组成，微观角度主要由高校指派专人组成）监督系统（宏观角度由教育部体卫司、群体司指派专人，微观角度由高校体育领导小组指派专人）决策系统发出指令，执行系统进行落实，反馈系统对信息进行处理后反馈至决策系统，对指令进行修改或发出新指令，监督系统对过程与结果进行监控督促。

（一）解决经费筹措问题

开展体育俱乐部教学的绝大部分高校都面临着经费缺乏的问题，而俱乐部的正常运作离不开经费支撑，因此在俱乐部开展的初级阶段最好的方式是政府拨款投资办学，拉动民营资本进入，剩余不足部分由高校予以补充；在

运营阶段高校可通过向社区民众开放俱乐部收取费用以及部分项目向学生收取合理费用来维持运营。

（二）促进场地器材达标

针对高校普遍存在的体育场地、器材不达标的情况，决策系统应当进行统筹考虑设计，资金不足可对硬件设施进行分阶段、分批次进行开发建设，拉动赞助商进行相关器材赞助，同时对外开放获取盈利来加大场馆建设和器材购置与维护。

（三）加大俱乐部师资队伍建设

一是与社会人才资源库进行联网，加强市场引导，并注重体育俱乐部相关人才引进时的数量与质量保证；二是注重人才引进之后的职后教育，包括技能培训、思想道德素质提升等，不断完善他们的知识与素质教育，方能带动教学素质的提高。此外，高校更应该在扩大教学内容，丰富体育俱乐部教学形式上不断与时俱进，结合自身实际需要，不断完善不断进步，建设有中国特色、有地区特色、有高校特色的体育俱乐部教学模式。

建设和发展体育俱乐部教学已经是体育改革势在必行的趋势和手段，各高校应当正确认知，及时改变传统观念，加大体育俱乐部教学的教学力度，加快建设与完善进程，不断吸取国内外先进经验，探索出一条符合我国国情的体育俱乐部教学发展道路。

第八章 翻转课堂教学模式在高校体育教学中的应用

第一节 翻转课堂的基本内涵与相关理论研究

一、翻转课堂基本概念

(一) 翻转课堂概念界定

"翻转课堂"是由英语"Flipped Class Model"翻译而来,一般又被称作"反转课堂式教学模式",这里的"反转"是较传统课堂式教学模式而言的。国内外对于翻转课堂的概念有不同的解释。

美国最早实践翻转课堂教学模式的化学教师亚伦·萨姆斯认为,翻转课堂最基本的理念是把传统课堂上对课程内容的直接讲授移到课外,充分利用节省下来的时间来满足不同个体的需求。

英特尔全球教育总监 Brian Gonzalez 认为,颠倒的教室是指教育者赋予学习者更多的自由,把知识传授的过程放在教室外,让大家选择最适合自己的方式接受新知识;而把知识内化的过程放在教室内,以便同学之间、同学和老师之间有更多的沟通和交流。

江苏省苏州市电化教育馆金陵认为,所谓翻转课堂,是指把"老师白天在教室上课,学生晚上回家做作业"的教学结构翻转过来,构建"学生白天在教室完成知识吸收与掌握的知识内化过程,晚上回家学习新知识"的教学结构,形成让学生在课堂上完成知识吸收与掌握的内化过程、在课堂外完成知识学习的新型课堂教学结构。

清华大学信息化技术中心钟晓流等认为,所谓翻转课堂,就是在信息化环境中,课程教师提供以教学视频为主要形式的学习资源,学生在上课前完成对教学视频等学习资源的观看和学习,师生在课堂上一起完成作业答疑、协作探究和互动交流等活动的一种新型的教学模式。

笔者较认同钟晓流等人的观点，认为翻转课堂是在信息技术支持的环境中，课前教师为学生提供针对性的教学视频和学习任务单等资料供学生开展自主学习，实现知识传递；课上通过自主探究、合作探究、师生共同答疑等形式，完成知识内化的一种新型教与学的形式。

（二）翻转课堂的本质内涵

从形式上看，翻转课堂教学形式是对传统课堂教学形式中课下与课上环节的颠倒，将传统教学形式中，课上的知识传递过程与课下的知识内化过程颠倒过来，在课前实现知识的传递，在课上完成知识的内化。从宏观层面上看翻转课堂的本质，发现翻转课堂获得了信息技术的大力支持，在这种支持下，触发了学校教育模式的整体变革。关键是教师和学生之间的关系、地位和作用的本质性转变，翻转课堂将传统教学中以教师为主体变革为以学生为主体，教学流程采用课前在线学习和课上面对面交流、合作的形式，通过课前的知识获取和课上知识的内化，分解知识的难度，增加知识内化的次数，促进学习者知识的有意义建构，实现掌握知识的最终目的。由此，在翻转课堂中，学校和教师由关注课堂教学内容转变为关注学生学习活动的全过程。

（三）翻转课堂的优势分析

1. 有助于个性化学习和因材施教

在翻转课堂中，课前、课上和课后，学生都能够依据自身情况，设定自己的学习步调，而不必去追赶步调快的学生或等待步调慢的学生，真正实现了分层次学习在。学生遇到困难、疑惑时，能得到有针对性的指导，教师还可以根据不同学生的不同情况布置不同的任务，真正实现了个性化学习，培优补差，因材施教。

2. 有助于素质教育的推进

目前我国推行的素质教育，要求以全面提高全体学生的基本素质为根本目的，尊重学生的个性，注重创造能力、自学能力的培养。学生根据自己的步调开展学习，并能随时获得个性化指导，充分体现了学生的主体地位。课堂上主要以学生的自主探究和协作探究活动为主，以此培养学生的自学能力、探究能力和创造能力。翻转课堂丰富了教学内容，扩大了知识量，拓宽了学生的视野，对学生综合素质的培养具有显著作用。同时，翻转课堂关注学生整个学习过程，关注学生个体的全面发展。

3. 有助于教学相长

在翻转课堂中，教师需要策划出让学生感兴趣、具有一定难度的问题；

需要录制出思路清晰、高质量的微视频；需要为学生提供一系列丰富、有趣的学习资源，为学生提供针对性的指导，对学习对象进行分析；需要对学生开展多元化学习评价。因此，翻转课堂教学形式是对教师技能的挑战，也有助于教师教学相长。

4.有助于发挥信息化在教育中的作用

信息技术的注入，使得学习过程突破了时空的限制。在传统课堂中，由于受课堂有限时间的限制，教师只能为学生提供最简洁、最有用的学习资源。而在翻转课堂中，教师可通过网络环境向学生提供形式多样、内容丰富的学习资源，尤其是教学视频的使用，使翻转的课堂得以实现，也使学生的个性化学习、分层次学习变为现实。信息技术的使用弥补了时间和空间不便，使师生之间、生生之间可以随时随地开展互动。并且，教师可以通过网络环境及时掌握学生的学习情况。另外，翻转课堂还有助于提升师生的信息技术素养，提高运用现代教育技术的能力。

当然，翻转课堂也存在一定的不足，如需要有一定的硬件和软件支持，学生长时间观看教学视频可能会对视力产生一定影响，对学生的自主学习能力、教师的微视频的制作能力、课堂活动的设计能力，以及师生的信息素养都提出了挑战。

二、翻转课堂教学模式相关理论基础

从翻转课堂本质上来看，翻转课堂的理论基础主要包含掌握学习理论、混合学习理论和建构主义学习理论。

（一）掌握学习理论

掌握学习理论是翻转课堂教学法最基本的理论基础。掌握学习法由美国教育家本杰明·布鲁姆（Benjamin·S Bloom）最先提出，20世纪60年代，布鲁姆向学生学习能力成正态分布观点发起挑战，他反对只有少部分学生才能取得好成绩的观点。布鲁姆认为，部分学生成绩不好的原因是教师没有给予学生提供最适合的辅导。在当前传统课堂中，教师只给予班中约1/3的学生良好的鼓励和关注，绝大多数学习成绩不好的学生并不是因为智力低下造成的，而是因为在学习过程中，失误不断积累，并未能得到及时、合理的帮助造成的。例如，考95分的学生，还是有5分不知道的知识。因此，学的知识越多，学生的困惑就越多。大多数学生学习上的差异，多是学习速度上的差异。布鲁姆认为，只要提供足够的时间，学生的成绩将不是正态分布，绝大多数的学生都会掌握学习任务，会有良好的成绩，这就是布鲁姆的掌握学习理论。

布鲁姆的关于与一对一个别教学方法等效的群体教学方法的研究中得出，掌握学习法在群体教学中也能使学生很好地掌握所学知识，教师将教材内容分解成一系列较小的学习单元，设计单元教学目标，并按照学习顺序组织起来；学生进行群体学习；在教授新课前，教师对学生的先备知识予以充分认识；并根据形成性评价的结果对未达标的学生给予补偿性矫正学习，即给群体学习中速度较慢的学生以额外的学习时间；最后再次进行形成性评价，检测学生的掌握情况。

翻转课堂的出现，使掌握学习得以真正实现，借助信息技术的支持，使得个性化辅导更易实现。翻转课堂中，通过视频课程，学生真正能根据自身情况来自主安排和控制学习，观看视频的节奏全由自己掌握，掌握了的内容快进或跳过，没掌握的内容倒退并反复观看，也可停下来思考或做笔记。之后，课堂上的指导和互动更具针对性和人性化。另外，翻转课堂为每一位学生提供频繁的反馈和个别化的矫正性帮助，通过形成性检测方式，揭示学生学习中存在的问题，通过矫正性辅导，达到掌握知识的目的。

（二）混合学习理论

混合学习是继网络学习后，教育领域出现又一的新名词。对于混合学习，李克东教授认为"混合学习是人们对网络学习进行反思后，出现在教育领域，尤其是教育技术领域较为流行的一个术语，其主要思想是把面对面教学和在线学习两种学习模式的整合，以达到降低成本，提高效益的一种教学方式"。何克抗教授将混合学习更简单地概述为，"混合式学习就是要把传统学习方式的优势同网络化学习的优势结合起来"。既发挥教师的引导、启发、监控教学过程的主导作用，又充分体现学生作为学习主体的主动性、积极性与创造性。将这二者结合，使其优势互补，能够获得最佳的学习效果。

从总体上看，混合学习包括了学习理论、学习资源、学习环境和学习方式的混合。在混合学习中，既体现教师的主导作用，又体现学生的主体地位；网络学习资源和传统教学资源相融合；既创设了网络学习环境，又有传统课堂环境。从学生视角看翻转课堂，是学生课前根据自己的需要，选择适合自己的步调观看教学视频，开展网络学习，完成知识传递；在面对面的课堂中，当学生遇到问题时，随时寻求老师或同伴的帮助，在老师的指导下，同伴间协作解决问题，实现知识内化。由此可见，翻转课堂正是网络学习与传统面授的结合，它将面对面的教学与在线学习进行优势互补，通过创造性地使用技术和微视频的学习活动，提升学习的效果。

(三)建构主义学习理论

建构主义学习理论内容丰富,其思想主要来源于认知加工学说,维果斯基、皮亚杰和布鲁纳等人的思想,是近年来流行的一种新型学习理论。建构主义学习理论最先由瑞士心理学家皮亚杰提出,他认为学习者知识的获得,不仅取决于其自身积极主动地获取知识的精神,还需要借助他人(如教师、同伴)的帮助或者查找必要的资料,在与外界客体的交互中获取知识。建构主义学习理论包含情景、协作、会话和意义建构四大环境要素,利用情景、协作、会话等学习环境发挥学生学习的主观能动性,实现对所学知识的意义构建。

本研究中翻转课堂的设计与实施遵循了建构主义的基本思想,以学生作为学习的主体,教师提供必要的资料,并帮助创设情景、协作和会话环境,让学生在自主学习、协作学习中实现知识的意义建构。建构主义学习理论为翻转课堂的可行性和科学性提供有力支撑。

第二节 高校体育翻转课堂教学模式可行性探究

传统的教学模式会对高校体育整体性起到教学阻碍作用,应用翻转课堂这一新型模式,能够在发挥教学模式优势的基础上,实现高校体育教学事业的进步,同时,还会不同限度的强化学生体育素质。由此可见,本文探究翻转课堂可行性对高校体育发展具有重要意义。

一、翻转课堂基本介绍

(一)基本定义

翻转课堂作为新型教学方式的一种,它能够借助网络优势进行课件教学、作业下发、作业检查、师生互动、教学评价、体育视频播放,并且学生还能借此对体育理论旧知温习、体育新知预习,它能够打破以往体育学习的时间限制和空间制约。从中可知,高校体育教学应用这一模式能够实现教学质量优化,教学效率提升。

(二)主要优势

体育教学中应用这一模式,即在实际体育教学中引导学生自学,之后教师针对教材内容进行知识点传授。它能调动学生学习体育的主动性,促使学生养成良好的体育学习习惯,学生学习体育的自信心和热情也能及时增强。学生在掌握丰富知识的基础上,会主动配合教师组织的各项体育活动,这对师生关系增进具有积极意义。

二、大学体育翻转课堂的主要特点

(一)体育教师是课程的引导者

在大学体育翻转课堂中,体育教师是整个学习过程中的引导者。在与培养目标没有矛盾的情况下,示范及讲解在课前体育视频中可明确获得,学生所喜爱的重点内容产生于课前的师生沟通。体育课程实际上成为了一种训练课程,教师只是扮演引导者的角色,对不同的对象展开相应的指导,在完成一个单元的训练后,教师要对学生的掌握情况进行评价,进一步完善课堂活动的设计。

(二)大学生是翻转课堂的主角

在翻转课堂教学模式下,大学生是课堂的主角。一方面,学生在课前的视频中观看相关动作的示范和讲解,对于费解之处可以反复观看,也可以学习其他资源的课程信息,总之可以自行确定学习的进度。另一方面,大学生在课堂与教师、同学进行知识交流,确定练习的关键和方向,体能练习从个人的实际需要出发,兼顾不同体育动机的差异。此外,实际的课堂练习环节,既是学生的高度参与过程,也是学生能够部分掌控的过程。比方说,选择适合自己的练习方式和训练难度或者和熟悉的同学协作练习。

(三)课堂时间延长并且效率高

大学体育翻转课堂最突出的特征就在于显著缩短了课堂上的讲授时间,给学生们创造了更多训练的时间。把过去课堂讲授的内容转移到课前,在科学直观的视频资料当中,学生们可以自行完成对技术要领的理论认知。如此一来,学生们在课堂上就有了更加充沛的时间去进行实际训练,由于课前的互动交流,教师有针对性的指导,也能够让训练的效率更上一层楼。教师第一时间的反馈,可以让大学生及时了解到自身的长处与不足,从而对自身的学习状态进行调整。从客观上来看,翻转课堂在延长练习时间的同时,也提升了练习的效率,充分的体能训练时间和高效的学习过程,可以从根本上实现"教、练"并举。

三、高校体育教学中翻转课堂可行性分析

(一)必要性

一方面,新课改的需要。随着我国体育事业的持续发展,体育行业优秀

人才数量较少，高校作为体育人才培养的重要场所，应在体育教学中创新教学方式，深化体育教学改革，在网络信息技术背景中，充分发挥网络优势于体育教学，以此丰富体育教学内容，利用网络技术实现体育教学资源的有效整合，促使学生在网络教学优势的带动下，实现体育知识的个性化、信息化学习。与此同时，翻转课堂的有效性应用也是高校体育顺应素质改革要求的良好表现，翻转课堂能够对传统教学模式有效创新，提高体育课堂活力，提高学生在体育学习中的主体地位。另一方面，高校体育教学的需要。现如今，高校体育教学在实际教学中应用翻转课堂，即在尊重学生体育学习成绩差异性的基础上，有针对性地开展个性化教学活动，并根据每位学生的学习时间、学习基础、学习能力的不同，制定针对性的体育教学视频，针对学生在体育方面存在的不足，对其针对性弥补，从而迎合我国高校体育教学的需要，实现体育教学效率的提高。

（二）可行性

首先，技术原理和教学原理相统一。高校体育主要以强化学生体育能力、开阔学生体育视野为目标，翻转课堂应用的过程中即在技术设备辅助下，提高体育生的体育素养和体育水平，二者存在目标一致性，因此，翻转课堂具有可行性。此外，翻转课堂的应用过程与学生的学习过程相一致，在学习体育新知和体育技能之前，学生应首先对新内容全面认识和掌握，在此基础上，认真对内容展开深入探究，教师必要时提供教学指导，学生经过多样性、重复性练习后，学生的体育技能能够得以提高，从上述对翻转课堂的介绍可知，二者存在应用过程一致性，学生在这一教学模式中能够实现体育知识巩固、体育能力提高的目标。

然后，翻转课堂具备较强的适用性。通过资料分析可知，翻转课堂无论是在理论应用方面，还是在课堂实践方面，它在教学领域中的应用优势不容忽视，此外，国内外均对此展开了详细介绍，翻转课堂经实践证明，其学科应用价值较高。它应用于体育教学，能够帮助学生巩固基础知识，同时还会对学生的体育短板有效弥补，从而促进体育生全面发展。翻转课堂正是基于适用性特点，才能在高校体育教学中有效应用。

最后，翻转课堂硬件条件优越。高校体育在实际教学中，翻转课堂能够为其提供信息技术支持，多媒体信息技术设备的功能性还会实现体育知识的有效传递，教师借助多媒体设备完成幻灯片制作后，学生能够互相进行课件复制，从而实现知识的反复观看，学生还能及时完成网上作业，并且体育课件的学习价值也会相应提高。目前，高校学生能够保证每人一台电脑，即使个别学生没有电脑设备,那么高校电了阅览室也会为学生提供多媒体设备支持,这为翻转课堂的应用提供了信息技术支持,从中可见,高校体育教学中应用翻转课堂具有一定可行性。

综上所述,从翻转课堂应用的必要性和可行性两方面来分析其在高校体育教学中是否可行,分析结果具有可行性。为此,高校体育教师应转变对这一教学模式的应用看法和应用实践,提高翻转课堂在实际体育教学中的应用策略,通过彰显翻转课堂应用优势来提高学生的体育能力、强化学生的体育素质。此外,这还能实现高校体育改革深化和体育效率提高。

四、大学体育翻转课堂教学模式的具体实施

(一)体育教学视频的制作

教学视频质量的高低会对学生们总体的学习质量产生深入的影响。体育教师自己所录制的教学视频,与所设定的体育教学目标、教学内容有很高的契合度,而且教师也能够依据每个学生技能的差别、性别的不同以及素质高低,制作多个不同形式的教学视频。现阶段,我国已经有很多高校已经具备了完善的大学体育网络资源,通过微课的形式展现所有公共体育选项内容,大学生们可以轻松地从网上获得资源。

体育教师也可以在开放化多样化的教育资源中吸纳精华,比方说大学体育公开课资源、国家精品课程网站等。这一途径不但节约了大量人力物力,提升了体育资源的总体利用效率,还能够让学生们接触到优秀师资的教学内容。不过需要注意的是,使用这类资源一定要结合学校的实际情况,让体育项目的责任人在调整后运用。

(二)确定核心问题并展开有针对性的训练

大学生们在观看完教学录像之后,或许要完成简单的问卷,在所指定的范围当中,研究大学生们所关注的教学重点和教学难点,并且粗略地把握大学生们的技能水平,制定相应的练习策略,学生们也可以凭借与同学的交流来提升自己。如此一来,便能够在极为有限的时间里,设计使用高效的练习方式。

大学生需完成所布置的针对性课程训练,教师必须对这些练习的内容以及方式进行反复斟酌,展开合理设计,并且和学生进行有效的交流及沟通。打个比方,在练习篮球的运球技术之前,可以先展开一些相对简单的球性练习;在进行武术训练时,可以先训练一些简单的步法,有助于深入了解技术

动作，为课堂练习奠定基础。

（三）独立与协作相融合的课堂学习过程

大学体育翻转课堂不仅充分延长了课堂的练习时间，而且也显著提升了练习的总体效率。尊重学生的个体差异，以练习手段来区分体育基础不同的学生。和大学生交流互动过程中所获得的信息，帮助体育教师在布置练习时，使用多元化的练习方式及要求，所以独立自觉地进行练习、完成练习便成为了翻转课堂的关键环节。

然而独立的训练也并不是完全独立的，教师会根据实际的训练情况，随时进行指导，让技术训练朝正确的方向发展。除此之外，在练习技术动作的过程之中，学生们还可以相互交流，协作进行，让基础好的学生给予后进生一定的帮助。当然，学生的"指导辅助"以及"独立自觉"同样也会展现在最后的课堂评价中。

（四）反馈评价的多元化

在过去的课堂教学模式中，所采用的评价方式都是期末考试的技能测验，属于总结性评价，体育基础良好的学生即便平时不努力，最后也同样能够获得理想的分数，体育基础较差的学生只能为了获取一个合格的分数而不断努力，这导致体育课程的健身性能与教授技能的效果均受到了严重的限制。这种评价方式在翻转课堂中，是无法确保所有学生的参与度和学习主动性的，而且翻转课堂也会逐渐失去意义。

在大学体育的翻转课堂中，所需要的评价方式和过去的体育课是截然不同的，其必须高度重视对整个学习过程的评价。在每节课，体育教师们都会依据学生的训练情况，例如完成度、技能进步区间以及成员之间的合作能力，来对学生在一堂课中的表现进行综合性评价。在对这些信息进行记录之后，教师会在下课时给出评价结果，让学生们在第一时间获取反馈，调整自己的学习状态。除此之外，总结性评价也改革并保留，首先是考核内容的自主性，分为必考技能以及选考技能两块；其次是把理论知识归入考试大纲内，出一些相对简单的试题或者是考查学生对体育课的感受；最后是总结性评价的标准可以依据过程性的结果进行适当调整。若一个学生的体育基础非常好，可以适当提升标准，反之则适当降低标准。

第三节 高校体育教学中翻转课堂教学模式的运用

随着我国高校体育教学的深入改革，原有的教学方式已经不能满足现代体育教学的需求，以及社会对人才的需求。教学模式的改革与创新是现代教学中最为重要的一步，它对我国高校体育教学将起到至关重要的作用。新型的教学模式应适应现代社会发展需求，既要有技术动作的示范，也要有理论知识的讲解。为了构建一种新型的体育教学模式，我们要将翻转课堂教学模式引入。这一教学模式是利用计算机等科学技术手段改变原有的学习环境，使学生能够在课前观看教学视频，课后能够做到消化知识，理解知识。课中能够通过互动来达到师生讨论教学问题的目的。不仅能够增加教师与学生之间的互动率，还能让学生更全面、系统化地学习理论知识。翻转课堂赋予了学生更多自由学习、自由发挥、自由想象的空间，还给现代体育教学开辟了一条崭新的道路。

一、翻转课堂应具备的条件

（一）信息技术及设备的保障

翻转课堂就是让学生在课前通过互联网、计算机获取到教学内容及教师自行制作的学习资源包，以此让学生提前掌握所学的知识，在课堂上针对原有的教学内容来与教师进行互动讨论。这种新型的教学模式以互联网和计算机为基础。通过一种具有开放性及前沿性的教学方式来达到提升学生学习兴趣，调动学生的主观能动性的目的。

（二）学习者自主学习的能力

翻转课堂这一教学模式的顺利进行，与学生自身的自主学习能力是密不可分的。计算机、互联网是基础，学习者的自主学习能力是前提。学习者应通过使用这一学习课件来发现及整理其中的教学内容，认识自己对本知识的掌握限度及不足，在课上与教师积极互动，来完成教学内容的学习。

（三）学习者发现问题和解决问题的能力

翻转课堂打破了原有的教学模式，把传统课堂的"以教师为核心"变成了"以学生自主学习"为核心。在此过程中，学习者要有足够的发现问题及解决能力的问题。认真观看并理解课件或视频的内容，思考自己对这一课件或视频在理解上的不足。课前做好准备，带着问题上课。

二、翻转课堂在高校体育教学中应用的重要性分析

翻转课堂教学模式有助于体育教学目标的高效实现。翻转课堂教学模式中，高校体育教师可以以说课、研讨、交流讨论等形式，就学校体育学和体育教学论的课程资源建设、教材编写、教学方法的应用等具体问题进行深入的探讨，为进一步提升学校体育学、体育教学论课程建设水平，不断提高体育专业人才培养质量，为"全民健康"提供智力和人力支持。翻转课堂教学模式要求教师要掌握较为系统全面的体育教学理论和技能实践，能够运用最先进的教学理念和教学方法让学生展开合作学习，进行探究式学习、自主式学习过程，不断提升学生的动手动脑能力和信息化水平。

三、翻转课堂教学模式在高校体育教学中的应用

（一）有效进行课前设计，创新体育教学形式

利用翻转课堂教学模式创新体育教学实践，在这种教学模式下，教师需要做好充分的课前准备，进行相关体育运动项目课程资源包的设计，将下节课需要教授的重点内容进行梳理，构建教学框架，设计成体育教学资源包，通过学校公开学习教育平台实现资源共享。学生对教师分享的资源包自行下载预习，明确下节课的学习内容，对教师的整体教学框架和教学思路有一个明确的把握，做好课前准备，有利于课堂教学效率的提升。

（二）发挥课中教师的作用，引导学生自主探究学习

新时代，要在体育课中实施翻转课堂，教师应适时进行引导和点拨，教师应该运用现代化教学媒体，结合线上线下的教学方式，针对每个学生的学习特点，因材施教，让学生回归课堂。翻转课堂实际上是对学生学习方式的改变及对教师教学方法的挑战，主要体现在能够让学生更专注于主动开始基于项目的学习、增加学习中的互动及强化学生探究性学习的过程。体育课中，教师的教学重点是和学生交流、讨论、答疑，共同研究，突破重难点。就翻转课堂教学模式的实施来说，体育教师要注重其各个环节的注意事项及度的把控。建议高校体育教师可以以视频为抓手，逐步进行课程建设，改变传统的教学模式，探索移动环境下即时互动教学模式，改变传统观念，进行教学

改革，以学生体育实际学习效果为导向，从而满足学生个性化学习和成长成才需要，让课堂生动有"温度"。"翻转课堂"中，教师要不断优化教学设计，充分调动学生自主的学习热情。例如，在对高一年级开展篮球课程教学前，教师通过课前制作的教学视频资源包分享，让学生对篮球运动项目有一个基本的了解。课上，教师要求学生组成若干个小组，每个小组要针对视频教学进行总结和问题反馈，并要求各小组成员要集体进行基本的动作演示，其他小组观看、找出问题并纠正问题。通过这样的课程教学，能够转换师生地位，提升学生的课堂主体地位，发挥学生主观能动性，让学生自主发现问题、研究问题并解决问题，教师在这一过程中只需要适当地进行引导和辅助即可。

（三）引导学生进行课后学习规划，不断调整教学方案

实施体育翻转课堂教学，教师在完成课前、课中的教学资源整理、设计、点拨、指导后，还需要注意在课后，引导学生自主规划学习内容、学习节奏、风格和呈现知识的方式，让他们养成良好的体育学习习惯，改变以往的被动学习状态。另外，教师要注重对学生课中的学习情况进行总结，反思教学中存在的问题，从而不断进行教学设计和教学方案的调整和优化，总体上把握学生体育课程学习情况。例如，教师在课后根据学生在线上资源学习和技巧掌握中存在的疑问进行了解，统计多数学生在学习中遇到的共同难题，针对难题，制定解决方案，为学生在线解答或是在下节课进行现场解答，实现高效的教学互动奠定基础。

四、翻转课堂教学模式在高校体育教学中应用的效果

翻转课堂在众多高校中已有所反馈，学生表示喜爱，并表达了其激发了学习兴趣的感想。通过调查发现，83.5%的学习者对翻转课堂教学模式表示喜爱，认为这种教学模式的精彩之处在于用到了现代多媒体手段激发了自身的学习兴趣，并期望能看到更加强精彩的视频课件。78.6%的学习者认为翻转课堂教学模式能够提高学生学习能动性，端正学习动机，并能让每一位学习者都有所参与、有所互动。70%的体育教师表示这种教学模式不仅能够明显感受到学生的学习主动性，而且还能减少教师因烦琐的传统教学过程而产生的疲劳感。

翻转课堂教学模式打破了原有的传统的体育教学模式，构建了新型、高效的教育方法，使教学更加规范化、标准化。同时也统一了学生们的学习思想。拉近了师生的关系，整个学习过程变得轻松有趣。此教学模式通过课前、

课中、课后三个教学板块，整体贯穿了一组教学内容，使教学更加具有连贯性和整体性。翻转课堂教学模式也被誉为"影响课堂教学的重大技术变革"。但是，要想使翻转课堂教学模式真正融入千万高校，真正让每一个学生能够有所收获，还需要每一位教师与学者共同努力。

第九章 教育思想在高校体育教学中的应用

第一节 人文教育思想在高校体育教学中的应用

体育活动是人们生产生活中各项活动的重要组成部分，在增强人的体质、逐渐满足人的精神追求方面发挥着重要的作用，并且能够全面促进人的可持续发展。因此在全面推进体育教育改革发展的社会背景下，高校应该加强对人文体育教育思想的重视，并积极探索合理践行人文体育教育思想的措施，希望促进教学现状的改善和教育质量的提高，有效推动高校人才培养工作的优化开展。

一、人文是和谐社会发展的必然趋势

人文教育主张以人的和谐发展为目标，最终目的是通过教育促进人的尊严、人的本性、人的潜能得到最大限度的发展，他常常反对人为地、预设的、外在的去干涉教育本身，他批判现今主流教育的思想意识，他建议发展人的天性、解放人的个性、激发人的潜能，最终促进学生全面综合型发展。在新课改的全面推进下，学生的人文素养受到前所未有的关注。新课改重视对学生人文素养的教育，他主张学生自身的和谐发展。这也成为我国新课改的神圣使命与核心理念。新课改明确指出，要使"学生具有强健的体魄和良好的心理素质，养成健康的审美情趣和生活方式。"这是相应"健康第一"思想号召的体现，也是对学生人文关怀的体现。

二、当前我国高校人文体育思想教育现状

受到传统教育理念的影响，我国高校在开展体育教学活动的过程中长期将教师作为教学活动的中心，向学生传授相关技能，学生对体育知识的学习存在一定的被动性，学生的主体作用受到严重的忽视，受到传统教育思想的影响，高校所培养的人才一般缺乏体育运动意识，终身体育思想更无从谈起，

对人才培养工作的改革发展产生了严重的不良影响，也不利于人才的长远发展。所以针对当前高校体育教学中人文教育思想严重缺失的情况，应该针对教学现状积极探索教学改革措施，促进教学质量的提高，为学生的健康成长做出正确的指引。唯有如此，高校体育教育才能够真正发挥其重要作用，为高校人才培养工作的全面优化提供相应的支持和辅助。

三、在高校体育教学中践行人文体育思想的措施

针对当前高校体育教学实践中人文体育思想严重缺失，甚至已经对教学工作的优化开展以及教育作用的发挥产生严重不良影响，限制人才培养工作全面优化的社会背景下，应该探索相应的教学改革措施，希望可以循序渐进地改善现状，在体育教育活动中践行人文体育思想，对学生实施更为科学的体育教育和指导。

（一）加强对体育教育工作者自身人文素养的培养

高校体育教育工作者自身体育素养情况对体育教育事业的发展产生着至关重要的影响，只有保证高校体育教育工作者自身具备良好的人文素养，能够在教学实践中自觉践行人文体育思想，才能够促进人文体育思想在体育教育教学活动中的落实，促进体育教育作用的发挥，为学生的健康成长提供相应的支持和保障。所以在新时期全面推进高校体育教育改革的社会背景下，首要工作就是应该加强对体育教育工作者的重视，并积极探索教育改革措施，希望能够通过全面培养，提高高校体育教育人员的人文素养，让其认识到体育教育的人文性，并引导体育教师将人文教育思想融入体育教育实践中，促进体育教育工作质量的提高。基于此，高校应该定期组织本校体育教师参与继续培训活动，并引导教师积极参与到专题讲座活动中，促使体育教师在日常生活中养成良好的习惯，在生活和工作中自觉吸收人文体育方面的知识，为人文体育教育的贯彻落实创造良好的条件。

（二）构建多样化的体育课程教学模式

在高校体育教育实践中践行人文体育思想，与体育课程的规划存在紧密的联系，只有保证结合人文体育教育的设计需求对课程教学内容进行合理地规划，并引入多样化的教学模式，才能够有效促进课程辅助作用的发挥，为高校人文体育教学的优化开展提供良好的支持。对高校体育教育实际情况进行系统分析，发现要想践行人文体育思想，在构建多样化体育课程的过程中，应该坚持以下两个原则，即以人为本的原则和遵循大学生身心发

展规律的原则,各项课程内容的选择和规划都将学生作为核心,参照学生的实际情况对内容进行系统的调整,希望能有效吸引学生的注意力,让学生积极主动地参与到学习活动中,不仅掌握体育运动技能方面的知识,也促进学生的体育运动兴趣得到良好的培养,让学生以积极的态度参与体育运动活动,促进体育运动质量的全面提高,保证高校人才培养工作的全面推进。

(三)加强人文体育校园文化建设

学生作为学校中的个体,在学习和生活中必然会受到校园文化潜移默化的影响,所以在践行人文体育思想的过程中,学校应该认识到校园文化的重要性,希望能够在校园文化环境中融入人文体育精神思想,对学生实施潜移默化的影响。在具体操作方面,学校可以尝试组织多种类型的体育社团活动,在学校内营造良好的体育运动氛围,并且通过校园广播等为学生播报经典的体育赛事、体育历史方面的内容,让学生在日常生活中能够加深对体育运动的认识和了解,并养成相应的体育运动习惯,促进学生终身体育运动意识的培养。唯有如此,高校体育教育教学中人文体育教育思想才能够得到全面贯彻落实,学生的体育综合素质也能得到适当的培养,对有效促进学生未来健康成长产生着一定的积极影响。

人文体育思想在高校体育教育建设事业中发挥着核心指导作用,能够为高校体育教育事业的发展提供相应的支持。因此新时期背景下,应该全面加强对人文体育教育思想的重视,并积极探索相应的教育改革措施,希望能够循序渐进地改善高校体育教育现状,促进体育教育整体水平的提高,让学生能够积极主动地参与到体育知识的学习和体育技能的训练中,循序渐进地养成良好的终身体育意识,全面促进学生的健康成长。

第二节 休闲教育思想在高校体育教学中的运用

体育作为人类在生产生活中产生的以全身的自然活动为主的一种特殊社会文化活动,它具有游戏、娱乐、健身、冒险等多种特点与功能。在高等院校,体育作为一门必修课程,在培养学生体育兴趣、锻炼身体、放松身心等方面发挥着重要作用。适应新时代的要求,科学地构建高校体育教育框架,培养学生的休闲意识,使其形成终身体育的思想,是目前高校体育教学工作亟待解决的课题。

一、休闲教育思想

（一）休闲的内涵

美国国家休闲研究学院主席杰弗瑞·戈比认为："休闲是从文化环境与物质环境的外在压力中解放出来的一种相对自由的生活。它使人能够在内心之爱的驱动下的行动，并为信仰提供基础。"他认为休闲不只是寻找快乐，也是寻找生命的意义。从根本上说，休闲是对生命意义和快乐的探索。

（二）休闲教育

作为高等院校，学校的正规教育使年轻人脱离了社会，在学校里强调的是用理性控制情感，校方在评价学生时，用的是固定的量化标准，总是强调学习"有用的知识"，让学生们认为，对未来工作的准备和个人成长的计划才是最重要的事情，所以说大学在很大限度上已退化成为单纯的职业培训中心。

教育应该使得人们能够从其休闲中确保身心的充分休整，并丰富和完善人的个性。休闲教育是一种使人们能够在休闲中提高自己生活质量的方法；一种通过扩大人们的选择范围，使他们获得满意的、高质量的休闲体验活动；帮助人们自主地确定休闲在生活中的位置，能够从休闲的角度认识自己，更好地投入到新的学习和生活中去。

二、休闲教育在高校体育教学中的必要性

（一）从社会大背景来看，休闲教育已提上日程

随着社会的进步，经济的飞速发展，劳动生产率的不断提高，人们的闲暇时间不断增多，而伴随着人们收入的增加，休闲已成为人们日常生活中的重要内容。当休闲越来越成为现代人生活的一个重要组成部分时，人们逐渐意识到有效利用休闲时间的重要性，因此休闲教育也显得尤为重要。

在西方，亚里士多德、柏拉图、苏格拉底等哲人早已把休闲教育看作是个人受教育的一种基本形式。休闲教育的核心任务是培养相关技能和知识，使受教育者能够有效地利用休闲来满足社会和自身的需求，掌握休闲技能的人能通过休闲活动更好地实现自我和社会的融合。但是在我国，由于几千年来封建思想的束缚和影响，"业精于勤，荒于嬉"的观念仍根深蒂固，所以在我国高校中进行休闲教育尤为重要。

（二）从高校学生自身情况来看，休闲教育能够使其完善身心

社会激烈竞争的残酷性对高校大学生的触动和冲击很大，他们面临着学

习压力、毕业就业压力、经济方面的压力，造成精神压力的增加和心理不安因素越来越多，学生们希望寄情于休闲活动，跳出快节奏，高竞争，喧嚣功利的困扰，轻松自在地进入"休闲"境界。然而由于自身休闲知识的匮乏，又缺乏正确的休闲教育的指导，更多的大学生选择上网打游戏、无聊、发呆、睡觉等消极的休闲方式，殊不知用这些方式来消磨时间只能够使人得到暂时的放松，而对自身长远发展和健康不利。学生在进入大学教育阶段，年龄一般都在18～22岁左右，正处于世界观和人生观形成的重要时期，对新鲜事物的接受能力也是最快的时期，因此在大学期间对学生进行休闲方面的教育，会直接影响他们今后的生活和学习乃至整个人生的休闲理念的确立。

（三）从体育教学本身来看，高校体育教育是传播休闲思想的有力渠道

在休闲教育的供给途径中主要包括三个方面：家庭休闲教育、学校休闲教育、社会休闲教育。而学校教育在整个人生，全社会学习过程中扮演着重要角色。学校教育是一个人在一生中较集中的学习知识的时期，所花的时间也较长。在现代社会，人们一般学校教育时间长达十五年以上，有的将持续二十多年，因而在漫长的学习过程中，除了知识和工作的技能学习外，休闲学习也是非常重要的一部分。就学校教育而言，最重要的就是如何在知识讲授的过程中潜移默化地渗入休闲教育的内容，并根据不同年龄段的需求进行多样的休闲教育。

体育作为高等院校中唯一以室外教学为主的课程，拥有传播休闲思想，进行休闲教育的先天优势。如果说大学室内教学中更多的是各个专业领域的量化教学，那么体育教学可以更好地将休闲教育融合于游戏和娱乐之中，使学生能够从休闲中确保身心的充分休整，并丰富和完善其个性。

三、休闲教育思想在高校体育教学中的运用

体育教育作为高等院校教育的一个重要组成部分，越来越引起全社会的高度重视，能否让具有高尖技术及知识的人拥有健壮的体魄，形成良好的休闲心态，踏入社会后仍能更好地参与各种休闲娱乐类的体育活动，已经成为高校体育教育过程中应该着重考虑的问题。

（一）教学观念上转变更新，通过体育运动传播休闲理念

高校各行政部门领导应该从思想上充分认识到高校体育教学的重要性，认识到休闲教育的重要性，鼓励支持高校体育部门将体育教育与休闲教育结

合起来，通过体育运动传播休闲理念。

体育教师要加强休闲知识的学习，转变教学观念，以培养学生的运动兴趣与习惯为主要目标，加强休闲运动教育，培养学生正确的休闲理念与态度习惯。体育教师不仅要传授体育技能，而且要塑造休闲理念，鼓励学生进行创造性地实践并学会指导如何以自己满意的方式来度过闲暇时光，从而为建立终身体育的意识和能力打下坚实的基础。高校休闲教育不仅从休闲运动层面，而且应将休闲理念通过教学过程传播出来，进而影响学生终生。

（二）教学方法上内外结合，通过休闲体验强化休闲教育

以各类体育运动为载体的体育性休闲游憩活动，以身体移动性和参与性的特点越来越受到学生的青睐。体育教学要注重室内教学和户外教学相结合，有条件的高校要建立体育馆，将一些更适合在室内上课的体育项目放在馆内进行。室内休闲主要包括武术、瑜伽、健美操、跆拳道、散打、体育舞蹈等，户外休闲主要指球类和其他竞技性项目。在内外结合的基础上，应让学生更多地进行休闲体验。

约翰·凯利在休闲研究中更多的是专注于休闲者的体验，他在研究休闲体验的投入限度中，指出体验的强度可渐次为畅到参与到放松再到消磨时间，社会状况的性质则从独处到平行到联合行动再到交融。

（三）教学内容上寓教于乐，使教育过程更有休闲色彩

大学生在体育选修过程中，更倾向于项目多样化，非竞技性的特点，他们普遍喜欢内容新颖，未接触过的，感兴趣的，健身性强，简单易学，多样实用的项目。但目前，由于高校体育场地的不足及设施设备的限制，很多社会上流行的休闲运动项目，学校很少开展甚至没有开展。因此就要求高校体育教师在教学内容上要适度增加学生能够选择的体育项目的范围，弱化和细化体育的竞技功能。比如在室内教学中可增加瑜伽、普拉提、健美操、体育舞蹈、武术、跆拳道等既有休闲内容又不乏锻炼身心的运动项目；另外还要针对篮球、排球、足球、乒乓球、散打、自由搏击等竞技性体育项目减少单纯的竞技内容，增加以运动休闲为主体的内容；加强理论课中健康教育的内容，重视对学生健康行为的引导，使休闲思想刺激学生对品位文化的追求和崇高的精神生活的需求，使学生塑造休闲理念，形成积极健康向上的养生之道，从而终身受益。

第三节 终身教育思想在高校体育教学中的应用

高校体育，作为学校体育的重要组成部分，是学校体育与社会体育的衔接点，不仅对实施全民健身计划起到重要作用，同时也对终身体育思想的贯彻起到了承前启后的桥梁作用。近年来全民健身运动在我国蓬勃发展，再看沿袭了几十年的学校体育教育体制暴露出越来越多的问题，已经不能适应现在体育运动的发展要求，更不能充分满足学生的需要。因此，对于高校体育教学改革的必要性更加突出，改变体育教育体制，把终身体育教育思想融入体育教学当中，才能适应现代体育发展的要求。

一、终身体育教学概述

（一）终身体育的发展变化

终身体育教学最早起源于我国古代实施的终身教育，如"活到老，学到老"就是终身学习思想的体现。孔子最先在《论语》中提出了"有教无类"的思想，之后很多教育学家也开始提出终身教育思想。我国教育界最初在20世纪80年代时就对终身体育教学进行了深入研究，但是并未投入到实际应用中。

现阶段，终身体育教育还存在很多定义，但是教育界人士较认可的定义是一个人受到较为系统的体育教学后，可以在一生中不断接受并从事体育锻炼活动，进而保持身心愉悦、身体健康的方式，在终身体育锻炼中获得成长，提高了自己一生的生活质量。从科学教育理念分析，终身体育教学理念最显著的特点就是可以在体育锻炼中加强德智体美的综合发展年龄较大的人员可以达到增强身体素质目的。终身体育教学思想对高校学生体育教学的进展有很大作用，不仅可提高学生的身体素质，同时还可以实现德智体美的同步发展，与学校教学目标一致。

（二）高校终身体育教育目标

高校体育教育实施终身体育教育的最高阶段是能够控制终身体育发展方向。此种教育思想不仅可以加快体育教学目标的实现，还可以提高学生的体育技巧，形成了强烈的教学理念，对学生未来的发展具有很大作用。因此，高校制定终身体育教学目标时，可以从体育教学的长期效益进行分析，保证体育教学的系统性和完整性，充分发挥现有体育资源的作用，及时转变教学理念和教育方式，将培养学生体育技能、锻炼学生身体素质和形成良好的体育运动习惯作为教学目标，指导并帮助学生形成良好的体育基础，促进后续体育教学的进展，让学生在长期体育学习中，形成健康积极的生活习惯，练就强健的体魄。

二、高校终身体育教育现状分析

随着新课改的进展，教学目标、教育理念和教育方法均发生了较大变化，传统的体育教学方式已经不能满足教学需求，在实际教学中产生了很多问题，主要体现在以下几方面。

1. 教师和学生的终身体育意识不强

高校教育是培养高素质人才的主要地方，对学生今后的成长具有很大意义。但是从当前体育教学现状来看，目前我国体育教学中主要存在学生和教师不能正确认识终身体育教学，教育方法不正确，没有形成终身学习理念，对终身体育内涵和意义认识不全等问题，导致实际教学中不能体现终身体育意识，不能指导学生执行终身体育教育思想等内容的学习。而且体育教学中，很多教育人员都将教学重点放在学生身体素质锻炼上，忽略了对学生体育意识和体育兴趣的培养，导致体育教学目标和人才培养出现了较大偏差，学生经常利用敷衍了事的方法对待学习，没有形成体育终身学习意识。

2. 教学目标定位不准确

目前很多高校定位的体育教学目标都比较狭窄，主要将提高学生身体素质为目标。学生进行实际锻炼时，仅仅在体育课余时间进行锻炼，不符合高校体育教学目标，不能培养具有健全体魄的高素质人才，影响了学校体育教学的进展。而且很多学生步入社会后，缺少体育锻炼机会和平台，学生身体素质不断下降，与学校体育教学目标相背离。

3. 高校体育教学内容较单一

目前很多高校设施的体育器材主要趋向于竞技类体育，但是随着新课程的改革，体育驾驭综合性越来越强，主要涉及休闲、健身、娱乐等多种项目，所以传统的教学内容已经不能符合体育教学要求。当前可供学生选择的体育项目较单一，主要是篮球、排球、体操、网球等内容，而且由于体育器材设施和教学场地限制，导致这些课程开展难度较大，不符合学生体育学习需求。此外，进入高校后，学生体质发展处于敏感阶段，学生纵向肌肉增长基本已经停止，主要进行横向增长，可以给学生适当进行一些增长力量的体育项目训练。但是当前很多高校实施体育教学时，都只进行一些简单的项目的教学，不能进行力量型教学，直接影响了学生的身体发展，阻碍了高校体育教学的实施。

4.高校体育教学不符合体育教学要求

高校体育教育是在中小学基础上的延伸，而不应该重复进行中小学体育项目。但是目前很多高校依然存在体育基础训练，主要进行体育锻炼方法和体育保护方法教学，不符合学生发展需求。一方面，体育课时较少。体育课时量较少，导致学生学习时掌握的体育项目技巧不牢固，而且学生接受力较薄弱，不能发挥学生学习体育的潜能。另一方面，应试机制不科学。为了应试考核，学生经常选择自己不感兴趣的一些项目进行训练，长此以往，容易让学生产生强烈的逆反心理，影响了学生终身体育思想的确立，不能满足学生的实际学习需求。

三、高校体育在终身体育教育中的作用

体育教育是铸造一个完整的人的教育，以培养健全的人格、健壮的身体、健康的心理为目标，为社会培养富有创造能力与创新精神，适应环境与竞争的合格的人才。终身体育的形成需要学生在校期间获得必要的体育理论基础知识，形成正确的运动健身意识，掌握多种健身方法，培养对体育的兴趣与爱好，养成良好的运动行为习惯，最终树立终身体育必备的运动素养，使学校体育教育顺利地过渡到社会群众体育当中，使体育对人类的重大作用能够有机地延续和发扬。

作为学校体育的重要组成部分，高校体育对终身体育思想的普及和终身体育者的造就都具有举足轻重的作用。在大学校园里，作为学生接受学校教育的最后阶段，高校体育要进一步增强学生体质，增进身心健康，培养坚持身体锻炼的习惯和能力，为终身体育打下坚实的基础。体育课程是以身体练习为主要手段、以增进高校学生健康为主要目的的必修课程。高校体育要立足现在，面向社会，着眼未来，它受益的对象是全体学生，要以培养学生终身体育锻炼习惯为目标，不仅要增强学生体质，增进学生身心健康，还要使学生掌握参加某种运动的技能，以学生终身受益为目的的一种特殊教育课程。从与终身体育接轨的角度出发，以传授体育知识，技术和技能为基础，发展健康心理，磨炼意志品质为目标，通过体育课程的学习和实践，使学生逐渐掌握体育锻炼的行为方式，并且将它转化为他们的锻炼习惯，才能终身锻炼、终身受益，这正是现代高校体育教学的根本职责。

四、终身体育教育观念下我国高校进行体育教学改革的相关对策

（一）改变体育观念，帮助学生进行终身体育思想的树立

长期以来，我国高校在进行体育教学的过程中过于重视对学生体育竞技项目的锻炼，但在这一过程中，教师们往往忽略了学生锻炼方式、锻炼形式以及相关的体育技能的培养以及发展。而当学生们毕业之后，就会立刻将所谓的体育抛之脑后，这也就是说现阶段高校的体育教学并不能有效地进行学生终身体育教学观念的培养，而当学生毕业之后，其体育的学习也就停止了。而为了能够有效地促进学生的体育发展，教师们应当不断地进行相关体育学习观念的转变，并帮助学生进行终身体育观念的树立。因此教师们在进行体育教学的过程之中应当向学生讲解终身体育的概念以及理念，让学生能够对终身体育这一观念有一个大概的认知。其次，教师们应当推动学生体育自主学习能力的形成，而只有学生对于体育学习充满兴趣，才能够真正意义上投入到相关的体育学习之中。而教师在进行体育教学的过程之中，还需要充分激发学生的创新能力，从而让学生认为学习体育是一个有趣的过程，而并非传统中那种枯燥的锻炼身体。而通过这些举措，能够很好地激发出学生对于体育学习的积极性以及对终身体育观念的认知，并进一步促进我国高校的体育教学发展。

（二）进行体育相关课程的不断完善

在我国的高校中通常存在着以下现象：只有大一、大二两个学年设有体育课程，而且每周仅有两个课时。这样的课时限制往往无法满足体育教学的实际需求。因此相关高校应当进一步完善自身的体育课程体系，来合理地协调体育课时以及实际体育教学需求这两者之间的关系。而在面对体育课程体系完善中出现的问题时，要及时给予解决方案，来保证学生进行体育学习的连续性，这样不仅能够有效地培养出学生不断进行体育锻炼的习惯，还能够充分增强学生们对于体育学习意识的重视。而借助于体育课程体系的完善，还能够使学生有充分的时间去接受相关体育知识并进行体育技能的锻炼，从而有效地促进学生们终身体育意识的养成。除此之外，高校还应当不断进行相关体育教材内容的更新，并以学生终身体育意识的培养作为整个教材的编制主线，来建立起一个灵活的、有趣的个性化教材体系。而教师在进行体育教学的过程之中，还需要对教学方式与教学手段进行不断地更新，来用多种新颖的教学模式来不断激发学生对于体育学习的兴趣，从而有效地培养学生的锻炼习惯，提升学生的体育锻炼能力，为学生终身体育意识的养成打下坚

实的基础。

（三）进行体育知识的不断丰富

当前高校体育教学中的相关体育知识并不能够满足学生的实际需求，这就要求高校教师不断进行体育知识的丰富，并为学生创造出一个能够学习体育基础知识的条件，并在此基础上不断地去引导学生进行相关体育知识的学习，并让学生能够将所学习到的知识充分地应用到实际生活之中，从而进一步提升学生的体育意识。

我国高校现阶段对于终身体育教育思想下的高校体育教学改革过程仍然存在着不少问题，并严重阻碍了我国高校体育教学的发展。该文对终身体育教育思想的含义及其教学目标进行了分析，并提出了几点我国高校体育教学中所存在的问题，并在此基础上提出了几点能够有效推进我国体育教学改革的策略，希望能够为我国的高校体育教学改革提供一些帮助。

第十章 运动训练概述

第一节 运动训练学概述

从1896年第一届奥运会开始,现代竞技体育就和运动训练结下了不解之缘。随着竞技体育的发展,人们也越来越认识到运动训练理论在竞技体育中的作用。当我们站在历史的高度回顾竞技体育发展历程的时候,我们可以看到,运动训练学与竞技体育始终形影相随,运动训练学成为竞技体育更高、更快、更强的强劲动力。

一、运动训练学的发展历程

运动训练理论对竞技体育的推动作用并不是同步发展的,而是在竞技运动发展到一定限度,竞争日趋激烈,此时传统的经验式训练已不足以满足竞技运动需要时而产生的。

苏联涉足运动训练理论的研究是比较早的。最早的一本专著是1922年苏联的格里涅夫斯基完成的《科学的训练原理》。苏联学者列·巴·马特维也夫于60年代提出了"周期训练理论",并于1964年出版了《运动训练的分期问题》一书。

1964年民主德国的迪特里希·哈雷博士主持编写了《训练学》讲义,并于1969年正式出版了《训练学》一书,这是世界上第一本综合型的运动训练学专著,标志着运动训练学作为一门独立学科正式诞生。在世界各国学者的共同关注和努力下,运动训练学理论体系逐步形成。1977年列·巴·马特维也夫出版了《运动训练原理》一书,由于该著作有很高的科学性、概括性和应用性,至今仍被公认为运动训练理论的经典著作之一。其所提出的周期训练理论更是影响深远。除此之外,还有苏联弗·纳·普拉托诺夫编著的《运动训练理论与方法》、联邦德国学者葛欧瑟编著的《运动训练学》、美国学者福兰克·杰克逊编著的《运动训练原理》、加拿大图多·博姆帕的《运动训练原理与方法》、联邦德国马丁的《训练学基础》、日本学者饭冢铁雄编著的《竞技运动最佳化训练原理》等等，这些著作对运动训练学理论框架的充实和完善奠定了坚实的基础。

我国运动训练学的发展始于50年代，但在1966年之前，主要处于运动训练学的萌芽时期。这一阶段主要通过一些文献译著及整理外国专家来华讲稿等途径，逐步引进了一些单项训练理论。在受到国外研究的影响、冲击以及国外许多运动训练学论著不断问世的背景下，我国一些学者也开始超越专项理论的束缚，探索运动训练方法、过程及负荷的基本规律。在此期间，提出了"三从一大"的训练原则，运动训练理论开始朝向科学系统的方向发展。

在经历了"文化大革命"的停滞之后，我国运动训练学发展进入了一个新的阶段。70年代之后，国际交往逐渐增多，国内学者积极引进翻译了许多国外专著。如蔡俊五等翻译引进的迪特里希·哈雷博士的《训练学》、张世杰翻译引进弗·弗·佩特罗夫斯基的《控制论与运动》、张人民等翻译引进弗·纳·普拉托诺夫的《现代运动训练》、马铁等翻译引进图多·博姆帕的《运动训练理论与方法》、姚颂平翻译列·巴·马特维也夫的《竞技运动理论》等等。同时，一大批国外学者也来华进行讲学，如联邦德国运动训练学专家葛欧瑟等，带动了我国运动训练学的研究，培养了一批致力于运动训练理论研究的年青学者。

1981年，在中国体育科学学会组织下，经过过家兴等一批专家的多年努力，于1983年完成了我国第一本《运动训练学》专著，宣布了我国运动训练学学科的诞生。1982年我国学者徐本力为全国青年篮球队教练员训练班编写了一本《运动训练学》内部讲义。1986年，董国珍也编著了一本《运动训练学》内部教材。1988年"运动训练学"被国家教委确定为运动训练专业的主干课程。在这期间，田麦久、徐本力、过家兴、延峰、茅鹏、胡亦海、刘建和、王永盛等都相继或再次出版了有关"运动训练学"的专著或教材。而有关运动训练的研究论文更是"百家争鸣、百花齐放"。正是这些学者的不懈努力，我国运动训练学逐渐自成体系，有些研究在国际上也处于领先水平，丰富了世界训练学的知识宝库。

二、运动训练学的基本理论框架

在项群训练理论未建立健全并被引进运动训练之前，对于运动训练学的研究主要从两个层次展开：一般训练理论和专项训练理论。

运动训练理论首先源于各个专项训练实践和专项训练理论。一般训练理论是专项训练理论发展到高级水平的必然产物，是从各专项训练理论中总结出带有广泛适用性的共性规律，并使其上升为对不同项目的运动训练活动具有普遍指导意义的理论，它的形成和发展促进着运动训练实践和专项训练理论更进一步的提高和发展。我们所谈及的"运动训练学"，通常即指这种阐明运动训练基础理论和训练过程中带有共性及普遍性问题的理论体系，即一般训练理论（一般训练学）。

由于受到苏联和德国学者运动训练思想的影响，从 1983 年第一本《运动训练学》专著出版，到 2000 年新版《运动训练学》的发行，以及国内出版发行的许多"运动训练学"专著或教材，在内容体系上都非常相似。主要内容包括：运动训练概述、运动训练的原理和原则、运动训练方法和手段、体能训练、技战术及心理训练、运动训练计划、运动训练的管理等。

在项群训练理论建立并被引进运动训练学之后，运动训练理论的研究领域就由原来的两个层次拓展到了三个层次。项群训练理论的提出，成为联系一般训练理论和专项训练理论的纽带和桥梁。加强了一般训练理论与专项训练理论的互动，使"运动训练学"从指导运动训练实践的上层理论变得更为具体和实用。但我们从最新的《运动训练学》教材可以看出，项群训练理论的引入，充实了运动训练学的内容体系，使其更加丰满和科学。然而，项群训练理论的引入，并没有从根本上触动和改变运动训练学的结构体系，它只是对原有运动训练学做了内容上的扩充。一般训练理论与现代高速发展的竞技体育之间的矛盾已经在很多方面突现出来，我们不断面临着一些尴尬的局面。因此，项群训练理论对现代训练理论所带来的冲击还远没有结束，对运动训练学理论体系（内容体系和结构体系）的重新调整和构建将是现代竞技运动对我们提出的新的挑战。

三、对运动训练学发展过程中若干问题的反思

（一）"周期训练"理论的反思

"周期训练"理论是 20 世纪 60 年代中期由马特维也夫提出的，在当时的情况下，主要是针对田径、游泳、举重等体能类项目所进行的研究。马特维也夫明确指出：竞技状态发展的阶段性是运动训练分期的自然基础，运动竞技状态的发展分获得、保持和消失三个阶段，呈周期性的"按顺序不断交替"，并在更高的基础上所得出现。因此，"训练周期"也相应地有三个时期：训练期、竞赛期、过渡期。同时也指出，训练和恢复在训练中表现出周期性。最基本的环节是"小周期"，从准备和实现一个主要比赛目标再过渡到下一轮，这样一个完整的过程，就表现为一个"大周期"。在大周期和小周期之间，由

"中周期"进行衔接,在大周期之上,还有"全周期"。训练过程的控制是由不同层次的"训练周期"组织实现的。

马特维也夫的"训练周期"理论一经提出,立即产生了较大的影响,并被许多学者和教练员认同。目前,"周期训练"理论的内容依然占据运动训练学的主要部分,作为运动训练学重要内容的训练计划,就是主要针对"周期训练"理论来进行的。可以说,"周期训练"是训练计划制定和控制的核心,而作为运动训练计划,更对运动训练的阶段划分、内容、方法、手段、训练目标起到界定的作用。因此,"周期训练"理论在运动训练学中的地位和作用是极其深远的,许多学者如田麦久、过家兴、徐本力等都在专著或文章中对运动训练中的"周期"问题进行过专门的研究和分析。"周期训练"理论在运动训练中的广泛应用,曾经对运动训练的科学化起到了非常重要的作用。由此而取得的成绩也是有目共睹的,其可行性无论从理论上还是实践上都得到了一定的检验。但前面我们也说过,运动训练是一个不断发展、不断提高的过程,作为其理论支撑的运动训练学也需要不断地被检验、被验证。运动训练理论的发展本身就是一个螺旋上升,甚至迂回发展的过程。因此,在竞技体育高速发展并且多样化的今天,"周期训练"理论与现代竞技体育的矛盾也日益呈现,"周期训练"理论的科学性甚至也受到了质疑。那么"周期训练"观点是否科学?是否需要变革?这都是值得我们反思的问题。目前的问题集中在以下几个方面:

1. 一个训练模式必须建立在运动基础理论的基础上,运动基础理论将从人体运动的生理、生化机制和运动力学特征等方向支持并解释训练理论的科学性

而马特维也夫的"周期训练"理论是在缺乏严格控制的研究和实验条件下提出来的。这些学者从学科科学化发展的角度来分析是无可非议的,但我们应该看到运动训练中的许多新理论、新技术的产生都是在实践中不断总结并被应用,最终才被验证并升华为理论的。马特维也夫在大量项目实践的基础上总结出的"周期训练"理论,显然也不是凭空臆造的,在其后的实践应用中,这一理论也得到了一定的验证。当然,经验上升为理论必须采用科学方法、手段和科学理论进行反复验证才能成为真正意义上的科学理论,现在已经有学者在做这方面的尝试。所以,当"周期训练"理论在实际应用中遭遇败绩后,被人们所质疑也是在所难免的。但毕竟科学化需要一个过程,在这期间,我们应以科学客观的态度看待"周期训练"理论,而不能全盘否定。

2. 现代竞技体育的比赛与以往相比,已经发生了巨大的变化

不要说篮球、足球这些项目,就连田径、游泳的赛制也发生了很大变化。

比赛次数明显增加，而且赛期分布全年。NBA、英超、中超、德甲球员的比赛更是成为了生活的重要部分。"周期训练"理论中的周期似乎已被现有赛制分割和瓦解，再按照"一般训练与专项训练"、"负荷量和负荷强度"在训练周期理论中的那种界定进行运动训练的安排，显然已不能适应目前高强度、高频率、时间不确定的赛制的具体情况。

3. 忽视了训练过程中的系统性、完整性

"周期训练"理论把训练过程划分成全年训练周期、阶段训练周期、周训练周期，甚至更小的训练周期。首先，在划分前没有考虑运动员个体在训练中的生理、心理、技战术等实际变化和发展特点，而前期的预测显然是非常困难的。因此，运动训练过程被分割成若干个阶段，而每一个阶段的发展似乎只是一个直线发展过程，而实际的训练过程应根据运动员个体适时地安排并调整训练，这是一个螺旋发展过程，在一定限度上打破了周期划分的界限，表现出时间为主线而非周期性变化的特点。

我们如何看待和应用"周期训练"理论？首先，应以发展的眼光而非教条的去应用"周期训练"。"周期训练"的提出并没有让大家"墨守成规"的去应用，只是我们自己没能打破思想上的桎梏。"周期训练"理论对于目前的运动训练，更大的意义应该是一种训练思想，我们应该吸取其精华。从宏观上讲，训练的整个过程还是有周期性规律的，但不能在训练的全过程都陷于"周期训练"的框架之中不能自已。其次，就是引入新的理念、新的思路。对于目前的情况，我们完全可以跳出周期的概念，应用目前兴起的时间学理论来重新阐释"周期训练"理论。周期本来就是时间的一种表现，运动训练与时间紧密相连，因此，借助新的理念，"周期训练"理论才能得以重获新生。最后，重视多学科的综合应用。这点已被大家所认同，但在实际操作时，往往孤立了各学科间的联系，很多研究重复进行，研究成果也不能共享，造成认识上的偏差和不统一。

（二）对"竞技状态"的反思

目前对竞技状态的定义是："运动员达到优异成绩所处的最适宜的准备状态"。或"当负荷维持在高水平上，机体的工作能力和训练限度也稳定在较高水平上的一种状态"。判断"竞技状态"的标准最终是要依靠训练计划中各种指标及任务的完成来衡量。现在"竞技状态"被人为划分成"形成、保持、消失"三个过程，似乎与训练表现的具体情况很难一致起来。所以，"竞技状态"这一沿延用了多年的概念，其内涵应该发生改变，如果这一概念的存在体现了"运动员适应比赛，创造优异成绩"的一种综合能力的整体表现，那么是可以理解的。但若还将"形成、保持、消失"作为其主要内涵,让其承载概念以外太多的东西,则需要进行商榷了。

(三)"超量恢复"理论的再思考

"超量恢复"理论也是马特维也夫提出的,严格地说,当时这一理论也是基于大量运动实践提出的,并没经过完备的科学论证。因此它也如"周期训练"理论那样引发了一定的争议。

目前运动训练学对超量恢复的解释主要表现为以下含义:第一,两次训练间歇时间太长,在超量恢复后进行下一次训练,人体机能水平得不到提高。第二,两次训练的间歇时间太短,未能超过恢复阶段就进行下一次训练,人体机能水平不断下降。第三,两次训练间歇时间适宜,在超量恢复阶段进行下一次训练,人体机能水平不断提高。对于第二种情况,新的研究表明。每次重复工作,若在不完全恢复期进行,这种负荷引起机体机能明显的变化。若在数次重复以后,再给予较长休息期,其超量恢复将更为明显,负荷工作与休息期的良性效果也将较高。可见,超量恢复理论在新的时期应该有新的发展。

(四)对"木桶理论"的反思

"木桶理论"最初的提出是指某一事物的发展和成效取决于全部因素中最为不利的因素。这一形象化的比喻,将我们的思路所迷惑。首先,我们注意到水从最短处流出,就被诱导认为训练本身也如此。但我们显然忘了,运动训练要求的是综合效应,绝不是各要素的简单迭加。就如中国足球曾经为了提高球员的耐力水平而采用了许多手段,结果一般耐力是提高了,测试也通过了,到了场上依然如故。所以,成绩的提高或取得,需要一定的基本素质,但绝不是"均衡"全面发展。其次,"木桶理论"展示给我们的是一个立体的形象,但对它进行解释时,却只是在二维的体系中进行阐述。运动训练是一个多角度、多方位的多维体系,木板只是一个方面,桶底、盛水的多少都是我们要考虑的问题。最后,运动训练所包含的要素很多,但不是在组成木桶时每一木板都需要,我们只挑选必需的来做"木桶",最短的板子可能我们可以放弃,从而避免了水从最短处流出的可能性。

(五)运动训练学结构体系重新构建的反思

"运动训练学"的发展过程中,内容体系在很大限度上得到了拓展和充实,但结构体系却没有发生太大的改变,各部分依然处于相对孤立的状态,这对"运动训练学"的科学发展起到了阻碍作用。

首先，打破原有结构体系中各部分相对独立的局面，按训练学规律将它们有机联系起来。这就需要我们始终沿一条主线，各部分均是围绕这条主线展开并有机相连，最终达到既定的训练目标。训练的各部分被分时间段设定在主线两侧，并完成既定的任务和目标，同时，通过的宏观和微观的管理、调控，在遵循训练总原则的前提下，最终完成比赛目标。

其次，在对结构进行调整时，应该摒弃过去各自为政的编排方式，并重视相关学科的介入。比如训练方式、方法、手段及体能、技战术都是分开阐述的，这在"运动训练学"初创时是有必要的，但随着训练理念的加强，训练的不断发展变化，这种方式对于指导运动训练实践是十分不利的。在实际教学中，学生也很难将理论与实践结合起来。同时，相关学科的内容介入太少，比如，耐力素质的训练与生理、生化的结合是非常紧密的，但在体系结构中很难看到这方面的内容。

最后，体系结构的改变还要与内容体系相依托，改变过去以体能类项目为主体进行研究或阐述的局面。既然是一般训练学，应能反映并体现出大部分竞技项目的规律性问题。

当然，体系结构的改变比新理论、新理念的引入可能更复杂，这需要各学科的专家、学者长期不懈地努力。

第二节 运动训练理论

自20世纪80年代田麦久等人创立项群训练理论至今已逾30年。竞技运动项目的多层多维排列，使人们更清晰地了解与认识到不同竞技项目之间的内在联系和外部特征。对不同项群训练学机制的揭示，加强了人们对不同层次的项群及专项特征的更深入认识。对不同项群训练内容与方法的设计，为运动训练实践拓宽了空间。项群训练理论体现的朴素思想与方法，极大地拓展运动训练学理论研究和竞技体育学理论研究的视野。诚然，项群训练理论也需要不断发展与完善。本文拟从学科建构和多学科研究的视角，提出对项群训练理论发展的几点思考。

一、加深对项群训练理论学理与学术价值的认识

项群训练理论是运动训练学理论的重要组成部分。作为运动训练三层次理论的桥梁，在单项训练理论和一般训练理论研究中，发挥了重要的理论视角、理念方法创新的学理价值和学术价值。

（一）项群训练理论的科学原理

30多年来，项群训练理论创立者及其团队通过对运动项目的分类标准、项目体系、项目特征的探索，建立了该理论基本的概念体系和方法体系，并以运动训练为指向，揭示了各项群间多个项目的内在联系和项群与单项的关系，凝练出同一项群的共性特征。这一理论关于各层次项群训练理念、方法、内容和设计组织的思考和应对，从另一个角度回答了运动训练"为何练、练什么、练多少、怎么练"的基本问题。其与专项运动训练理论一起成为运动训练学理论的基石。

项群训练理论的形成是人们采用哲学的、体育学的原理和方法认识各运动项目的本质特征，进而认识多个运动项目之间一般特征及其相互关系，最终提炼出一类具有相同性质竞技项目的训练学特点，为单个项目或多个项目的训练过程提供了方法学支撑。

（二）项群训练理论构架及其逻辑关系

为什么要对运动项目进行分类？因为进行"运动项目分类可以使我们更深刻地认识不同运动项目的本质属性和内在联系，便于在相应的层次上进行专门的研究，有利于同类项目之间运动素质和运动技术的积极转移，以及训练方法的相互渗透、相互移植"。

但是，由于前人的分类没有完全遵守"同一标准原则、层级分明原则、子项不相容原则、子项之和等于母项原则"，存在许多纰漏，所以，建立了一套全新的运动项目分类体系。这一分类体系包括分类标准、大类与亚类的确立。分类标准选取3项，在这3项标准下，各分类之间存在一定的关系。

为什么选取以竞技能力主导因素、运动项目动作结构和成绩评定方法作为主要的分类标准呢？这是因为：按决定人体竞技能力的主导因素分类，可以反映各运动项目对人体竞技能力的不同要求，便于对运动训练活动进行更准确的分析与控制；按运动项目的动作结构分类，可以反映项目运动形式的特点，对运动项目技术动作分析和技术训练有很高的实用价值；按运动成绩的评定方法分类，可以反映不同项目运动成绩结构的特点，对训练实践和成绩提高均有实际指导意义。

项群训练理论的边界通过概念体系和内容体系来确定，也就是"建立理论的意义与科学基础，理论的构思与命名，理论体系的构成等，以及该项群的构成与发展、该项群运动员竞技能力决定因素的系统分析、该项群运动员比赛成绩决定因素的系统分析、该项群的训练特点等板块的内容"。

项群训练理论的研究者以竞技能力发展及其特征、运动训练方法手段创新、运动负荷设计及其控制、运动训练过程组织与监控等训练问题为研究内容，对竞技体育制胜规律、运动竞赛环境、运动员选材、竞技体育发展战略与运动项目布局、竞技体育实力分析与重大比赛成绩水平预测等参赛学、选材学和战略学问题进行了卓有成效的研究，极大地推进了运动训练学理论和竞技体育学理论的发展。项群训练理论创立者的视角与视野、思想与方法，对体育学的学科发展、理论创新，具有重要的启示与推动作用。

二、基于学科建构的项群训练理论发展

项群训练理论走过了30年的历程，随着人们认识客观事物的水平和方法不断提升，认识项群训练理论的视角也在更新。对有关热点和重点进行梳理，不仅是理论自身发展的需要，也是一门学科发展的需要。

（一）加强核心概念的系统化梳理

准确的核心概念及其科学定义是任何理论形构的逻辑起点，也是对其边界和范畴的勾勒。项群、项群划分标准、项群分类体系、项群训练是项群训练理论的核心概念，准确、科学地界定这些概念，以及由其形成的诸如各项群大类、亚类的概念体系，对于明确边界和内容，梳理其内在关系与范围，是项群训练理论形成与发展的逻辑起点。以下几个问题值得进一步明确和探讨。

核心概念及其相互关系。"项群"已经有了十分准确与科学的定义：一组具有相似竞技特征及训练要求的竞技项目。"项群训练理论"则是揭示不同项群竞技规律与训练规律的理论。但目前没有"项群训练"的明确界定。我们知道，因为有"运动训练"这一上位概念，所以就有了"田径运动训练"（简称田径训练）或者"篮球运动训练"（简称篮球训练），等等。那么，项群训练与运动训练的边界如何划定，其是否交叉或是重叠？

项目的竞技特点是什么？是竞技能力、训练方法手段、竞技负荷、训练组织实施等问题吗？都值得进一步确定。陈亮等提出，"不同竞技运动项目在竞赛规则的指导与约束下，形成了独特的竞技特点，同时又表现出明显的'集束性'特征"，但仍需要处理好运动项目与运动员、竞技能力、规则、竞赛等方面的关系。

"运动项目的动作结构"没有区分项目和人的属性。"动作结构"是"2个及2个以上的动作按照一定顺序组合，并形成一定相互关系的动作系统"，是人完成某一运动目标的身体姿态与方法，具有运动学、动力学的意义，并且指向动作技术、技能。运动项目则是特定的运动形态、运动方式和场地规则的集合。尽管动作结构有运动项目的规定性，但以动作结构来划分运动项目

不能等同于运动项目本身。从"运动项目动作结构"命名的逻辑性上看，缺少了"人"的意蕴。

构成要素能否成为主导因素。体能、技能、战能、心智能、知能是竞技能力的构成要素，这5个要素的独立性和相互关系共同构成了竞技能力结构。作为结构要素，能否成为竞技能力主导因素，不仅取决于这一要素和竞技能力整体的关系，还取决于这些要素与运动项目、比赛方式、规则的关系。理论上，构成要素与决定（主导）因素既有联系，又有区别。任何竞技能力的发展和表现都离不开这5个要素。但影响和决定竞技能力发展和表现的则不仅仅是这5个要素，还有竞技信息、竞赛环境、竞技风险等诸多因素。

（二）推进分类标准多元化与分类体系的扩展

项群分类主要采用竞技能力主导因素、运动项目动作结构、运动成绩评定方法标准。竞技能力主导因素构成了"四九"项群分类体系，运动项目动作结构构成了"三七"项群分类体系，运动成绩评定方法则是"五全"项群分类体系。

目前，被大多数人认同并广泛使用的是竞技能力主导因素分类体系。该项群体系将以奥运会赛事为主的众多竞技运动项目分为体能主导、技能主导、技心能主导和技战能主导的四大项群。

现有的"三标准"分类体系，已经包含了绝大多数主要的竞技运动项目，但并未概全，一些非奥运会项目还有待去分类、归位。虽然已有程勇民等、李宗浩等、聂臣高先后进行过有益的分类尝试，但仍未涵盖所有运动项目。

（三）加强对同一项群的本质把握和体系建构

项群训练理论建构的逻辑起点是运动项目的本质属性及其相互关系，进一步揭示竞技项目的本质属性应是未来项群训练理论研究的核心。纵观已有关于各亚群的本质及其特征的研究，对各亚群的本质特征、训练特征、负荷特征概括都还只是单项本质特征的罗列。上升到项群层面还需进一步提炼，从哪几个维度或内容研究项群特征，值得进一步思考。

由于运动训练科学关注和研究的对象是运动员竞技能力发展，而运动项目（或竞技项目）是运动员竞技能力发展与表达的唯一载体，所以，认识与掌握运动项目特征成为运动员竞技能力发展的阶梯。在论及各项群特征时，多数学者采用竞技能力主导因素的分类体系研究，所以，其特征概括一般采用的是对体能、技能、战能、心能及智能特征的分述，由其作为某一项群运动员的竞技能力特征。显然，运动员的竞技能力特征还不能完全代表运动项目特征。从比赛、运动成绩、运动员年龄等要素探讨项群竞技特征应有一定的空间。因为只有真正把握运动项目的本质属性，方可厘清不同运动项目或不同项群特征。也只有厘清不同运动项目或不同的项群特征，方可实现运动员竞技能力专项性、专门化与个性化发展。

（四）促进亚群训练理论的完整性与应用性

目前，关于各个项群的项目构成、竞技特点或特征、训练设计与安排特点的研究，已有诸多单项训练研究成果。在当前的项群训练理论体系中，实现理论的完整性、丰富性、多样性，还需首先考虑竞技项目数量增加及其代表性，其次是对各亚群的项群特征高度概括，与单项训练理论保持一定的边界。

目前，竞技能力主导因素所构成的项群系统为大家一致认同，并进行了卓有成效的研究。但该主导因素下，对项群的多样性也产生一定的制约。因为竞技能力从根本上是运动员的主观才能，运动项目和项目群的形成与丰富首先取决于其运动形态、方式，而运动形态、方式又与比赛方式、场地器材、竞技规则息息相关。所以，拓展现有的项群体系，一方面需对竞技能力主导因素进行更准确的界定，同时将比赛方式、场地器材、规则组织等作为要素加以思考，提出项群划分的标准或参照标准。只有全面考虑运动项目与运动员及其竞技能力、比赛方式、规则组织、场地器材等要素，才可深入揭示不同亚群的训练特征。

三、多学科理论引领下的项群训练理论发展

（一）基于新理论、新技术、新方法的项群训练研究

2018年1月，国务院发布的《关于全面加强基础科学研究的若干意见》指出，"当前，新一轮科技革命和产业变革蓬勃兴起，科学探索加速演进，学科交叉融合更加紧密，一些基本科学问题孕育重大突破。世界主要发达国家普遍强化基础研究战略部署，全球科技竞争不断向基础研究前移"。项群训练理论作为体育学领域的基础学科理论，应引起更多人的关注。

项群训练理论属于体育学理论范畴。体育学又是一个集生物学、教育学、心理学、社会学、文化学、管理学等于一体的应用性综合学科。如何保证项群训练理论固有的理论特色，又能并蓄其他学科，更好地发挥本理论的话语权，也是未来项群训练理论研究和发展的思路之一。及时采用新理论、新技术、新方法研究项群训练理论，还有助于形成多样的研究团体、团队和流派，促进体育学、竞技体育学的学科丰富性和多样性。

（二）基于竞技规则与场地器材变更的项群训练研究

在竞技体育语境中，竞技者（运动员、教练员）的训练与参赛活动和竞技场地、规则、项目等紧密联系，共同构成了竞技体育的主客体关系。在这些要素中，各个项目的竞技规则变化内容和频率最大，分析与揭示规则变化下某一项群和不同项群的运动员、教练员在竞技能力发展与表现上的变化规律，将竞技规则作为一个重要的自变量，考察不同项群的训练实践活动，将更具有现实意义。

（三）运动员、教练员、管理者及观众的项群特征研究

随着教练员理论的发展，教练员执教研究得到了长足的发展。显然，在中国竞技体育发展中，特别是一些落后项目和潜优势项目的发展中，遇到的瓶颈之一就是教练员的执教能力和水平问题。随着职业化浪潮席卷中国竞技体育，一些具有经济性、观赏性的运动项目成为政府、社会、大众关注的焦点，其未来发展甚至成为国际战略。这一使命也必将促进项群训练理论研究范畴的进一步拓展。

运动员竞技能力发展与获得的决定因素和影响因素是多维、复杂的，运动训练过程的主体与内容不仅与运动员有关，也与教练员、管理者、观众、媒体等诸多群体相关。项群训练理论研究应加强运动员、教练员与竞技能力、竞技项目之间应然关系的探讨，更多地关注竞技运动主体、客体及其相互关系的研究。

（四）项群训练理论在竞技参赛领域延伸与应用

训练为比赛的理念也给项群训练理论未来在竞赛和参赛领域的研究提供了支持。不同项群的训练学特征与训练学方法已经得到如前述的大量研究，但不同项群的运动员、教练员竞技参赛的机制与特征研究，完成项群参赛理论构建，与项群训练理论共同完成竞技体育理论的匹配与完善，应是项群训练理论的一个重要研究领域。

（五）项群训练理论的国际推介

作为中国竞技体育学理论，乃至体育学理论体系中最具中国特色的应用理论之一，项群训练学一经提出，就被国际竞技体育学界所关注。无论是中国竞技体育学理论的推介，还是中国竞技体育文化的传播，如何将项群训练理论进行更好地国际推介是今后的一项重要工作。具体途径与方法有邀请有关学者系统地翻译项群训练理论文献、举办国际性学术会议等。

在过去 30 多年里，以竞技能力、动作结构和成绩评定方法为分类标准的项群训练体系，主要包括各项群的形成与发展、竞技能力决定因素、运动成绩决定因素和各项群负荷内容，以及以训练组织控制为主线，以不同项群竞技能力特征与发展方法、不同项群制胜规律探索、项群训练理论在竞技体育发展中的应用、项群训练理论融合应用于体育教学、体育管理、人才培养研究与实践等为支线，全面地架构了具有中国特色的训练学理论体系。这一理论体系只有通过不断的实践摸索和进一步丰富发展，才能显示其长久的生命力和影响力。新时期如何维护与发展中国本土化的竞技体育理论，也是项群训练理论研究者的使命。

第三节 运动训练原则

运动训练原则产生于专业的运动训练，主要是为了对训练活动进行有效的规范指导，内容包含了训练的程序、内容、效果标准、注意问题等。训练原则的制定时建立在科学的竞技能力训练上的，通过找出训练活动中的一些客观规律，从而设定一些具有普遍性意义的规则。继运动训练原则产生至今，社会生活不断变化，运动员的综合素质也在增长，加上长期进行训练活动，不断积累更多的经验，训练原则也在随之发生变化。在我国竞技体育发展的不同时期，依人们对运动训练规律和训练工作要求的不同认识，训练中也在遵循着不同的原则。如三从一大原则，一般训练与专项训练原则，竞技需要原则，导向激励与健康保障训练原则，适宜负荷与适时恢复训练原则等。这些原则并非是独立存在，而是相互作用形成一个原则体系。

一、运动训练原则的形成过程

（一）运动训练原则的萌芽产生

运动训练原则与运动竞技息息相关，真正意义上的运动训练应当追溯到公元前古希腊奥林匹克运动会时期，即公元前 8 世纪开始，有了针对运动竞技的训练，但是这之后很长一段时期都并没有形成完整的运动训练原则体系。至公元 14 世纪后，意大利文艺复兴时期的贝特·鲍尔·维尔杰里乌斯提出了以"个人特点"选取活动项目的观点，认为训练中需要循序渐进、劳逸结合，属于运动训练的发展论调，可以算作是运动训练原则的早期萌芽代表之一。19 世纪后现代运动竞技逐渐成熟，开始形成了教练员对运动员的专门集中训练，主要是适用长期连续反复的练习方式，在内容设计和活动组织方面不够严密，所取得的训练效果相对较低。至 20 世纪 20—30 年代出现了"辅助训练"、"螺旋训练模式"，逐渐开启了对训练原则的专门研究，并就与运动训练相关的生理、心理等其他问题进行了剖析，运动训练原则逐渐由原始萌芽阶段走向起步发展阶段。

（二）运动训练原则的初期发展

1957 年东德学者哈雷及其同伴著写了《一般训练和竞赛学导论》，将运动训练的规律与实践作为专门的研究对象，形成一套相对独立完整的理论体系，几乎同时期苏联的凯科舍夫也提出了关于运动训练的三大原则。随着运动训练理论在实践活动中的深入运用，及相关人员的综合和研究，在 20 世纪 60 年代"训练周期"理论问世，之后哈雷的《运动训练学》一书对渐进增加负荷、负荷分期、直观性、周期安排等内容进行了较为系统的阐述。1977 马丁和苏联的马特维耶夫分别著成出版了《训练学基础》和《运动训练原则》，运动训练原则由实践正式迈入了总结理论、科学发展的阶段。在这一阶段，我国也大量引进了外国研究成果，如麦田久等翻译的《运动训练学》等一系列译文，开启了我国运动训练原则的新篇章。

（三）运动训练原则的完善与成熟

自 20 世纪 80 年代起，运动训练原则步入了深入研究、探讨、完善发展阶段。对"训练周期"理论的持续探讨，并以此为基础进一步发展和完善了该理论体系。1987 年乌克兰普拉托诺夫的著作《竞技运动理论》深入提出了训练原则的一些观点，认为应当要同时注意训练的周期性、方案性和专项性，依靠客观规律完成训练，确保训练效果。1988 年和 1991 年美国先后出现了《训练理论》和《高强度田径训练》两本著作，将训练理论专门用于田径训练中。尤其在《高强度田径训练》一书中，分析了 90 年代运动训练的一些基础性问题，并从膳食营养、劳逸结合、专项训练、循序渐进、计划制定、因人而异等方面系统研究了运动训练的 12 条原则。至此，运动训练原则步入了开放的发展阶段，不同国家地区的学者结合自身的实际情况，对运动训练原则进行了研究和实践，着重以训练课题、训练对象为出发点，思考如何整合影响训练效果的一系列因素，试图发现一套真正完整、科学、有效的原则体系。

二、运动训练中训练原则的体系

运动训练原则体系主要分为指导原则和操作原则，指导原则是指在训练活动中占据指导、规范地位的一些原则内容，并没有涉及实践层次的内容，界定了运动训练最为基本的方向和目的，并以此作为训练实践的基本框架。操作原则则是具体训练实践过程中，需要根据运动员、场地、项目等综合因素，考虑采取何种办法进行训练，以提高训练的效果，达成相应的训练指标。

（一）运动训练的指导原则

1. 育人原则

育人在体育竞技训练中属于核心问题，是训练最终的目标。在育人原则下，要求以运动员为核心对象，通过各种实际的训练项目，让运动员获得本质提升。综合看来，育人讲究的是怎样培养运动员成为合格的人才，对其精神思想、道德情操、理论技巧等进行综合培养。①爱国与团队，运动是个人身体机能与脑部配合下展现出来的活动形式，但是在体育赛事中个人能力的强弱并不一定是制胜、获得好评的关键，运动员是国家和民族风采的表率，理应具有高尚的爱国情怀和民族情操，同时每一次比赛取得成绩都是队友、教练等一系列人员辛勤、配合的结果，因此必须要让运动员懂得感恩、懂得与团队配合融洽相处。②道德操守，竞技有竞技的礼仪，体育赛事应当发扬奥林匹克运动精神，友谊第一，运动员无论是在场上还是在场下，都应该对裁判、对手、队友保持应有的尊重和大度，这不仅是体育精神的表现，也是做人最为基本的原则。③个人状态，运动员是全民在体育场上的代表，是身体素质过硬的标杆，应当拥有健康、强劲的身体能力，同时面对各种挑战、挫折，还需要极强的耐心、恒心和自信心，因此需要注重对运动员的心理进行培养。

2. 夺冠原则

在竞技运动方面，夺冠是其区别于其他运动的特有标志，树立夺冠的目标才是合格的运动竞技。运动员是否能够夺冠，或者是否拥有能力并始终向着夺冠努力，是检验运动员是否称职的标准。可以说夺冠是运动训练最为浅显的目标，也是最为基本的目标，以夺冠为目的进行的训练，是运动员不断超越自我的一个过程，是向世界体育致敬的表现。①奥林匹克有一句格言"更快、更高、更强"，夺冠的过程就是赶超对手、赶超从前、不断进步的过程。②求胜，运动员应当有一个顽强拼搏的心，永不服输的气节，尽最大可能运用所掌握技能正面击败对手。在夺冠原则下，运动训练集中对运动员的个人能力进行强化。

（二）运动训练的操作原则

操作原则是运动训练中必须遵守的准则，关系到训练实践的具体方案制定和指标制定。内容涉及了身体、技能、战术、智力、心理、意志等方面的内容，例如：超量恢复、竞技状态变化、运动竞赛的制约及反制约、训练适应规律等。除了要寻找运动训练的共性规律之外，还要特别根据运动员的情况找出特殊规律，用以针对性的训练运动员的某些能力。而训练计划的制定尤其应当讲究一定的阶段性，即能够分层次完成训练计划，使运动员的综合素质扎实而缓慢上升，达到稳定坚固的效果。例如按照运动员的年龄情况，对不同年龄范围的运动设计对应的任务和目标，设计的内容需要与运动员动态成长的水平相匹配。除此以外，可以按照不同的项目对运动员各方面能力要求不同为标准，设定训练目标和过程，如按照力量训练、体能训练、速度训练、对抗训练等为不同的主题，对运动员形成强化练习，此种练习一般为常规练习。考虑到运动员特长和能力短板等问题，需要进行专项训练，因而还有专项训练或特殊训练原则，一般考虑两种情况，一是针对运动员自身的特点开展专门的训练，以直接提高竞技成绩为目的；二是总结历次竞技比赛的成功经验，重新总结取的好成绩的关键，例如"以速度为中心"的背越式调高训练，"中长跑是高速度的耐力性项目"规律，以实践为基础完善训练计划。

三、运动训练原则的发展分析

从最初的以实践为主的原始训练原则，到后来的理论实践相对独立，再到现在理论实践相结合的训练原则，可见训练原则的发展总是在不断趋于科学化和效率化，对运动训练原则的发展进行分析，有利于找准目前训练原则的突破关键，确保未来的效果。

（一）发展趋势

1. 运动训练原则趋向个性化

随着以人为本的思想普及之后，逐渐认识到了尊重和发挥运动员的个性，对于体育竞技而言有较为明显的促进效果。国家游泳队的教练张亚东以为：个性化训练就是一种违背正常规律的训练。也可说是一种"剑走偏锋"的训练方式，通过不同训练内容和节奏，让运动员在训练中体会到疲劳、心累、愉快等感觉，从而不断突破自身瓶颈，快速成长。

2. 运动训练原则综合性加强

运动员应当具备较高的身体综合素质，例如竞走运动员需要同时具备相当高的速度、耐力、平衡力等，身体综合素质上升之后，在原有领域的能力必然会有所上升，就如"以速度为中心"的背越式调高训练，在此之前也许并没有对调高运动员的速度进行特别的训练。

3. 运动训练原则更加专业化

对比不同时期的训练可知,时间越早的训练形式越单调,尤其是膳食营养与运动训练之间的规律,将近20世纪被提出,可以看出从最传统的身体强度训练,到专门的技能训练,再到当前的综合式训练原则,匹配各种辅助计划,运动训练已经越来越科学、专业。

(二)发展问题

1. 个人能力突破难度较大

人的潜力是无限的,在体育场上,世界纪录在不断被刷新,但每一次刷新的背后都是数之不尽的汗水和泪水,究竟怎样才能通过各种训练让运动员不断超越对手,超越自己是一个难题。

2. 职业生涯时长不稳定

其实可以看出运动员在训练、比赛的过程中,通常会因为一些小的意外和事故,对身体造成较多且严重的伤害,一般运动员退役之后身上或多或少都会留下永久性的创伤,而这种"常见"的伤害直接影响了一部分运动员的职业生涯时长,造成较多的人才提早退役,这样的问题实际上应该可以在日常训练中进一步得到控制的。

(三)发展建议

坚持实事求是、区别对待的原则进行发展,训练原则体系的创新应当与时俱进,除却国内经验总结之外,积极与国外环境接洽,多交流讨论,从运动员个人、团队、体质、心理、精神、意志、技术、天赋等各个方面进行更具体的研究,构建隶属于运动训练的理论结构。此外,尤其应当作好物质和精神激励并重,直接提高运动员的积极性,促进其努力实现自我价值。

运动训练原则是指导和约束运动训练的纲要准则,将原则划分为指导原则和操作原则,有效地区别了理论层面与实践层面,便于科学安排和管理训练活动。在未来的体育训练中,随着训练经验的不断累积还会对训练过程中的客观规律掌握得更加透彻,最终形成更加细致完善的原则体系。在原则总结出来后,运用原则投入实践检验,再进行研究和总结,只有如此循环才能确保训练原则不断趋于完善。

第四节 运动训练方法

现代运动训练的发展，与训练方法是紧密联系的。在运动训练过程中，使用的训练方法各种各样、各有其特长和作用。但任何一种方法都不能全面地解决训练过程中所碰到的各种各样的问题，往往要根据训练任务，运动员水平的不同，以及训练场地和设备条件，灵活地、创造性地加以选择和运用，训练的成效在很大程度上取决于训练方法的优劣和运用的正确程序，以及新的更有效的方法的开发，进一步出现多种多样的训练方法。特别是当今世界上的竞技体育强国，在培养运动员和实施科学化训练的各方面条件日趋接近的情况下，训练的成效在很大程序上取决于训练方法的优劣和运用的正确程序，以及新的更有效的方法的开发，进一步出现多种多样的训练方法。教练员不但应掌握已有的训练方法，深知其特点和作用，学会根据具体情况，正确地选择，灵活地运用，解决所存在的主要问题，而且要不断总结运动训练方法运用的实践经验，创造新的更为有效的训练方法，以达到事半功倍的效率。

一、运动训练方法概念及其重要意义

"方法"是指研究和认识客观事物的途径，也是指达到预定的目的所采用的办法。运动训练过程要完成身体、技术、战术、心理等各方面的任务，从而达到提高专项运动成绩的目的，这就要采用各种具体的途径和方法。运动员训练水平的提高，各阶段训练任务的完成，以及达到创造专项运动最高成绩的目的，无不依赖于训练方法的正确运用和创新，训练科学化的一个重要体现，就在于运用科学的训练方法，挖掘运动员最大的竞技潜力，使其更快、更准确、更熟练地掌握专项技术、战术；高度发展各器官系统的机能和运动素质，有针对性的解决训练过程中发生的各种问题。

二、训练方法的基本分类

运动训练方法多种多样，在训练理论和实践中以提高运动员的机能和素质，掌握战术、技术，以及获得知识的来源为标准，将常用的方法分为三类：语言类、直观法和练习法，每类又包括不同的具体方法。

语言类：讲解、口令、指示、讲评；

直观法：示范、图表、幻灯演示、电影、录像等；

练习法：分解、完整、持续、重复、间歇、变换、游戏、比赛等；

三类方法中的各种具体方法，在训练过程中一般可适用于身体、技术、战术等训练中，如为使运动员掌握某一项技术，既要运用语言法中的讲解，又要运用直观法中的示范，还要运动练习法中的重复法，才能使运动员更准确地掌握技术。但这些具体方法的运用都有其重点。例如讲解法、示范法和分解法，重点在于技术运用训练的初期；使运动员形成技术动作的正确概念，理解动作要领，初步练习分解了的动作；而重复法、持续法、间歇法在技术训练中重点用于进一步巩固已掌握了的动作及其熟练运用阶段；而在身体训练中，为提高运动员的机能，发展运动素质，这几种方法也是运用的重点。

三、运动训练的几种方法

训练方法多种多样，以上已介绍许多，下面主要阐述分解训练法，重复训练法，持续训练法，模拟训练法和游戏，比赛训练法。

（一）分解训练法

分解训练法是指把一个完整的技术动作分解成几个技术环节，使运动员更方便地掌握较复杂的技术动作。它的特点是简单、易学、适用于初学者用于开始阶段。尤其对于少年儿童来说，很难一下子掌握一项技术环节较复杂的动作，因此，如给他们把动作分成几个步骤，一个环节一个环节地学，最后把几个分解的动作完整起来，对少年儿童是比较容易接受。如网球技术中的发球就是一项比较复杂的技术动作。所以在刚开始教队员时，把动作分成三个步骤：1.拉拍，同时抛球；2.拍子下垂，后脚前跟；3.击球、转肩、转腰；4.收拍。由于儿童一次只接受一个简单的信号，因此我让他们一个步骤一个步骤反复练习，等到熟练时再把动作完整起来，效果明显，而且不易出现问题。

（二）持续训练法

持续训练法是指在相对较长的时间里，用较稳定的强度，无间歇的连续进行练习的方法。它的特点在于练习时间较长，一次练习的量较大，但强度相对较稳定，因此用这种方法进行练习，对有机体刺激所产生的影响比较缓和，有利于心血管和呼吸系统机能的稳步提高。它获得的训练效应出现较慢，但较稳定，消退也比较慢。在网球训练过程中通常用于多球训练，有助于掌握巩固，提高技术。但在练习中，还要注意量和强度的搭配。如这个项目是发展运动员在场上奔跑中击球,以强度为主的,那么,练习的时间,组数就不宜太多,太长;相反如要提高运动员场上定点击球的稳定性,那么强度就不宜太大,而组数,时间则可以增加。控制好量与强度应从训练所要达到的目的考虑,在训练时,量和强度的增减应以运动员在训练中保持正确的击球动作为准,如果运动员在击球时技术动作走形,那就要考虑减少量与强度了。尤其对待少年儿童时,要更密切注意他们的反应,及时制止变形的动作。

(三)重复训练法

重复训练法是指在相对固定的条件下,按一定的要求,反复进行某一项目的练习,而每组之间的间歇要使机体基本恢复的一种方法。它是身体、技术、战术训练的常用的基本方法。重复练习技术动作,可不断强化刺激的痕迹,有利于巩固动作定型和熟练的用技术,是技、战术训练中最常用的办法,也是少年儿童掌握技术动作最重要的方法之一。如在场上进行全场跑动击球,不但要严格规定技术动作,而且要提高奔跑中击球的组数与个数,这样才能使技术熟练,准确,提高在比赛中的实用价值,而且由于重复练习,使疲劳的加深,要求运动员克服很大的体力消耗,因此有利于培养运动员的意志品质。

在进行重复练习时,要及时给予指导,不断提高改进技术的要求和纠正错误的动作,使队员不会在错误的动作上越偏越远。另外,重复练习同一动作或项目,运动员容易产生枯燥乏味的情绪,降低练习的积极性,所以在练习中除了使队员明确训练的目的,作用外,还要结合游戏等手段来运动员的兴趣,达到训练目的。

(四)模拟训练法

模拟训练法,它主要是为运动员参加比赛做好适应性准备,也就是使运动员对于容易引起精神紧张和动作失调的各种刺激逐步产生适应,从而提高在比赛中的抗干扰能力。模拟训练通常有两种方法,第一是现实模拟,即运动员在比赛形式、比赛对手、比赛时间安排以及气候情况、场地器材设备等各种因素都与正式比赛相似的情况下进行训练;第二种是通过录像、电影、图片、录音、语言等手段进行模拟训练。适当地增加运动员的心理压力,相对来说,也就是减轻了比赛时的心理压力。安排模拟训练时应一切按照比赛程序进行。如:准备活动时间,变换场地、方向,模拟赛场,并组织安排观众,裁判,制造与比赛相似的气氛。通过模拟训练可以及时发现运动员在赛前各种身体素质、技术水平和心理状态等方面的问题,从而可以及时得到改进和弥补,这对正式比赛时发挥应有的技术水平是很有益处的。

（五）游戏、比赛训练法

游戏和比赛训练法是指以游戏和比赛的方式进行训练的方法。它的内容可以多种多样，既可用于身体训练，也可用于技、战术训练，还可作为恢复手段。如在训练前进行一些小游戏，既可热身，又可提高兴奋性。在技术训练中，可以将所学的技术作为比赛内容，并制定胜负的标准，以比赛的方式进行练习，如多球打成功率比赛，半片场地打来回比赛等，既可提高运动员的兴趣，又可锻炼运动员的技术与心理，可谓一举两得。在训练课结束时也可安排一些游戏。如踢足球，打篮球之类的，不仅练到了场上步法、耐力，也能达到消除疲劳的积极效果。由于游戏和比赛所具有的特点和作用，它可以广泛地运用不同的对象，不同的训练阶段，不同的训练内容中去，尤其根据少年儿童好动的特性，在训练中采取游戏和比赛的方法，能更好地达到训练目的。

当今训练方法的运用，是随着现代训练的发展而不断地创新和变化，每一次训练方法的更新，都将带来训练效果和运动成绩的提高与发展。因而掌握一些基本的和必要的训练方法，不仅有利于教练员和运动员提高运动训练的效益，而且也可促使教练员、运动员去创造更多、更好地训练方法。提高训练质量，促进运动水平的提高。

四、对运动训练方法进行创新的主要途径

（一）破旧立新

想要对运动训练方法进行创新，最基本的就是摒弃陈旧的思想观念以及训练模式，只有在此基础上进行创新，才能取得事半功倍的效果。比如说，教练员应该对自身所具有的思想观念进行创新，从一个全新的角度去认识运动训练工作的重要性，并对自己原有的训练思路、手段等进行思考，判断这些一成不变的训练方法，还能不能适应当今社会的发展趋势？这些在以前很先进的训练手段，是不是能满足社会的需求？若是一直使用这些方法来进行训练，运动员的运动水平能否得到提高等？教练员通过对这些问题的思考，可以得出明确的结论，那就是现有的训练方法，已经不适合如今的形势，想要提高运动员的运动水平，对这些方法进行创新是势在必行的。在此种思想的引导下，教练员自然会将一些陈旧的方法以及观念摒弃，从而将全新的思路当作突破口来思考问题，进而做好运动训练方法的创新工作。

（二）克弱转强

在运动员训练的过程中，教练员应该找出运动员的弱点，并以这些弱点

为基础，提出有效的训练方法来克服这些弱点，从而使运动将自身所具有的弱点转化为强项，有效地提高运动员的运动水平。因此，教练员在应用训练方法让运动员进行训练的时候，应该对采取的训练方法进行深入的分析，并结合运动员的弱点，来判断当前的训练方法能否使运动员的弱点得到转化，使其变成强项，若是现有的运行训练方法无法实现这一目标，教练员就应该对当前使用的训练方法进行调整和创新，使训练方法可以弥补运动员的不足，进而发挥训练工作的作用，培养出更多更优秀的运动员。

（三）逆向思维

受传统经验教学的影响，现有的教练员在确定训练方法的过程中，还是会受其影响，此种状况就使得教练员将自己困在一个框架中，其思维模式比较固定，创新的想法逐渐地抹杀。面对这样的情况，最主要的就是转变教练员的思维方式，帮助教练员摒弃传统的思维，从而形成逆向思维，在逆向思维的影响下，可以树立正确的运动训练观念，根据运动员的实际情况，创新出具有价值和意义的运动训练方法。因此，培养教练员的逆向思维是非常有必要的，只有从反方向思考问题，教练员才能从固有的框架中解脱，使用的运动训练方法才能是符合社会发展的。

（四）移花接木

近些年来，随着我国经济水平以及科技水平的不断提高，国家对教育的重视限度有了明显的提升，因此，知识的综合应用限度有所提高。现今很多学科的知识看起来没有必然的联系，但在实际教学过程中，却可以将其放在一起进行教学，此种情况充分地反映了知识的渗透力越来越强，而且其聚变效应也越来越明显。在这样的情况下，教练员在创新训练方法的时候，可以将其他学科中的原理以及方法等应用到训练方法的创新中，此种移花接木的方式，可以使各学科的知识有效的衔接在一起，进而创造出更加先进、完善的训练方法。比如说，教练员可以将信息论以及系统论等方面的内容融入运动训练工作中，这样就可以使运动训练方法更加符合当前的实际情况，进而充分地发挥自身的作用，推动体育科学的稳定发展。

第十一章 现代运动训练的发展与创新研究

第一节 现代运动训练发展的内涵与特征

运动训练是竞技体育的重要组成部分，是有计划地提高和保持运动员竞技能力的实践活动，这种实践活动的目的是通过运动竞赛，在与对手的较量中取得优异的成绩。纵观现代体育的发展过程，始终是人类不断向自身极限挑战的过程，每一优异成绩的出现，无不是运动训练理论发展的结果。发展就其本身来说属于一种创造性的活动，是在特定的领域体系内并在一定的物质技术基础上所进行的发明或改进。运动训练理论的发展则是指在现在运动训练理论和技术实践的基础上，发展主体在运动训练理论领域中对发展客体所进行的发明或改造，并实现一定社会价值的创造性实践活动。

一、运动训练发展的内涵

运动训练理论的发展是竞技运动水平得以发展的重要动因，只有不断的理论发展，才有各个项目的技术水平的不断提高。

（一）发展是运动训练的本质要求

竞技体育是在最大限度地挖掘和发挥人在体力、心理、智力等方面的基础上，以提高运动技术水平和创造优异运动成绩为主要目的的一种运动活动过程。竞技体育的核心是不断提高运动员的竞技水平，创造优异运动成绩。运动训练是竞技体育实现其目的的实践活动之一，具有创造性探索和研究的性质，也就是说运动训练是一个不断探索创新和不断发展的过程。现代竞技运动水平的高度发展，新纪录的不断涌现是与运动训练的创新发展分不开的。

（二）现代科技的进步促进运动训练的发展

科学技术的发展是现代运动训练理论发展的基础，可以说，没有科技的发展就没有现代运动训练的发展。现代科学技术的发展，特别是高科技、新材料在竞技体育中的广泛应用,给运动训练的发展带来了一场深刻的革命,大大提高了训练的效益和效率。

(三)运动训练理论的发展是运动竞赛的需要

运动竞赛是竞技体育最主要的特征,是竞技体育的核心。运动训练的成果必须通过竞赛来体现,只有通过竞赛才能实现竞技体育的目的,没有竞赛就不能称之为竞技体育。体育竞赛永远不会只停留在一个水平上,而是不断的向前发展。激烈的竞争以及迅速提高的竞技水平,对比赛的参与者必将带来新的问题和新的要求,竞争的激烈性迫使技术、战术和体能的训练必须不断提高,才有可能赶超先进水平。

二、运动训练发展的主要特征

(一)运动训练理论项群层次的界定

一般和专项训练理论各有着自己的研究领域和适用范畴。但一般训练理论对各个专项的训练有着普遍的指导意义。随着运动训练实践的发展,这两个层次中间出现明显的断裂。由于一般训练理论不断细化的发展趋势和专项训练学受到视野的局限及训练中多种因素并存,运动训练理论逐步有了项群区分。高深的专项训练特点各异,只有借助项群的梯阶方可宏观立论。项群的划分主要是依据竞技能力的主导因素,这样就可以准确地把握项目的项群特点和制胜规律,以至于在艰苦的训练中方向性地加强各竞技能力的练习——这就是项群思想的重要价值。此外,项群理论也有助于重新确定训练手段的分类、归属。

(二)运动训练的专项化

现代运动训练的发展特别重视对决定各项目成绩的关键因素及项目特征的研究和探索,不断加深对专项规律和特点的认识,从而设计在动作结构、肌肉用力特点、动作幅度、角度和速度等方面均与专项技术动作相似或一致的练习手段。专项的训练和提高是项目运动训练区别于其他体育项目的典型特征。这一特征是有运动训练的最终目的所决定的。运动训练的最终目的是要创造前人所未达到的运动成绩,而运动成绩的发展证明,一个运动员要想在几个不同性质的比赛项目上同时达到世界水平是很困难的,甚至是不可能的。这不仅因为运动员的运动生涯短暂,必须从开始就要集中精力进行某一专项训练方能有所成就,而且现代比赛规则的改变大都利于专项本身技术的发展,因而规则也促使训练内容更加突出专项。现代高水平训练的特点是围绕专项的需要设计训练内容，根据专项运动的规律有针对性地进行训练。

（三）运动训练负荷以强度为主的极限性

运动负荷由负荷量和负荷强度组成，训练中，通过增加负荷量和负荷强度，打破原来有机体的技能平衡，并使之达到新的平衡，以此周而复始的进行，逐步提高运动员的运动水平。运动训练使运动员机体功能呈螺旋形上升的过程，其实质就是运动负荷适宜刺激的过程。在以前的运动训练中，人们将重点放在大运动量方面，长期进行大运动量、低强度的训练使运动员出现疲劳状态，完成动作的速度减慢，训练质量得不到保证，不符合专项训练的特点，尤其对快速爆发力项目不利。如今训练的负荷安排以强度为主，或者说以强度作为训练负荷的灵魂，即使在准备期训练中，也有一定比例的大强度训练，主要是专项完整技术和速度爆发力训练，而训练时间和负荷数量相对减少，这样的训练，针对性强，可以有效地发展专项素质与改进专项技术，而且易于培养和控制运动员的竞技状态，更加适应比赛的要求。

（四）运动训练的系统科学性

1. 大运动量训练的长期性、计划性和科学性

通过长期的训练，能够产生训练适应。人体机能的适应性改造包括中枢神经系统的改造，都不是在短期内所能奏效的。训练对提高运动员竞技能力的影响，只有通过人体内部的适应性改造才能实现。由训练产生训练适应必须适合生物学规律，应使运动员在生物学方面发生有益的变化，使其成为运动员有机体良性的积累反应。由于长期训练过程中易受多种因素的影响，因此，必须对训练过程加以科学的控制。而运动训练的系统性和计划性，就体现在依据科学知识和成功经验所制定的训练结合上，因此，它又是运动成绩系统发展的保证。

2. 运动训练的个体针对性

由于运动员个体之间存在着差异，即包括先天性差异和后天性差异。而运动训练对个人来说是要充分发挥长处、弥补不足、挖掘潜力的过程。在集体项目中，运动员由于位置和分工不同，也需要据此和运动员的特点合理安排训练，所以说运动训练基本上是一个个人的训练过程。

（五）以赛代练，追求运动训练手段和内容的实效性

比赛是训练的杠杆，只有通过比赛，运动训练的成果才能得到社会的公认。比赛对运动员所处的状态有着特定的要求，在大多数情况下，运动员在比赛中都怀着强烈的取胜欲，以充沛的体力投入到预定的比赛中去。因此，

比赛的安排对训练活动的组织有着重要的影响。此外，人们还常常将某些比赛作为特定的训练手段，发展重大比赛所需要的某些专门品质和能力，或通过准备性比赛及适应性比赛检查训练的效果，检测新的技术是否稳定、新的战术是否具有预期的威力。运动训练的最终目标是创造优异的成绩，而优异的成绩只有通过比赛才能获得。由于受多种因素的影响，在比赛中并不是所有运动员的水平都能得到体现，因此，通过不断的参加比赛，以此提高临场比赛或者说是参赛能力也便成为运动训练的一个重要组成部分。

（六）运动训练调控的必要性及应变性

现代信息科学中的控制论的发展，为科学的调控运动训练过程提供重要的理论依据。运动训练过程是一个有组织的社会性行为，因此，需要对其进行有效的管理。其中，对运动训练的全过程实施科学的调控，制定科学的训练计划，是实施科学训练、取得理想训练效果的重要环节。而在竞技比赛和运动训练中，由于经常会因受各种因素的影响而使训练和比赛过程产生意想不到的变化，原已确定的训练计划和对训练和比赛过程的设计都需要给予相应的调节，实施必要的变更，以力求原定训练目标的实现。而在内外条件产生巨大变化、原定目标已不可能实现时，则应调节训练目标及各相应环节训练工作的要求。

（七）运动医务监督的超前性与运动营养结构的科学性

1. 在运动训练的实践中，疲劳是客观存在的，运动损伤也是不可避免的，治疗、恢复过程固然必不可少，但预防更为重要

任何训练目标的实现，无论其技战术训练安排的如何周密，如果没有科学、系统的医务监督与其配合，其目标的实现就可能受阻，通过各种恢复手段，来有效地对运动员机体的能力进行科学的诊断，合理制定训练计划、安排运动负荷，最大限度的发挥运动员机体的潜能以提高训练效益和专项技术水平。

2. 运动员营养结构的科学性

现代运动训练越来越重视训练与营养措施的结合，以增进运动员机体的健康水平，促进疲劳后的恢复，提供训练的质量，预防某些运动疾病的发生；通过将营养学的理论知识具体应用于改善运动员膳食的实践中，采取"强制性"手段和提高自觉性、主动性措施相结合，使运动员的膳食习惯得到较大限度的改善，使运动员学会科学的选择饮食，运动员碳水化合物摄入量增加，三大热能营养素的比例达到理想要求，运动员的膳食结构趋于合理化。

（八）现代科技支持的全面性及导向性

1. 竞技体育与运动训练有着广泛的多学科联系

决策科学、人文社会科学、医学、力学、化学、数学与计算机科学的广泛知识都对运动训练有着巨大的影响，各种不同的科技理论、科技思想、科技方法与仪器器材都能在竞技体育领域发挥着各自的影响和作用。作为运动训练活动的直接任务，即运动员各种竞技能力（包括身体能力、技术能力、战术能力、心理能力和运动智能）的提高，都在很大限度上借力于现代科技的帮助与支持。

2. 在运动训练全过程的每一个环节，即运动员状态诊断、训练目标的建立、训练计划的制定、训练活动的实施、训练效果的检查评定、训练状况的反馈调控直至训练目标的最终实现，无一不广泛的应用着现代科技的成果

不仅对于运动训练的重要影响因素——运动负荷的组织实施与监控，而且对于负荷后的恢复过程；不仅对于课上的各种训练方法和训练手段，而且对于训练课外的多种合法的强力手段；不仅对于运动训练的过程自身，而且对于竞技活动的其他重要环节，即运动员选材、运动竞赛和竞技体育的管理，现代科技也都已广泛地参与其中，取得了巨大的成效，有力支持和引导着竞技体育地更快发展。

总之，现代运动训练作为一种非开放性的社会活动，区别于其他日常体育、休闲活动，具有其自身的发展内涵和特征。而上述这些也可能只是阶段性的产物，它们只是标志当前运动训练发展的趋势。

第二节 现代运动训练理论及实践

一、训练理论的研究从"周期理论"发展到"板块结构理论"

运动训练的传统周期论是20世纪60年代由苏联著名运动训练专家马特维耶夫创立的，其核心思想是以年度为时间单位，划分出准备期、比赛期和过渡期三个训练周期，并以训练量和训练强度，一般身体训练和专项训练在不同训练周期安排的不同比例为特点，即在准备期以训练量和一般身体训练为主，比赛期以训练强度和专项训练为主，从而构成了他的运动训练周期理论，这一理论表现出全年比赛安排呈单高峰的特征，该理论的提出，一直在我国训练领域占统治地位，深深地影响着我国几代教练员，同时也为我国培养了一大批优秀运动员。

随着竞技体育的不断发展，现代职业化比赛的数量急剧增加，而且比赛水平不断提高，传统的周期训练模式受到现代竞技比赛的挑战，在训练时间上明显跟不上竞赛时间表的节奏，在这种情况下，一些专家学者创立了"板块结构"训练理论学说，现在运动训练中的"板块结构理论"是以提高训练质量为出发点的一种训练理论，其理论依据建立在"一元论"基础上，"板块结构理论"遵循"一元论"的基本思想，认为身体素质训练和专项训练是密不可分的，身体素质训练要结合专项特点，具有明显的方向性，专项训练要有足够的强度保障，在训练中提高某个相关部位的素质，这种认识解决了身体素质训练与专项训练的矛盾，克服了传统训练周期理论以多种素质并行发展对运动成绩的不良影响，相对于传统周期理论在准备期内平行发展多种身体素质，"板块理论"集中3～4周有选择性地确定较少的需要达到的发展目标（不超过2个），使高水平运动员在相对集中的时间内，接受单一的或是两个比较大的训练刺激3～4个这样的板块构成了单个训练阶段，同时在年训练周期中通过比较高的训练负荷完成训练目标的转换，完成基础训练和专项训练的准备，完成各项赛事的检验，以赛代练、以赛促练成为高水平运动员的重要训练方式，准备比赛时也安排主要的基础训练，这就是"板块结构理论"的理论依据和核心内容，其符合当前高水平职业化比赛的需要。

二、训练理论的研究从"超量恢复"发展到"生物适应理论"

20个世纪70年代一位叫雅考卢的学者，伴随马特维耶夫的理论提出了"超量恢复"理论，多年来这一理论学说为大运动量训练，训练的节奏、系统性等提供理论基础，也是传统周期理论的主要理论支柱，"超量恢复"，指的是"运动成绩的动态在时间方面迟于训练负荷量的动态，成绩的加快增长不是出现在负荷量达到极高值的时刻，而是在它稳定或降低之后"，或者说，人体机能能力和能量储备在恢复过程中，能源物质的补偿在一段时间内超过原有水平；在一定范围内，运动负荷越大，消耗越大，恢复过程也越长，恢复也就愈明显，由此使运动员的能力得到持续的提高，后来，通过对大量训练实践的观察，不少专家学者对此理论提出质疑：认为该理论一个重要问题是没有指出人体能力的极限，而实际上受遗传等因素的影响，人体承受负荷是有限的，并且有显著个体差异；运动员机体的适应是人体本来就存在的，而不应将其简单归结为超量恢复，质疑挑战周期论和超量恢复理论的学者提出了生物适应论，生物适应理论是从生物学和系统论的角度观察运动训练而提出来的，其核心是"结构决定功能"，这一理念包括了以下几个方面的内容：

1. 运动训练是一个生物改造过程和生物适应过程，作为人，你给他什么样的刺激，他就会产生什么样的反映，多次反复的刺激，可以使人在大脑中进行自我组织处理，最终适应这种刺激，这是"结构决定功能"的基本观点。

2. 所谓适应，就是生物体在改变了的环境（训练环境、训练手段、训练量和强度）中，通过自身调节机制使本身技能与外界环境重新实现平衡的过程，适应的机理，是机体对外部条件刺激所做出的刺激反应，从运动实践来看，训练过程必须遵循辩证唯物论的三大运动规律（对立统一规律、质量互变规律、否定之否定规律），训练过程就是通过机体内不断发展的矛盾运动，打破原有的生理状态的内平衡，建立新的平衡，并通过量到质的不断转化，在否定之否定的过程中得到新的提高，在这一系列矛盾运动过程中，心血管系统、免疫系统、内分泌系统、氧转运系统、骨骼肌等系统的生理生化指标必然会发生一系列变化，但这种变化必须在一定限度之内，而且经过一定时间又恢复到正常值或接近正常值范围，也就是说，生理生化指标的正常则是相对的，正常只是机能恢复和赛前调整过程的一个重要环节。

3. 按周期论安排训练，运动员大多数时间接受的是中、低负荷强度的刺激，运动员只会对这样的刺激产生生物适应，而这种训练强度与比赛强度要求相差甚远，按照适应理论，可以紧密结合比赛要求，经常以大负荷或超大负荷进行训练，可以最大限度地刺激运动员的神经系统，机体从而逐步适应高强度的刺激，并产生适应，这样运动员在大赛中就可以表现出高的水平。

从以上三点可以看出，生物适应理论同我们在训练中一贯倡导的"三从一大"训练原则是完全一致的。

三、对传统的运动训练周期理论的反思

苏联的运动训练学者马特维耶夫在二十世纪六十年代初创立了超量恢复论和训练周期，这深深地影响了我国运动训练理论和实践效果，尤其是在指导作用上面对体能类的运动项目及其重要。不过训练周期理论毕竟受很多因素的限制，比如说自然科学发展状况、年代、比赛制度等因素以及竞技体育发展水平等等，有些解释不清现代运动训练和竞技体育的发展趋势。面对这么一个问题，我想有必要反思一下马特维耶夫训练周期理论。

（一）现代赛制的发展已经不能再用传统的训练周期理论

主要的原因是对于比赛密度大、时间周期长、强度高的球类项目的联赛，绝对不能够机械的、简单地套用运动训练学教材上的单、双周期的安排。应该把传统的周期训练理论的基本思想以及本项目的特点和当年的赛制结合一起，来进行年度的训练周期的安排。实际上，一支球队也会在一个赛季中随

着队员个体状态的起伏而变化不可能一直会连胜,不论是洛杉矶湖人队还是芝加哥公牛队。纵然他们都是夺过 NBA 总冠军的,也不可能是全胜的,状态也会有起伏。当然他们能够最终获得整个赛季的冠军,这主要就是各个队的教练的训练技巧以及调控整个状态了。

所以应该注意各个阶段之间的相互衔接和内在联系,保持一定的训练周期性、系统性、节奏性的统一。在联赛的过程中,根据具体的实际情况来对年度周期的实施在保持相对的稳定性的前提下,可以根据具体情况调整以及改变,这样就能够做到稳定性和灵活性的统一。

(二)传统训练周期理论已不利于高水平运动员的训练

人们首先必须认识到,高水平得运动员和青少年后备力量的训练肯定是不一样的。因为随着年龄的慢慢增大和运动水平的提高,运动员的心理和生理状态都会发生巨大的变化,这种变化不仅体现在对训练的方法和手段的要求方面,还反映在运动员自身素质方面,这就构成了高水平运动员的训练特点。训练的实践证明,专项能力是高水平运动员,特别是世界顶尖级的运动员之间竞争的主要的内容。现代运动训练的一个突出特点就是科学地选择对专项最具影响的素质或能力,来进行优先发展和专门训练。2 个主要支撑点支撑着传统的训练周期理论。该理论认为,准备期主要是以一般得训练和负荷量为主,慢慢地随着比赛期的临近,负荷强度和专项训练也会逐渐增加,到比赛期达到并且一直保持相对比较高的水平。不过随着体育科研水平的提高以及竞技体育的发展,人们慢慢地发现这个理论不能覆盖整个训练的过程,主要忽视了不同训练水平运动员的生化基础、生理础以及对训练方法和负荷的不尽相同的要求,没能够对不同水平和年龄条件的运动员进行区别对待,特别是不利于提高高水平运动员专项训练的水平。

四、改变传统的训练理论的方法

根据各个项目全年比赛的次数,将全年训练计分成几个训练、比赛的周期,根据本年度的训练任务以及全年重大的比赛次数和运动员个人的具体情况来确定训练、比赛周期时间的长短。每个训练、比赛周期的时间可以是两三个月。比如说,田径项目一年有五次国内外的重大比赛,分别在三月初、五月底、六月中、八月初和十月底,比如准备参加这五次重大的比赛,那么就可以把全年的训练分为五个训练比赛周,从头年 11 月到来年 3 月初为第 1 周期,以后几个周期以此类推,每一个星期算一个训练的周期。把全年的训练计划分成几个不固定的比赛周期和训练,还应该把运动成绩逐步提高的指标以及全年的训练分配到各个训练和比赛周期之中。如果这样的话,全年的训练计划在各周期练习内容上也需要会有相应的变化,也就是把专项身体素质和专项运动技术、一般身体素质很好地结合在一起,或者是根据每以个运动员的训练状态在各个周期找一个侧重点。总而言之一句话,想要让各种身体素质和专项运动成绩之间达到一个高度的协调,就要把优秀运动员的专项身体素质和一般身体素质的模式特征列入训练的计划内,这样可以很方便地对每个运动员进行评价参考的依据。

五、现代运动训练理论的发展

现代的运动训练把训练过程看作是机能性的运动系统。首先根据自身得项目特点来制订出完善技术的、发展的速度以及长期的训练大纲,并且在不同的中小训练周期中用来确定阶段训练负荷和重点发展目标。不过每一个运动项目在生物学理论的指导的。系统机能的发展以及提高主要以生物科学的理论为依据的,也就是运动员身体器官对训练负荷产生一定的适应性。我们用篮球作为例子来看现代的运动训练理论。运动训练的基本规律之一就是周期性的安排篮球运动训练过程。它的实质在于系统地重复各个完整的训练单元训练课、小周期、中周期和大周期,这样才能够让篮球运动训练水平波浪式的、阶段的发展以及螺旋形的上升。

随着时代的发展,运动训练是不断的往前发展的,而周期理论也应该不断的向前发展,从产生至今天,很多的国家学者都对它进行了补充以及修改,这其中就包括马特维耶夫在内。那最为显著的是在二十世纪九十年代前后提出的训练个体化的问题,也就是在周期训练过程中应该考虑到运动员的个体差异以及项目特点,所以对于运动训练周期理论不应该简单地进行否定,而是应该全面的判断这一理论的科学依据是否具有普遍性意义。

可以说传统的周期训练理论对于运动训练学产生的影响是巨大的,而且到现在对那些超长距离以及长时间耐力性项目和全能多项的运动仍然具有积极的意义。不过,随着社会的进步以及现代竞技体育的发展,商业化的比赛越来越多的进入到竞技体育当中,比赛的强度越来越大,传统的周期训练理论已经不完全适应现代赛制的发展,不利于高水平运动员的训练了。而且也不能够代表和解释现代运动训练的发展趋势了,所以以面对现代竞技体育的飞速发展,要能够充分的利用经济和科学技术的高速发展带来的高科技,密切联系运动训练实践,探索更加适合新的赛制的现代训练理论,这样才能够更好地促进体育的发展与进步。

第三节 现代运动训练的发展趋势

现代训练学已进入一个以多学科综合化和整体化为基本特点的新阶段，科学化训练已成为现代训练的核心问题。运动训练实践活动以及由此引起的理论与知识，正发生着翻天覆地的变化，人们不再满足于最初仅仅依照师徒相传的经验训练，而是深刻的意识到，唯有将新思想、新观念、新理论、新科技成果、新方法与手段、新器材仪器运用到训练实践中来，才有可能将运动员培养成人，使运动员的竞技水平更快提高，才可能在当代激烈的国际竞技运动竞争中立于不败之地，这是当今世界范围内方兴未艾的运动训练科学化的总体发展趋势。概括与把握当今运动训练科学化的发展趋势，对转换我们的训练观念、训练思路，找出我国运动训练实践中存在的问题，为达到育人和夺标的竞技体育思想将起到重要作用。

一、树立系统训练观

从现代科学技术的发展轨迹看来，其中一方面是已有学科不断分化，并且呈现越分越细的状态，新学科、新领域也不断产生，呈现出高度分化的特点；另一方面是不同领域、不同学科之间相互结合、交叉与融合，向综合性、整体化方向发展，呈现出高度综合的趋势。而系统科学在这种发展趋势中所最具有的理论价值和指导意义是不可小觑的。

依据系统科学，把现代运动训练系统的体系结构分为四个层次：第一层次是系统工程与模型化训练，这是直接改造自然界的工程技术层次，是现代运动训练的新阶段——模型化训练阶段；第二层有运筹学、控制论、信息论、系统理论等，是系统工程的直接理论，属技术科学层次；第三层次是系统科学理论，它是现代运动训练控制基本理论；最高一层次是系统训练观，这是系统的哲学和方法论的观点，是现代运动训练控制基本理论通向马克思主义哲学的桥梁和中介。

从实践论观点来看，任何社会实践，特别是复杂的社会实践，都有明确的目的性和组织性，社会实践要在理论指导下才有可能取得成功，这个理论就是现代科学技术体系和人类知识体系所提供的知识。处在这个体系最高端的是辩证唯物主义，所以社会实践首先应受辩证唯物主义的指导。但仅有哲学层次上的指导还不够,还需要有各个科学技术部门、不同科学部门的科学理论方法和应用技术,甚至前科学层次上的经验知识和感性知识的指导和帮助。如何把不同科学技术部门、不同层次的知识综合集成起来形成指导社会实践的理论方法和技术,以解决社会实践中的问题,这就有个方法论和方法问题,我们可以借鉴综合集成方法来处理这类问题。

把控制的思想与概念引入到运动训练系统中,是一个重要学术思想。系统学不仅要揭示系统规律去认识系统,而且还要在认识系统的基础上去控制系统,以使系统具有我们期望的功能。

(一)最优化训练控制

最优化训练控制就是从实际出发,以所能达到的最高水平为目标,采取最符合客观实际的、最适宜的科学训练方法与手段,对训练全过程所实施的定时、定量、高效、低耗的训练控制过程。最优化训练控制原理是反映现代训练目标控制的训练控制理论,是以控制论为主要理论依据所确立的。运动训练控制的核心在于它是一个有目的、有方向、有计划的训练过程。一个完整的训练控制必须具有以下几个基本环节与条件:1.必须有施控的主体与被控制对象。施控的主体主要是教练员,也包括科技及管理人员等。被控制对象是运动员,但在运动员的自控系统中,运动员是施控系统,运动器械是被控对象。在训练中,既要发挥教练员和科技与管理人员的外控主导作用,又要发挥运动员自我控制的内控主体作用和他们对器械的外控作用;2.必须有控制信息与前身信息控制通路。施控者主要是沿着前身信息控制通路将控制信息传递给运动员的;3.必须有反馈信息与反馈信息控制通路。通过反馈获取反馈信息,再通过反馈装置对反馈信息加工处理,与原模型比对分析,找出存在的问题及产生问题的原因,修订原计划、方案,最后输入到控制器中,并由控制者重新进行新的控制;4.必须使前身与反馈信息控制通路中传输的信息达到适宜的限度。

(二)整体化训练控制

整体化训练控制是依据训练系统的系统性和综合性特征,以及系统的功能放大原理,从训练系统的综合性调控和系统性调控两方面,对运动训练全过程实施的整体性训练控制过程。整体化训练控制包括纵横两个方面,一是反映横向联系的"综合化训练控制",一是反映纵向联系的"系统化训练控制"。综合化训练控制是指将影响训练效果的各种因素综合在一起进行较为全面的设计、规划和调控。综合化训练控制已成为现代训练的一个显著特征。表现在由多种竞技能力训练内容组成的综合训练内容系统和提高竞技能力的综合训练等等。在实施综合化训练控制中应注意把教练员、科研与管理人员的外控作用与运动员自身的自控紧密结合，现代运动训练中，越来越重视对运动员自控的训练。系统化训练控制是指运动训练的全过程是一个长期、系统和连贯的训练控制过程。训练系统的整体性效益很大限度上取决于各种训练因素在长期训练过程中的连贯性和系统性。这主要体现在各训练过程和训练阶段间衔接方式的系统性，各阶段开始时间与持续时间连贯性，各训练阶段训练控制作用优选与连贯，训练组织与管理的连贯性，训练计划安排的连贯性等。整体化训练一方面体现在系统化训练安排上，另一方面，体现在各训练阶段中各局部因素的综合调控和整体效益上，只有两方面综合考虑，才能保证训练控制功能放大效益的实现。

（三）信息化训练控制

信息化训练控制是以信息观为指导，以信息为基本条件，依据信息控制的基本规律，通过建立完善的信息系统，对运动训练全过程实施的训练控制过程。现在运动训练离不开信息，运动训练控制过程实则是信息控制过程，训练信息是实施最优化控制的必备条件。现代训练的信息控制特点包括：1.现代训练已成为一个智力密集和智力协作的教育与社会活动过程。多学科人才的加入，教练员与运动员人才高智力结构比例加大，已成为现代训练的一个明显特点；2.起决定作用的是知识信息，应该把主要的资金用于创造科学化训练条件、提高教练员智力水平和科学化训练水平上；3.运动员运动成绩的增长，主要靠的是知识与信息。现代训练从拼体力价值观，转向以信息价值观、智力价值观和科学价值观为主，现代运动训练与体育竞赛已成为各国科技水平的竞赛；4.教练员的权力与威信主要来自其自身的信息与知识水平；5.对未来的研究与设计越来越重视以信息研究为基础；6.小型化、多样化与分散化正成为现代训练管理的发展趋势。

（四）模型化训练控制

运动训练系统工程是指对复杂的整体训练系统实施最优化管理和调控的综合技术及科学方法。也是指运用精确化、最优化、数学化等科学方法来正确分析、规划、设计与管理运动训练系统的一项综合技术。它的主要任务是如何把训练控制的总目标分解为一些小目标；如何根据训练系统控制的总指标来确定各训练分系统的指标体系，即建立训练控制模型；如何协调训练系统各局部间的关系；如何根据总的工作任务和进程，设计好各局部工作环节的工作程序。训练模型是训练控制的依据，模型化训练控制在现代训练中体现在以下几方面：训练全过程的科学化与模型化；模型化训练控制就是指运用科学的方法建立各种科学的训练控制模型，并据此控制运动训练的全过程；训练过程反馈调控的模型化；训练过程程序调控的模型化；个体化训练控制的模型化；适应性训练控制的模型化。

二、运动训练的针对性与个性化、专项化与实战化、程序化

运动训练过程中有许多共性规律可循，由于运动训练的对象是人，世上没有完全相同的个体，有些个体甚至存在较大的差别。现代训练中，要针对每个运动员的竞技能力结构特点，确立适合于每个运动员个体特点的训练模式，实施个体化训练，如果再用群体模式对每个个体进行训练已无法达到最佳训练效果。现代运动训练正在向个体化训练的方向发展，针对性与个体化已形成一个必须遵循的原则。根据这一趋势，现代训练十分强调对运动员个体竞技状态和运动状态的诊断、运动员个体训练模式的建立和针对某一个体训练模式进行有针对性的个体化训练。

高水平运动员具有如下特点：1.各器官系统功能及之间的协作已经达到相当高水平，竞技能力可塑空间下降，一般的训练手段与负荷已不能对机体产生作用，只有那些高度专项化、个体化的训练才能突破现已形成的竞技能力平衡，在更高层次上建立新的平衡；2.对专项能力的需求显著提高；3.对训练方法、负荷的要求提升，只有针对性强的训练手段和科学的负荷才能进一步提高专项运动成绩。

实践证明，保持和提高运动成绩的最好办法是不间断地进行该项目比赛时的最基本的练习模式。因为，在有类似的神经肌肉的募集方式的两种活动之间可能有更好地训练效果被转移。对专项训练来说，一定要强调训练的重复性和训练量的增加，期间不能穿插其他性质不同的刺激。研究业已证明，对运动员机体起一般性和多方面作用的负荷要素转化为运动能力的时间较长；相反，对运动机体起专门作用的负荷要素能较快地转化成运动能力，即能较快地产生超量补偿的效果。从运动生理学的角度，对从事某一特定运动项目的运动员来说，身体素质的训练必须与专项运动的特点相结合，才能有效地提高专项成绩。运动员在专项运动中所需求的身体素质只能通过自身的专项训练获得，任何非专项活动形式的身体素质训练都属于专项身体素质训练的一种辅助练习手段。高水平运动员在进行身体素质练习时应减少辅助练习的各类和数量。

比赛本身（专项训练）是最系统、最完整、最理想的训练内容，专项训练和专项辅助训练是训练内容的核心，以赛代练，以赛促练，赛练结合，从实战出发，是当今运动训练的一个发展趋势。以赛代练，以赛促练，赛练结

合，把比赛当作训练的一部分，突出训练的强度，突出专项训练是创造优异运动成绩的最根本原则，这已为现代高水平运动训练的理论与实践所证实，是训练理论中无可非议的结论。训练负荷的"面"的低缓和"点"的突出，就是我们可把比赛作为训练负荷的一个影响因素或者将其作为负荷本身，在其他条件不变的情况下，比赛数量的增多毫无疑问地提升了整个训练过程的平均负荷强度。在当前情形下，许多项目竞技运动项目通常采用降低全年平均训练负荷强度的方法，防止平均负荷强度过高。目前，将参加一部分比赛作为提高训练强度的重要手段，已成为许多世界级优秀运动员的选择，而平常训练强度的相应降低，使全年的训练强度变化的"落差"增大。这种强度"落差"可使运动员从那些片面强调的大强度训练而造成的长期疲劳中解脱出来，使机体在大部分时间里处于恢复与负荷的平衡状态，在很大限度上可避免或预防运动损伤与过度疲劳的产生。

训练实践表明，要想训练成功，既要不断探索培养优秀运动员的捷径，在多年训练进程中，又必须遵循各个阶段的训练特点，企图超越全过程的阶段特点，无异于拔苗助长，导致运动员早衰的出现。如在早期专项化阶段，过多地采用早期专门化的手段，且针对专门能力和专门技术方面进行大量的成人化的方式与方法训练，就会影响运动员竞技水平的正常发展。

三、现代高科技理论与技术对竞技体育整体渗透

从运动训练角度讲，科学技术对运动训练的作用体现在三方面：1.人们不再满足于仅把运动成绩作为衡量训练效果的唯一标准，而是将评价的标准更多地投向训练的效率，即计算投入与产出的比值。微观上加强训练过程的监控，提高训练的实效性与针对性，宏观上提高运动员成材率，缩短培养过程，延长运动寿命，即以最小的付出获得最大的效益，这样的训练自然需要科学的理论做指导；2.运动员的培养是个系统、复杂和长期的过程。该过程无论纵向上的选材阶段、基础训练阶段、专项训练和高水平训练阶段，还是横向上专项特点、人体生长发育特点、运动员个体差异以及场地和设备条件等因素的干扰。这一持续多年且结构复杂并受多种因素影响的训练过程，必须在多学科的科学理论指导下规划、调控；3.随着运动员竞技水平的提高，机体各器官、系统的功能及它们间的协作不仅达到了相当高的水平，而且也越趋向或接近生理的极限。进入最佳竞技阶段的运动员，竞技能力发展的可塑空间逐渐减少，对训练负荷与手段的要求明显增加，运动成绩增长与运动损伤间的矛盾日趋突出。此时，只有依靠先进的科学理论与技术，才能使运动员各方面的潜能得以充分挖掘和最优匹配，促使运动成绩进一步提高。

四、选择适宜的参赛次数

竞技体育的职业化与商业化，驱使比赛数量的大幅度增加。在此背景下，运动员想要参加所有的比赛且在每次比赛中均要求表现出最佳竞技状态和最好成绩，是不可能的。这就要求优秀运动员要对参加比赛的次数进行控制，参赛次数过多或过少都会对运动员产生不利影响。若参赛过多，运动员不可能在所有的比赛中都达到最佳竞技状态，可能在重大比赛中错失机会，也会因为过多地参赛增加了训练的强度，易造成运动性伤病；若参赛过少，则降低了整个训练过程的强度，使训练与比赛结合不够紧密，使运动员心理素质的锻炼、比赛经验、控制比赛的能力、调整竞技状态、运动员参赛的动机减少，对提高运动成绩产生不利影响。只有适宜的参赛次数，才能确保运动员在大赛中处于最佳竞技状态。

不同项群运动员年参赛次数不同，集体对抗性项群运动员年参赛次数最多，其次是隔网对抗性项群运动员，体能类项目中速度及力量性项群运动员年参赛次数较耐力性项群运动员多，难美性、准确性及格斗性项群运动员年参赛次数较少。

因此，在年度训练计划制定中，一定要将比赛安排作为训练计划的一部分去整体考虑，应将比赛按重要限度及性质的不同纳入训练计划的考虑中。只有整体考虑才能合理分期，有效调整和使运动员在重大比赛中形成和保持最佳竞技状态。

五、重视恢复

运动训练与恢复时刻相伴而行，对于高水平运动员来说，除比拼训练水平外，很大限度上也在较量体力的恢复能力，日常训练中只考虑刺激而忽略恢复的训练绝不可能取得高质量的训练成效，这一点已经得到训练实践的反复验证。因此，如何消除疲劳就成为高水平运动员预防运动伤病、保持持续参赛能力和提高专项运动成绩的关键因素之一。合理的恢复要建立在多学科平台基础上，适时把握不同运动员比赛、训练和不同项目所消耗的能量及膳食特点，把握比赛或训练对运动员构成物质的消耗与营养素构成的关系，配置相应的各种心理、生物干预措施，使营养恢复系统整体化、制度化和功能化。这是备战大赛所需要重构与细化训练结构的任务之一，也可能是我们与世界运动成绩差距的重要原因之一。

从体能主导类项目训练的发展趋向看，除了加强传统上的恢复手段和措施外，一些力量训练与有氧训练也被作为提高恢复能力的重要手段，被动的恢复已被主动的恢复逐步取代。全新的恢复理念使得人们已不仅从机体疲劳恢复的专门措施与手段方面，而且从训练的负荷方面加强恢复能力的培养，从基础上提高运动员的恢复能力。

教练员和运动员是运动恢复活动的主体，教练员在制订训练计划时就应当考虑到恢复，恢复已经成为运动员尤其是高水平运动员训练的一个有机组成部分，在很大意义上也是运动员的一种"能力"，这种能力与其他能力一样需要给予专门的重视和训练。运动员既要在教练员的指导下从事恢复实践，也应与教练员一起设计、组织实施自己的恢复活动，并参与对这一恢复过程的有效控制。恢复是一项非常复杂的工作，光靠教练员是难以完成的，管理工作者、科技人员、运动医生、营养师等也都是运动恢复活动的积极参与者，把各方面人员结合在一起分别从不同的角度进行分工合作才能搞好这项工作。

六、运动训练的科学监测

更快、更高、更强的奥林匹克精神使竞技运动水平的不断提高，世界纪录不断被刷新，运动员承受的训练强度和训练量越来越大，运动训练与比赛对体育科技提出了更高的要求。对运动员的训练过程实施系统的、长期的科学监测，以便科学诊断运动员的训练负荷、运动成绩、心理状态、技术特点和身体机能等状况，并在比赛或训练后通过科学手段加速能量储备与身体机能的恢复，防止运动员出现过度训练或过度疲劳，有效提高运动员的竞技能力。同时，在重大比赛前与赛中科学地调控运动员的竞技状态，进而在比赛中创造最优异运动成绩，是体育科学领域亟待解决的问题。运用运动生理、运动心理学、运动生物力学、运动生物化学等学科的基本理论与方法，研究运动员竞技状态特点和规律以及运动训练科学监控，运动训练的科学监测包括竞技能力诊断与监测、训练负荷诊断与监测、运动成绩诊断与监测等多方面。不同的诊断内容采用的方法不同，如运动技术诊断主要采用影像测量与分析、力学理论分析、力的测量与分析等方法，对运动员的专项运动技术进行定性和定量诊断。在对运动员的竞技能力进行诊断时，要依照专项竞技能力结构特点，重点诊断那些起决定作用的主导因素，并作为竞技能力总体诊断的主要依据。

对现代科学化训练的发展趋势进行了深入的研究，诚然，科学化训练的规律也不是一成不变的，随着竞技水平的不同发展，这种发展趋势也是动态变化的，我们要用动态的、发展的观念来对待科学化训练的规律。不同项目的教练员、运动员、科研人员与管理人员等要针对所从事项目的训练特点，结合自己的客观实际，找出训练中存在的问题，及时调整自己的训练思路、理论与方法，找出相应的改进策略，以实现夺标与育人的竞技体育思想。

第四节 运动训练的影响因素

运动训练质量的高低直接影响着竞技运动水平的发展，而如何提高运动训练的质量是每一个教练员都在认真研究的课题。运动训练的质量受很多因素的影响，如教练员水平、训练条件、运动员参与训练的积极性等，其中运动员参与训练的积极性是影响运动训练质量的主要因素，因为在运动训练的过程中运动员是主体，只有了解积极性产生的因素并充分利用这些因素，才能最大限度地调动运动员的训练积极性，保证运动训练的质量。

一、缺乏积极性是运动员提高运动技术水平和提高训练质量的障碍

积极性是运动员参与运动训练所必备的一种个性心理，是在心理活动中表现出来的。积极性作为一种心理行为是社会赖以前进发展的行为基础，体现了人对客观事物的态度。当它在运动员的心理活动中表现出来而影响其活动效率时，运动技术水平的发展则受其影响。因此，积极性的具备与否，是运动员提高运动技术水平、保证训练质量的关键，对提高运动水平和训练质量有着巨大的影响作用。

二、产生积极性的驱动力是运动员提高运动技术水平及保证训练质量的动力

产生积极性的驱动力来源于内驱力和外驱力两种。内驱力是基础、根据，外驱力则是条件和诱因。

内驱力包括生理驱力和心理驱力两大类。生理驱力来源于人的本能如摄食、性、防卫等，而心理驱力则是人类所特有的一种内驱力，与人的社会化进程和价值观念密切相关，它包括名誉、权力、成就、友谊、归属等，其中影响最大的是名誉和成就，当运动员认识到运动所给予的价值与他本身的需求吻合时，他就会发自内心的要求自己参与训练，提高自身的运动技术水平。

外驱力则来源于外部的刺激，如物质刺激、精神刺激、信息刺激等，这是通过强化个体的内部需要而引起的动机，从而产生某种行为。在体育运动中有物质、精神上的奖励，运动成绩好坏的刺激，来自同性、异性的赞美等，这些都是激发运动员产生训练积极性的动力。

驱动力，尤其是心理驱动力是引导运动员自觉参与训练的重要基础，是

运动员不断发展和提高运动技术水平的动力,也是保证运动训练质量的基础。

三、积极性特征是运动员提高运动技术水平和提高训练质量的心理基础

积极性具有4大特点:明确的目的性、浓厚的兴趣性、克服困难的坚韧性以及自觉进取的主动性。

1. 明确的目的性是运动员积极性的认识特征

运动员的行为如果没有明确的目的或者预定的目标,完全受制于客观环境的驱驶,说明他没有认识到其行为的意义,缺乏自觉性而存在盲目性。这样的运动员在训练过程中就常常会东一榔头西一棒,不知道自己需要什么,也就不可能有目的地提高自身的运动技术水平。

2. 浓厚的兴趣性是运动员积极性的感情特征

如果运动员对他所从事的运动项目没有兴趣,他在训练中就不可能有饱满的热情。热爱能让运动员勤奋,而勤奋则可使运动员积极参与每一次训练,从而促使其运动技术水平在训练中得到充分的提高和发展。

3. 克服困难的坚韧性是运动员积极性的意志特征

运动员的运动技术水平总是在一定条件下,在训练中克服了一个又一个困难而发展和提高起来的,对一个意志坚强的人来说,则可以克服种种不利条件,使自己在训练中不断发展和提高。

4. 自觉进取的主动性是运动员积极性的行为特征

运动员的行为如果总是处于被动状态,当然不是积极性的表现,而衡量一个运动员积极性限度的高低,则主要看其主动性状态。当运动员的主观能动性被激发出来之后,他就会在训练中不断追求,不断提高,磨炼意志,克服各种困难,提高自身的运动技术水平。

四、充分调动运动员的积极性是促使运动员提高运动技术水平和保证训练质量的首要任务

调动运动员的积极性其实就是对运动员的行为导向问题。这个行为导向应遵循以下4个原则:

1. 目标导向原则

人的行为总是为了追求一定的目标,运动员的行为也不例外。因此,合理的目标就会成为激发运动员行为的动力。教练员在进行目标导向时,必须注意运动员对目标的可接受性,过高过低都会影响其积极性,从而影响运动训练的质量。

2. 需要导向原则

运动员与运动训练其行为都是为了满足某种需要而进行的。因此，需求是运动员积极性产生的源泉。作为教练员就必须在训练过程中对运动员不断进行需求导向，把运动员的积极性引到合理的需求上来。

3. 利益导向原则

这里的利益并不仅仅局限于经济利益，而主要指荣誉、成就等，因为运动员产生训练行为之前往往会考虑其行为的后果会给他带来怎样的利益和害处。导向好，则会使运动员终身受益。在贯彻利益导向原则时，要注意把集体利益和个人利益结合起来，使运动员的训练行为既对集体有利，又对个体有利，切实把其训练行为与绩效挂起钩来，造成个人行为越正确，绩效就越高的局面。

4. 评价导向原则

人的行为都具有社会标准化倾向，因而人们常以社会对自己的评价来不断调整自己的行为，使之适应社会的需求。同样，运动员在训练中，教练员的评价往往会起到很好的引导作用。如在训练中，教练员给予运动员技术、意识正确与否的提示有助于运动员建立正确的技术动作和良好的运动意识，使运动员的肌肉本体感觉和判断力逐渐敏锐起来。因此，恰当的评价往往可使运动员少走弯路，提高完成技术动作的自信心，从而提高运动训练的质量。

综上所述，积极性因素之所以能影响运动训练质量，提高运动员的运动技术水平，是因为积极性能够激发、动员运动员自身的潜在能力去寻求解决问题的方式、方法，这是由积极性的四大特征所决定的，同时，积极性所产生的驱动力又为运动员提高运动技术水平和保证训练质量提供了内在的心理条件。因此，教练员必须了解促使运动员产生积极性的各种因素，并利用这些因素去激发、调动运动员的训练积极性，从而保证运动训练的质量，促使运动技术水平的提高和发展。

第五节 现代运动训练的新思想与新理念

训练理念是训练主体对运动训练及其过程进行思维的概念或观念的形成物，是理性认识，训练理念不是训练现实或训练实践，但源于对训练实践的思考，是对训练实践的自觉反映。因此，从理论上说，训练理念是理念持有者对训练实践的清醒判断与认识。同时，对训练实践具有引导定向的意义。随着科学技术的迅速发展及由此带来的先进的体育训练手段和方法的不断出现和应用，现代竞技体育朝着竞技水平极值化、激烈限度不断加大、复杂性增多、运动员的心理压力不断增大、有效参赛的周期延长、参赛准备复杂的方向发展。我们应该对运动训练进行认真的分析研究，以便明确当今努力的方向，该文对运动训练发展的特点进行分析，指出运动训练发展的新趋势，教练员和运动员对当今运动训练所应具有的新思想，新理念。

一、训练的数字化控制

数字化训练是利用信息技术作为认识工具指导运动训练实践，数字化训练的核心就是信息技术和运动训练的整合。对运动员的现场信息进行同步采取和定量分析，大力开发研究的技术手段，加强科学意识，并积极与科研人员配合，把运动训练建立在相关信息尽可能完备的基础上，对训练进行数字化控制。

一个国家的体育事业发展水平，除了要有数量和质量保障的体育设施之外，体育发展中的科技含量，体育科技整体的发展水平越来越成为一个关键的要素。美国田径成功的一个重要因素是借助了最先进的训练仪器，采取数字化训练。在雅典奥运会上，美国运动员在田径上取得优异成绩的一个重要因素是他们得益于数字化训练。传感器、视频录像，以及笔记本电脑成为美国奥运选手必不可少的"三大件"。利用仪器通过测量，体操运动员可以知道为什么自己不能尽可能的腾空，通过录像也可以发现身体展开过早对自己结束动作的影响；在对抗性项目上通过对对手情况的了解分析来制定自己的战术训练，大量事例都说明现在的训练已进入数字化时代，因此我们应以顺应这种时代的训练理念来指导训练实践，利用高新科技分析运动技术，获取大量的资料，采取大量的信息从而指导运动实践，建立信息数据库，为训练的科学控制提供前提。

二、心理训练作为一个重要内容贯穿到训练和生活之中

现代的竞技比赛复杂性增多，运动员承受的压力增加。在比赛中，经常发现运动员体能和技能训练很好而赛场失利的情况，特别是对抗性项目的决赛阶段，运动技术在基本相当的水平上，心理能力对于运动员取胜起至关重要的作用。虽然如此，但在比赛中还是经常看到因为心理素质差而甚至在大好的形势下丢掉比赛。心理素质同样是运动员参赛能力的一个重要组成部分，可心理训练在训练中往往被忽略而只注重专项技术训练，心理训练也并非是心理专家在赛前一次谈话就可以解决的，应该把心理训练作为一个很重要的内容，贯穿到平时的训练和生活中去，而不是把心理脱离训练单独进行，如果是这样也不会收到好的效果，只有把心理训练融合到平时的训练之中，靠

日常一点点的积累，这样才能培养运动员在大赛当中稳定的心理因素。

三、训练手段的选择及练习的时间间隔和次序

钟秉枢教授曾经讲过"训练是一门艺术"，教练员对运动员进行训练，就好比对璞玉进行雕琢，采用不同的雕琢手段，先后次序及选择不同的时间即可雕琢出不同等次的玉器来。在中国体育界现在盛行"三从一大"的训练原则，即训练必须从难、从严从实战出发，坚持科学的大运动量训练。在传统训练方法不断强化的同时，现代运动训练方法，如"模式化""信息化""模拟训练"和"计算机训练"等逐渐进入运动训练，全面系统的训练得到强调。运动训练是一个不断探索、总结、和完善的过程。要善于打破常规对训练理念的枷锁，如以前的训练把速度安排在前，让运动员在身体状况最好的时候练速度，后面再安排其他的练习。而孙海平对刘翔的训练，是把速度安排在后面，在之前进行许多的辅助力量或速度力量训练。他的这种安排是以神经系统的兴奋性为科学依据，神经系统除了支配肌肉工作，还要感知来自肌肉的信息，然后进行修正和调整。运动员完成大重量的练习比完成小重量练习神经发放的冲动要大得多，而且会持续一段时间，就是利用这种后效作用，来进行速度训练，这样训练的效果更好，而且运动员的肌肉在得到一定刺激后完成动作的力度更大。他们的许多训练手段和安排都源自于神经和肌肉协调的理念，将传统的训练次序倒过来。所以现代运动训练，在对事物新的科学的认识基础上，对训练手段的选择、安排的时间和次序进行新的探索及打破常规的理念是提高训练质量，收到更大的训练效果和创造优异成绩的关键。

四、高效率的多因素的全面训练

以往的训练都是单一的训练，今天练这部分，明天练那部分，最后再花大量的时间将这些单一的东西进行组合和转化，在人力、物力，时间上造成极大的浪费。另外单因素的训练，力量就是力量，速度就是速度，最后造成大脑皮层的兴奋点都是单一和局部的。而高效率的多因素的全面训练，即在一个训练手段里面包含多种训练因素，一个练习中融合多种训练因素，对神经系统多一些刺激，多一些兴奋，所练习的结果可以直接对专项起作用，这样就省去了重新组合转化的时间，大大提高了训练效率。以跨栏中的起跨腿原地支撑向前提拉练习为例，当腿向前提拉时，给一些阻力，把一些力量训练因素加在里面；而当动作快要结束时，顺势向前推一下，给一些助力，帮助加快动作速度，这就又把速度融入里面。孙指导对刘翔成功的训练是个很好的例子，他们很多的训练都是把几个因素融在一起进行的。一般的运动员

成才需要 6～8 年，而刘翔只用了 5 年多一点就成为世界上最优秀的运动员，达到了世界顶尖水平。一个优秀的教练员，应该让运动员用最少的时间，最少的运动量，获得最大的成功。

五、着重建立科学训练的理论体系与训练平台

近年来，我国运动训练学理论体系取得了具有科学意义的重要进展，从运动训练学三个层次理论体系的确立，训练目标导向与控制过程的强化，训练理论时空架构相对均衡的调节，竞技能力结构的"双子模型"运动训练学基本概念的科学定义，以及运动训练学理论向竞技体育学理论的扩展研究成果，可以清晰地感受到具有中国特色的运动训练学理论体系正在逐步形成。在这种科学理论的基础上，把实践与理论紧密结合，形成各专项训练新理念，建立训练实践操作平台是成功训练的关键。我国皮划艇短期内实现奥运金牌零突破的成功经验就是：紧紧围绕皮划艇项目的科学训练理论体系来组织和控制皮划艇的训练活动，以有氧训练为基础，以有氧强度（速度）训练为核心手段，来有效提高"乳酸供能"能力的平台，皮划艇训练方法、手段的重点和体系以及各种测试与评价体系都应围绕这两种有氧能力来实施训练，以此提高和诊断运动员"乳酸供能"能力的平台，从而建立训练实践操作平台。孙海平教练带训练之所以取得辉煌成就的一个重要原因之一就是把训练建立一个以强度为中心的平台上，就是高效率的全面训练，每个练习、每个手段都是大强度，每天都是大强度，从准备活动到专项训练再到身体训练，都是以强度为中心。

六、剖析和重新认识各专项训练的本质特征及规律

在比赛中不停地有世界纪录被一次次刷新，除了有其他因素之外，其对专项训练的本质和规律不断地进一步认识也是重要原因之一，人们对世界事物的认识永远是一个不断发展和修正的过程，在当今日趋激烈的比赛中要想创造好成绩，在训练中就要不断的剖析和进一步认识各专项训练的本质特征及规律。例如：以前在田径赛跑项目上认为是靠两条腿跑步，因此，为发展大腿股四头肌的力量主要采取杠铃深蹲，对髋部和上体没有什么帮助，所以大多数运动员跑起来光靠两条腿在发力和用力，不光费力气，而且维持不了多久，顶多几十米，而比赛的最短距离是 100 米，因此，经常看到运动员跑到后程出现跟不上的现象，这说明光靠增加腿部力量不符合这专项的特点，对专项的本质特征及规律没有完全正确的认识，髋基本上是在人的正中间，由髋发力的实效性应该是最好的，可以说髋是发动机，有了强大的发动机，

运动员自然就跑得快。科学训练的本质是在正确认识专项训练客观规律的基础上,并由此建立该项目训练的决策思想,行为准则和方法学理论体系,中外优势项目的形成与发展的实践表明:创新战略和体系的超前性和专项训练的本质规律系统化是成功的基础。

总之,训练理念是人类进行训练实践的指南,没有正确、先进的训练理念,其训练实践便是一种低级、落后的重复活动。在人类竞技体育的发展过程中,特别是在我国落后的竞技项目中,无数事例反复重申这样一个命题:竞技成绩的落后必然伴有训练理念的落后。因此,构建先进的训练理念是竞技体育不断创新、发展、提高的前提,也是改变我国落后项目局面的根本出路。

第十二章 高校运动训练理论与实践发展

第一节 高校运动训练价值理论的探究

运动训练,作为体育运动的一种表现形式是指运动员在教练员的指导下,为不断提高或保持运动成绩而专门组织的一种教育过程。就其本身所发挥的作用来看,即在于最大限度地提高训练者的体能和技能。但是,随着社会的发展,人们社会观念的改变,不同领域的运动价值标准也在不断地向多元化方向发展。

高校课余体育训练作为高校体育工作的一个层次和重要的组成部分,有其自身的特点和价值取向。因此,要充分发挥在特定环境下高校课余训练的作用,对提高高校课余训练效益的改革尝试都必须在正确认识其价值标准的基础上进行。

本文拟从对运动训练的多元价值认识理论入手,通过运动训练在表现价值上存在的几种认识标准和功能作用,结合当前高校课余训练的实际,对高校课余体育训练目标和功能作用的理解,作一探讨。

一、对运动训练价值的几种认识标准分析

(一)运动训练价值以提高竞技成绩为目标

运动训练是指最大限度地挖掘和提高人的体力和智能,以获得更高的运动成绩的有组织的教育过程。但应该指出,这种传统的认识的形成,直接和运动训练最早产生的历史背景有关,因为,自1896年第一届现代奥林匹克运动会在希腊举行之后,不仅促使竞技体育的问世,而且在日后频繁的体育竞赛活动中,人们为了追求更高的运动成绩和取得竞赛的胜利,就开始寄希望于运动训练。这种逐渐被专门化和职业化的运动训练,就一直确定以提高竞技成绩为主要追求目标,并把它作为培养优秀运动员的重要手段。

（二）运动训练价值以追求锻炼身体和精神享受为目标

随着社会物质和精神文明水平的提高，人们出于对锻炼身体和精神享受的执着追求，开始把更多的注意力转移到与竞技体育运动有关的体育项目上。此时，体育运动参与者为了更好地促进身心健康，取得优异成绩，虽然也进行运动训练，并力图通过各种有效的运动训练手段和方法，使自己的身体活动能力得到最大限度的发挥和保持最佳的竞技状态，但在追求目标上都已和传统的竞技运动训练有了明显的区别。

（三）运动训练价值以竞技教育为目标

高校运动训练，因受特定环境和参与对象所制约，对它的表现价值则可以简单地归纳为，高校体育一般具有满足具有运动才能学生的心理需求，强健学生身体，推动群众性体育活动开展，提高运动技术水平，适应校际运动比赛的需要，以及有助于高校体育深入发展等作用。近几年来，为了充分发挥高校在提高竞技水平的作用，认为高校运动训练还可以培养优秀运动人才，开辟新的输送优秀运动员渠道和解决优秀运动员的出路等方面提供实验基地，并最终为国家攀登世界体育高峰贡献力量。因而以发展的观点，确定了高校体育运动训练在实现教育和竞技目标方面所具有的两重性。

综上几种认识标准可以看出，人们对不同领域中开展的运动训练的估价，首先取决于他们在运动训练中追求的目标，在主要目标被明确之后，对其价值的认识标准不致带有盲目性，否则，就会产生许多不切合实际或与要求不相符合的认识。

二、对高校运动训练主要目标理论依据的确定

根据现状，明确高校课余体育训练的主要目标，既是客观估计高校训练价值标准的前提，又是有针对性进行高校运动训练体制改革的关键。

要明确高校运动训练的主要目标，首先应了解它在高校体育中的地位及可能为之提供的条件。高校运动训练作为高校体育的一部分，它所具有的双重性目标已被确认。但就目前的条件，欲要在高校运动训练中突出竞技目标则又显然不切合实际。高校运动训练明显带有业余的性质。所以，目前，我国高校运动训练的目标，应从实际出发，树立运动训练有利于学校体育改革的整体价值观念，即在完善和改革学校体育体制的前提下，首先致力于高校运动训练的规范性，增加宏观控制，减少随意性，使之既能满足有运动才能的学生心理需要，又利于推进群众性体育活动的开展及不断提高高校的运动技术水平；不断满足高校横向运动训练体系的建立，增强校际间的竞争，从

而使高校运动训练的教育目标和竞技目标自然协调和提高。

三、高校运动训练的功能作用

运动训练具有多元价值，而高校运动训练又具有教育和竞技的双重目标。因此，改革高校的运动训练是当务之急并具有现实意义。

（一）有利于推动学校群众体育活动的普及与发展

广泛开展多项目的高校运动训练，可以吸收大批的体育运动骨干加入到各个项目中来，经过一段时间的系统训练，这些学生便可以成为开展群众性体育活动的排头兵，在日常的校园体育活动中，可以起到小先生的作用，从而推动了学校群众体育活动的普及与发展。

（二）丰富学校业余文化生活，有利于校园文化建设

在高校，各种运动训练项目，代表着学校在该项目中的最高水平，学生在训练的同时，既是提高运动技术的过程，又为其他同学展示了一种奋发向上的拼搏精神，使广大学生在欣赏训练比赛的同时也提高了对体育价值的认识，丰富了体育运动知识，为有组织或自发的校内各项体育比赛，起到了带头作用和影响作用，有利于校园建设，丰富了学校业余文化生活。

（三）提高学校的知名度和影响力

随着高校运动训练水平的不断提高，高水平的运动队伍不断出现。高校体育比赛，已有了较强的观赏价值。在国内外，每年都有高校之间各种体育运动项目的比赛，通过媒体人们很容易观看到或了解到比赛情况。有许多不知名院校，通过体育比赛，展示出自身的竞技风采，从而驰名中外。

（四）有利于促进校际间的交流

体育是一种纽带，高校通过运动训练培养出一批高水平的体育运动人才，才有机会参加校际间的体育比赛。在比赛过程中，各校之间取长补短，加深友谊，相互了解，共同提高。体育是座桥梁，通过体育比赛，能够使各院校之间在多领域、多学科加以了解，促进了校际间的交流。

（五）满足有运动才能的学生提高运动技术水平的需求

学生的运动训练是在专业教师担任教练的指导下进行的，这就为一些有运动才能的学生，提供运动训练的保障。减少学生自身训练的盲目性，能使学生在较短的时间内，发挥出潜能，从而大幅度提高学生运动技术水平。

（六）拓宽竞技体育人才培养渠道，为国家培养体育后备人才

随着高等教育的发展，越来越多的优秀体育人才进入高校学习，从体育发达国家的实践证明，在广泛开展学校群众性体育活动的基础上，从中发现优秀运动员的苗子，进行多年的运动训练，打好思想、身体、技术、战术、心理的基础，为国家培养和输送优秀运动员和后备力量，是提高运动技术水平的一个主要途径，从而拓宽竞技体育人才培养渠道。

运动训练具有多元价值标准，提高竞技成绩、竞技娱乐和竞技教育等是运动训练的三个主要价值标准。高校运动训练带有明显的业余性和教育性，高校运动训练应确定为竞技与教育的双重目标。对高校运动训练的功能与作用的认识，是有利于高校群众体育普及与发展，丰富校园文化生活，促进校际间交流，提高学校知名度，拓宽竞技体育人才培养渠道。

第二节 高校运动训练计划可变性与稳定性的研究

在制定训练计划过程中，只有正确把握好训练计划中可变性与稳定性的关系，才能使训练工作更有针对性。这是做好教练工作的关键问题，也是经验训练走向科学训练的第一步。

一、运动训练计划的可变性

训练计划是训练工作的指导性文件，是对未来训练过程预先做出的理论设计，它的科学性、合理性是教练员指导训练工作水平的标志，也是直接影响运动员训练效果的重要因素。

运动训练计划的可变性是教练员根据运动员在训练过程中所表现出来的各种情况（如生物学方面：性别、年龄、形态、节律；心理学方面：气质、个性、动机；社会学特征：生活习惯、家庭状况、学习情况；训练学特征：水平、能力等）进行综合分析、判断，并以此为依据，适时地对训练计划进行必要改动，使之更适合运动员当时状况和条件。

以学期和学年为周期进行训练是普通高校运动员训练的特点。高校运动训练计划的制定和实施不仅要考虑大学生运动员的饮食、伤病、心理素质、学习情况、训练场地、器材等因素，同时还要考虑他们三至四学年周期的不断更替，因此，高校运动训练计划要不断地加以调整、变化。

它的可变性主要表现在以下几个方面：

1. 运动训练计划内容的可变性

训练计划制定以后，由于种种原因，使其中的某些内容在训练中没能付

诸实施或改为其他内容，这种情况多出现在训练初期或开始阶段。例如，普通高校各运动队的训练，它是以每两年一次的省大学生运动会为一个大的训练周期，培养和招录运动员都须以此为依据。因此，在每个新训练周期的开始，即在最初阶段的训练中，教练员的计划多以基础常规练习为主，尽管如此，计划中仍有一些内容不能进行或改变方式、方法，出现此种问题的原因有两个：

（1）教练员对新生的情况不了解，在制定计划时，存在着一定的盲目性和差异性。

（2）在师生相互了解的过渡期，不断变换训练内容，主要是方式、方法的改变，以此来观察了解，测试学生，使教练员能全面了解新生的特点及训练水平，为修订出合理的计划打下基础。

2. 运动训练计划中不同周期的可变性

运动训练的目的，就是让运动员形成一个良好的竞技状态。根据竞技状态形成的规律，我们把训练计划分为：准备前期、准备后期、竞赛期，过渡期四个不同周期。因为各周期都有其独立的作用和任务，所以，训练的内容、方法等也各不相同，例如，在准备期一般性训练和身体素质训练所占比重要大于竞赛期和过渡期，特别是在量的要求上；而专项技术训练在竞赛期应相对增加，在过渡期则又应相对减少。需要说明的是这种变化是逐步进行的，而不是突然的改变。

3. 运动训练计划中重复训练的可变性

不断提高是科学训练追求的理想目标，而训练过程就是一个重复的过程，通过同一动作的多次重复，经过不断强化运动条件反射的过程，有利于运动员掌握和巩固技术动作；通过相对稳定负荷强度的多次刺激，可使运动员尽快产生较高的适应性，有利于运动员发展和提高身体素质。只是这种重复是在不断提高的前提下进行的，它不是简单重复，是在一个新的、不断变化、更高起点上开始的。

二、运动训练计划的稳定性

稳定性是指针对某一训练计划在实施过程中需要保持的一定时间区间，是取得理想训练效果的必要条件。人体对训练负荷的生物适应必须通过有机体自身的各个系统、器官、肌肉乃至每个细胞的变化，是阶段性实现的（机体对一次适宜训练负荷的反应，可分为工作、疲劳、恢复、超量恢复和训练效应消失等几个阶段）。因此，能够使运动员在生物学方面发生有益的变化，使人体产生生物适应规律的训练，要有一定时间作为保障，这也是使训练取的效果的基本要求。

对教练员来说，制定出的训练计划是否合理、是否适合被训练个体的特点，需要一段时间来实施该计划，然后对照预期效果与实际情况来进行诊断，从而得出结论。所以，在训练过程中，保持一定时间区间内计划的稳定性是运动员生理机制的需要，同时也是心理需要（对于高校中各级运动员来说，适应新的教练员，比适应新环境或是新的生活更需要时间），更是主、客观因素的共同要求。

三、运动训练计划中可变性与稳定性的关系

可变性与稳定性是训练计划中共存的两个不同属性，是不以人的意志为转移的客观规律，具有客观实在性。稳定性是可变性的基础，而可变性又是稳定性的发展。离开稳定性的可变性，只能使被训练个体生理发展规律紊乱，影响训练效果；而离开可变性的稳定性，只能使训练停留在同一水平，不会产生新的提高与发展，同样会导致训练工作失败。所以，可变性与稳定性是同一矛盾的两个不同属性，是对立统一、相互依存的，并且贯穿计划过程始终。

综上所述，针对某一训练过程，执行计划的稳定性是量的积累，当量的积累达到一定值时，即运动员产生运动性适应时，可变性则会产生质的飞跃，在这种量的积累与质的飞跃交替过程中，运动员才能不断地对新的计划产生适应，使竞技状态不断提高，取得更好地成绩。

应该强调的是，作为教练员要在全面了解运动员的基础上，针对某一需要设计计划。在执行时，应该认真观察外在表现，掌握相关数据资料，分析各种内在隐性因素，做到变有所依，变有所指，稳中有长，稳有所获。因此，教练员在制定训练计划过程中，只有正确把握好训练计划中可变性与稳定性的关系，才能使训练工作更有针对性，这是做好教练工作的关键问题，也是从经验训练走向科学训练的第一步。

第三节 高校体育运动训练课程的教学现状及发展

一、开展高校体育运动训练课程的意义与要求

少年强，则国强；少年富，则国富；少年屹立于世界，则国屹立于世界！青少年肩负着祖国复兴的希望，拥有健康的体魄是青少年奋斗前进的基础，也是实现伟大抱负的革命本钱，是中华民族生命力的延续。而体育教育是学生增强体魄的重要途径。

根据相关的数据报告得知，虽然青少年的营养水平得到提升，但是其身体素质的基本指标却有所下降，比如学生肺活量水平、体能素质、力量素质连续 20 年都有所下降。随着身体素质的下降，大学生的心理素质也有所下降，心理失衡、心理承受力差都是一些常见的心理疾病，大学生自杀事件、杀害他人事件时有发生。提高高校的体育教学质量是提升大学生身体素质的最快捷径，同时也能够培养学生健康的心理。

高校体育运动训练课程可以加强活动团队的凝聚力。通过一些特定的比赛项目，锻炼团队队员在困难和压力的环境中解决问题的能力，使参加培训活动的队员团结协作共同完成特定任务。让团队队员清楚认识到集体团队协作的重要性和必要性。当前人民生活水平快速提高，高校体育工作教育人员要把平衡心理调节，充分发掘发现自身潜能，积极应对各种挑战和问题，提高自我控制能力，在求索的道路上培养创新意识和求索精神，学习与他人更好地协商和沟通，优化人际关系，完善人格魅力，养成积极的进取的荣誉感和价值观。

二、高校体育运动训练课程教学现状

（一）课程设置不合理，指导思想多种并存

现阶段，高校体育课程设置不尽合理，尽管已增设了多个项目，不过仍无法适应大学生的基本要求，学生对体育运动不大感兴趣，在项目选择上也存在很大区别。例如，高校体育课程大部分都是传统项目，如三大球、三小球等，在选择体育训练课时，高校男生大多青睐"三大球"，而女生则喜爱"三小球"、健美操等运动项目。高校设立的体育运动训练课程内容无法适应大学生的基本要求。上述问题之所以会产生，其原因在于：学校缺乏相应的硬件设施，且教师人数稀缺。据调查，小球、轮滑等项目，对场地器材设施的要求较高，高校游泳池、小球项目运动场地较少，一所高校基本上只设有一个综合体育馆，加之小球项目受天气影响明显，室外授课很难达到理想中的教学效果及目标。此外，近年来，高校体育课程教学改革的不断深化，传统以"三基"为主的指导思想遭受了抨击，高校出来了多种指导思想，假如学校体育教育仍以学习体育基础理论、技能为主，学生很难得到全面的发展。

（二）场馆建设不足，师资队伍整体水平偏低

高校扩招政策的推行，加之体育场馆设施的不完善，对高校体育运动训练课程的教学质量造成了很大影响。有调查结果显示，当前很多高校都未建

立风雨操场，下雨天根本无法室外上课，天气好坏对教学有极大影响。很多体育老师也表示，场地器材直接关系到高校的体育教学质量，场馆建设不足，高校体育运动训练教学效率自然也就得不到提高。另外，高校体育教师的整体水平不高，教师中既有本科学历，也有硕士学历，比例严重失调。且通过实地调查后发现，不少高校的体育教师的综合素养及业务水平偏低，教师知识得不到更新，很多年轻教师毕业后便立即上岗，实战经验不足，这无疑影响了其教学质量。教师教学内容过于老化，思想滞后，乒乓球、羽毛球、跆拳道及游泳等体育教师人数较少，有些甚至是兼任，这无疑降低了整个学校的师资教学水平。

（三）教学方法相对滞后，教学评价方式单一

教学方法是高校开展教学的关键所在，与教学的效率及工作质量直接挂钩。《教学论》中提出了视觉信息类、本体感觉信息类等多种体育教学方法。当前高校体育运动训练教学中，教师习惯使用讲解、辅导或做示范等方法，这不仅违背了体育教学改革的需求，同时也不利于激发学生的运动兴趣，培养其体育能力。在体育教学系统中，教学评价有着非常重要的地位，通过对学生的学习成绩做出评价，可及时了解其学习水平，帮助其提升学习进度；同时，教学评价还可为教学工作提供真实的反馈信息，从而帮助教师改善教学质量。然而，受应试教育模式的限制，当前国内不少高校的体育教学评价力度较小，评价对象仅限于体育运动技能、方法等领域，而未注重体育课程中的其他领域，这就容易使学生将考试当成学习目标，其学习的知识面也得不到有效拓展。

（四）学生参与课内外活动不积极，教学效果不佳

当前高校体育基础课大部分都是田径项目，不少学生心生厌烦，对学习缺乏兴趣。在传统观念的约束下，价值标准也令其不愿参与各项体育训练项目。究其原因，主要是与现代社会背景、高校体育教学方法及家庭背景等有关。有调查结果表明，现阶段很多高校学生对体育的热衷限度较低。在选择体育运动训练课时，男女大学生有明显的兴趣倾向。高校体育场地的约束，器材设施的不完善，加之体育老师的缺乏，使得大部分学生都不能积极参与高校的课内外体育活动。而高校师资力量不强，有些体育教师高度集中等，导致体育教学内容单一，这无疑增加了体育教师的教学压力，而体育课程的教学质量却得不到显著提升。

三、高校体育运动训练课的发展策略与建议

（一）提高领导重视限度，培养学生兴趣

以学生为主体的教学模式已经成为现代教学改革的发展趋势，学生的学习兴趣对教学的效果起着重要的影响。在高校体育教学中，一方面要引导学生了解体育运动知识，培养体育运动兴趣，多参加体育运动以获得相应的荣誉，提高其参与积极性和对体育事业的热爱；另一方面，通过组织学生观摩或参与各种类型的体育运动比赛，体验参与的乐趣，以加深对体育运动的理解并产生浓厚的学习和参与兴趣。在教学体育理论知识的时候，采取多种方式的教学模式，单一的以讲授为主的课堂必然会受到学生的厌恶，增添教学的趣味性是关键。大学生对高科技的实物较为感兴趣，在课堂中教师可以利用科技的力量来吸引学生的眼球，提高课堂的质量。学校可以组建各种的项目的体育队，比如篮球队、排球队、足球队、乒乓球队、体操队等等来提高学生对体育事业的参与度，丰富学生课后的运动项目。

（二）坚持"以人为本，健康第一"的教学理念

在教学改革背景下，学校应"以运动竞赛为中心、以健康为首"，促进大学生的德智体全面发展；把增强学生体质，增强学生体育运动的能力作为首要发展目标，帮助学生树立起比赛第二，健康为主的运动思想；把进取创新提升实际能力作为运动的核心，通过多元化多方向的运动手段，激发学生对参加运动和体育团队的积极性；要开始更正传统的以书本为主的灌鸭式课堂教育方法，多多关心时事政治和体育运动教育，全面培养大学生的身心素质。教师在平常的教学中可以将体育理念穿插到讲课中，让学生在潜移默化中感受体育的魅力。在体育教学中，不仅要教会学生如何运动，还要教会学生怎么采取应急措施。运动中难免会遇到一些突发情况，对突发情况的正当处理是十分关键的。比如在游泳时脚抽筋了怎么办，运动中扭到脚了怎么处理，人工呼吸怎么操作等等，这都是一些常见的意外情况，而往往因为这些常见问题的处理不当而造成的大祸时有发生。因此，应对突发情况的急救教学时必要的。

（三）大力扶持体育师资发展，更换场馆设备

各大高校开展体育教学活动的前提基础条件是，有完整的师资团队力量和完善的场馆设备及器材。为此，各高校应完善体育设施建设，创造优越的教学环境、条件，不断完善高校体育教师的产业化和人性化。学校可以定期

组织对体育教师的培训，更新体育教师的教学理念，紧跟时代的步伐。学校的规划应该逐步重视体育馆场等基础设施的建设，尽量优先考虑体育设施，或者学校多于上级部门争取，争取学校体育场地建设的资金，充足的资金是完善场馆设备的基础。

（四）发展体育教学训练方法，构造合理健康的评价体系

在高校学习过程中，教学评价一直是必不可少且相当重要的一环，教学评价其实就是根据制定的教学目标和现阶段我国现有的教学评价标准，对任课老师的课程教学效果进行科学的合理的评价，并针对学生自己的学习效果做出重要的批示，做一个科学的评价，它既可以为现阶段教师的教学能力及效果做出合理的反馈，还可以对现阶段的学生的学习及科学提高做出不断地调整，便于及时地了解学生的学习状况，为后阶段的学生的学习做出合理规划。

然而，当阶段的高等学校的教育一直采用的是学生评价为主的评价体系，可是由于学生认识的片面性和对老师的个人关系好坏不一，加上平时的对学习的兴趣和对整个期末评价体系的不够重视，会直接的影响整个评价结果，导致评价的片面和不合理。对教师主体人群造成极为严重的伤害，损害了教师的利益，单方面的否定了教师的教学成果。

作为被评价的主体人群，部分教师对整个评价体系持不支持不赞成的态度，由于长期以来，学生和教师之间得不到合适的深度的交流和沟通，而且，学生和老师基本处于对立的状态，老师作为接受评价的主体人群，只是客观的接受评价，难以对自己的施教方式和教学特点做出必要的解释和说明，在这些方面缺少必要的发言权，导致教师在整个评价环节中基本处于弱势群体，因此，单方面的对老师做出批评以要求他们配合学生的评价工作，是一件比较困难的事情，而学生作为评价的主要人群，其评价有一定的客观和不准确，很难对教师的教学做出一个较为科学的公正的评价。

（五）组建体育俱乐部

注意抓开头，使学生一进体育馆，就有行为规范。严格规范学生行为，对其进行深刻地思想教育。接着要坚持"从群众中来，到群众中去"的观点，把体育的内容教给学生去讨论，发扬学生的主人翁意识，激发学生的对体育运动的热爱和学生自身的聪明才智，挖掘学生的优点，激发他们的自信心，使体育运动可以有持续的火力和生命力，不至于流于形式而破坏体育运动的健康发展。经常性地有组织的对学生开展体育俱乐部等方式培养学生对体育文化的热爱，创造积极阳光的体育文化氛围。

在当前的教育下，学校要坚决贯彻基本法律法规的要求和规范，自始至

终要坚持学生为主，高效自主的课堂发展模式，创建科学的积极的先进的体育文化氛围和深入的彻底的完善的学生运动状况指导，鼓励和支持学生把假期利用起来积极参加体育活动和俱乐部活动，培养学生的终身学习的思想和意识。

通过多种团体项目的学习，逐步提高学生团队的核心凝聚力以及团队协作竞争意识培养适合我国体育事业的人才。现阶段我国高校人才培养在贯彻国家教育方针政策的基础上，为适应市场经济的要求，注重理论与实践的相结合，培养既能掌握理论知识，又要具备适应市场发展需求的创新性、创造性、组织管理等实践型的人才。因此，高校的体育教学要重新审视自己的教学观，全面做好高校的体育工作，为祖国的接班人创造良好的环境。

第十三章 高校运动训练的内容及管理研究

第一节 我国运动训练存在的主要问题及对策

运动训练对学生身体素质、综合素质的提升均能够产生积极的影响。但是因为我国运动训练受到传统竞技人才培养体制的影响，学生的体育运动参与积极性不强，没有真正在体育运动中感受到训练的乐趣以及训练参与的价值。针对这些问题，需要在明确相关影响因素的基础上，不断提升我国运动训练专业人才培养的方式，培养更多具有高专业技能水平、高素质的运动人才，并使每一位学生均能够形成终身锻炼意识，促进学生全面发展。

一、当前我国运动训练中主要存在的问题

纵观当前我国运动训练的实际情况，其问题主要表现在忽视学生运动参与兴趣的培养，忽视运动训练项目的适当创新以及忽视学生心理健康素质的发展等方面。

（一）忽视学生运动参与兴趣的培养

运动训练方式能够直接影响学生的运动学习兴趣，关系到学生良好运动习惯的养成。很多学生具有活泼好动的性格特点，枯燥的"灌输式"课程教学方式下，学生的运动训练参与兴趣相对较差，不利于学生综合素质的提升。

当前很多教师在指导学生参与运动训练过程中，存在着忽视学生运动参与兴趣培养的问题。这种方式影响下，教师片面追求学生体育学习能力的提升，但是不利于学生综合素质的培养。针对当前运动训练中存在的问题，教师需要加强对学生运动学习兴趣的培养，通过多种教学方式，使学生能够感受到运动训练的乐趣。

（二）忽视运动训练项目的适当创新

我国运动训练专业人才培养中，通常只是指导学生学习篮球运动、足球

运动等常规的运动项目，学生运动训练中大量的时间花费在传统的运动项目中。但是随着现代社会的不断发展，各类新鲜的运动项目开始进入到人们的生活中。比如：瑜伽运动、健美操运动、羽毛球运动以及武术运动等。教师应当适当创新运动训练的方式，使学生能够积极参与到运动训练项目学习中，培养更多的多元化人才，构建多样性的运动训练模式。

（三）忽视学生心理健康素质的发展

运动训练的目的不仅仅在于促进学生综合素质的发展，同时还在于通过运动训练指导，使学生形成良好的运动习惯、锻炼意识，使学生能够积极面对生活、积极对待生活，具有正确的价值观与思想观，更好适应社会发展。但是当前的运动训练项目指导中，很多教师却存在着忽视学生心理健康素质发展的问题，对学生承受能力、社会适应能力培养的关注限度不足。这些问题会直接影响学生适应社会、适应生活的效果，也会影响学生为人处事的态度，难以全面展现运动训练活动开展的全面价值。

二、高校运动训练发展中存在的问题

（一）运动员选拔标准不统一

我国众多高校的体育运动员选拔标准参差不齐，对运动员的文化成绩没有统一的录用标准，这就导致各高校之间的运动员身体素质和训练基础水平各不相同，主要表现在三方面：（1）初选拔的体育特长生在入校后训练频率和时间达不到标准要求，训练随意性较大，缺乏科学的训练计划指导；（2）在体育学校毕业的体育专业学生的运动训练和技术水平成绩较突出，身体素质也较优秀，但是对文化知识的掌握却较差，这主要是由于在校期间训练时间充足，但是管理体制还存在较大欠缺；（3）少数在体育竞赛和教学活动中具有一定体育能力的专长生被高校运动队所录取，其训练积极性较高，但是这类运动员在身体素质和运动基础等方面相对较弱，因此与现代化体育训练运动员之间存在较大的专项能力差距。

（二）运动员管理体制不够完善

学校在对运动员的理论知识教育和运动训练的培养过程中，普遍存在学籍管理问题：一是对学籍管理过于死板，培养目标和计划过于狭窄，缺乏开拓性和创新性；二是在运动员的文化知识教育与特殊性训练教育之间存在较大的矛盾和冲突，二者的学习时间没能妥善处理，文化学科教育难度较大，课程数目较多，而评价体系建立不够合理，形式单一、弹性较小。以上因素造成文化教育与运动训练均达不到理想的学习效果。

（三）高水平专业教练员数量不足

高校体育运动训练教练员多为本校的体育教师，体育教师虽然在专业训练和理论知识方面具有一定的经验，但是在专项训练方面还缺乏实践经历。另外，高校体育教师还负责繁重的体育课程教学，很难在高水平运动训练中投入过多的精力和时间。其次，有些体育教师的知识体系和训练经验较陈旧，在运动训练的管理体制、训练计划、方法、流程等方面缺乏有效地把控。而运动员出身的教练员虽然在训练观念、技术水平研究等方面有较突出的理念和手段，但是在理论知识、科研能力等方面有所不足。因此，高水平的专业教练员队伍数量是制约高水平运动队发展的重要因素之一。

（四）高校运动训练的投入资金不足

我国对体育教育的投入精力和资金过低是影响高校运动训练的又一重要原因，据调查显示，我国体育教育资金的投入只占到教育资金1%的比例，由此可知我国高校体育资金非常短缺。我国高校运动场地的建设比例严重失衡，体育资金投入不足是导致运动场地建设受限的重要因素，很难满足高水平运动员开展重大性质体育比赛的目标和任务，不利于我国竞技体育的发展和进步。

三、我国运动训练的有效改善对策分析

阳光体育运动背景下，我国运动训练活动可以通过关注学生兴趣的培养，调动学生的训练热情；丰富运动训练的内容，培养学生的兴趣爱好以及注重心理指导的价值，促进学生全面发展等方式，为学生带来全新运动训练参与体验。

（一）关注学生兴趣的培养，调动学生的训练热情

运动训练对学生综合素质素质的提升能够产生重要的影响，也符合当前我国人才教育的方针思想。在当前的运动训练教学指导活动中，教师可以通过积极的运动训练指导方式变革，将学生"要我学"的思想转变为"我要学"的思想，充分发挥学生运动训练中主观能动性的价值，使学生能够端正运动训练的态度，构建良好的学习氛围，使运动训练活动产生"事半功倍"的效果。

首先，教师需要转变体育运动训练的理念，注重学生在运动训练的主体地位，关注学生身体素质与思想素质的全面发展。教师可以将"因材施教"的教学理念融入体育运动训练中，关注学生的学习过程，关注学生的情感发

展。

其次，教师可以基于学生的性格特点进行教学方式设计，比如在学生热身运动中，为学生播放一些动感十足的音乐。比如学生喜爱的"Bigbang"歌曲等，使学生被音乐所吸引，并且积极参与到运动训练活动中，营造良好的运动训练氛围。

（二）丰富运动训练的内容，培养学生的兴趣爱好

新时期背景下，运动训练的内容也要适当进行创新，关注学生运动锻炼积极性与运动锻炼习惯的培养。教师可以结合学生普遍喜爱的运动训练项目，在分析其课程教学实现价值的基础上，引入到运动训练项目中。

比如教师可以将瑜伽运动引入到运动训练过程中，在学生参与各项运动之前，组织学生借助瑜伽的方式，进行肢体的伸展，引导学生进行热身运动方式的适当创新。再或者教师也可以组织学生学习武术运动，中华民族文化博大精深，武术运动不但能够强身健体，其中还蕴含着丰富的人文主义思想，讲究阴阳平衡，教师可以在指导学生学习武术的同时，为学生介绍武术的内涵以及武术的相关思想文化，使学生能够得到身体素质与文化素质的全面提升。

（三）注重心理指导的价值，促进学生的全面发展

运动训练可以提高个体的心理控制感，对学生社会适应性的提升能够产生一定的帮助。教师需要注重心理指导的价值，关注学生情感的发展，注重运动训练中积极思维引导的作用，为学生未来的成长与发展奠定良好基础。

教师可以将积极的心理因素渗透到运动训练项目中，比如在组织学生参与"速跑"这一项运动中，教师可以在每一位学生均学习完成"速跑"技巧的基础上，组织学生一同参与速跑接力运动。比如可以将4名学生分为一个小组，若干个小组进行合作比拼，最快完成前三名可以将成为此次活动中的"冠军队伍""亚军队伍"以及"季军队伍"等，教师也可以直接将学生的运动参与分数与其课程表现相互关联。这种合作运动的方式能够在检验学生运动训练技巧掌握情况的基础上，使学生感受到合作的价值，让学生在合作参与过程中，形成一定的集体主义意识。

四、高校运动训练发展趋向

（一）不断完善我国竞技体育管理体制

在教育部颁布的《全国普通高等学校体育课程教学指导纲要》中特别指出，高校体育课程的教育目标主要包括五方面，即：参与目标、运动技能、

身体健康、心理健康与社会适应能力目标。因此,在建立高水平运动队的基础上,在发展参与目标的同时,促进学生身心的健康发展,有效地实现大学生运动会的战略发展。制定科学、系统的竞技体育训练体制是保障其可持续发展的必要条件,在运动员的选拔、管理、训练和后勤等方面提供标准的规则和要求,使高校成为我国竞技体育综合型人才的培养基地。运动训练的管理体制不仅关系到运动员的培养、文化教育水平和能力提高,而且影响着体育训练的研究和探索。

（二）加强运动员人才储备与培养

高水平运动员的培养是一个漫长的训练过程,仅凭着大学四年的训练时间是难以达到优秀运动员水平的,因此,高校要与中小学建立联合培养体制,从而保障运动员充足的训练时间和运动技能的逐步提升。高校是鼓励运动员形成自主、个性、技能全面发展的培养摇篮,是保障青少年接受高阶段训练与教育的重要环节。在高校中既能接受高等教育,同时还能受到专业教练员的培养,充分挖掘青少年的运动潜能和运动天赋,促进青少年的全面发展。高校是集优质教学资源、建设场地、科研力量等优势为一体的综合校园,与中小学建立联办训练中心,有利于学校尽早地发现体育人才,尽早地开展训练培养计划,形成科学的系统训练,为竞技体育人才的后备力量奠定基础。

（三）完善高校体育训练管理体制

高校要致力于建立科学的体育训练队管理机构,这是对运动队实施管理、决策的必然发展需求。它的建立服务于运动队训练阶段管理、控制体系等工作,通过加强各部门之间的沟通和交流,协调各环节的工作和职能,以对训练工作进行有效的控制、评价和校正等为主要发展目标；另外,对运动员的学籍、学习和训练等方面建立合理的评价体系和反馈机制,随时跟进运动员的训练水平,给予及时的鼓励和纠正；最后,引进先进的专职训练制度,对高校运动队实施奖励和惩治措施,加强运动员的规范训练意识,同时提高教练员的责任感。

（四）制订灵活的文化课培养计划

高校选拔的多数体育专长生文化课学习能力较差,在日常学习中,要兼顾文化课和运动训练的双重任务,因此应尤其注重对文化课的弹性与灵活要求。高校应根据高水平运动员的个性特征和本校的实际发展情况,严格依据教育相关规律和发展要求,结合学校的教育培养目标,制订出比较灵活的文化课培养策略。主要体现在以下几方面：（1）综合评价课程内容，减少不必要的课程，从而减轻运动员的文化课学习压力；（2）在合理的课程安排下，适当增加选修课的科目和实践环节，从而培养运动员的学习兴趣；（3）根据体育专业学生训练计划适当地增加学年，为高水平运动员提供足够的运动训练时间，从而增强运动员的身体素质和专项能力。

（五）增强高校体育事业的投资力度

各级相关教育部门以及学校管理部门应重视竞技体育的发展优势，增强对体育教育和设备建设的投资力度，在改善教学环境的同时，提升学校的师资队伍力量。除了国家的资金支持外，学校也应充分发挥自身的优势为高水平运动队场地等硬件设备的建立筹集资金，可以积极与企事业单位合作，借助赛事和学校的宣传获得一定的企业报酬和社会、个人赞助。另外，通过与企业合作的形式进行广告、优秀毕业生的人才输送等，为高校筹集必要的体育建设服务资金，从而形成良性循环的资金流转模式。

（六）加强科学化、系统化的运动训练

高校应积极发挥本校的科研优势，使之与训练工作紧密结合。再培养、组织一批兼具理论知识、训练经验等专业型的优秀教练员、专家等，结合训练实际经验，研究系统的科学训练方法，制定出合理的训练管理体制。

深入开展高校高水平运动队训练工作是促进我国竞技体育发展的内在动力，要全面分析高校运动训练的发展现状以及存在的弊端，加快改革，创新性地制定相应的措施，建立科学合理的训练管理体制，为我国的竞技体育事业创造更大的发展空间。

第二节 高校运动训练的体能训练研究

体能是通过速度、力量、协调、耐力、柔韧以及灵敏等运动素质表现出来的人体基本的运动能力。体能训练可以全面地发展人体的速度、力量、协调、耐力、柔韧以及灵敏等运动素质。提高各个器官系统的机能、使人体得到均衡的发展、提高人体的健康水平。

大学生作为国家的未来和希望。其综合素质情况受到了整个社会的关注。俗话说，身体是革命的本钱，只有具有良好的身体素质，才能更好地学习与工作。因此，在高校体育教学中、应注重学生的体能训练。促进学生的全面发展。

一、高校体能训练的重要性

高校体能训练的目的是为了提高学生的身体素质。增强学生的健康意识，让学生明白，健康是迈向成功的重要基础在大学生日常的生活与学习中，体能素质与健康水平的提高是成长的重要任务之一良好的体能素质不仅是大学生综合能力发展的基础，还是大学生身心健康发展的基础，更是大学生进入社会、走上工作岗位的基础。因此。在我国人才培养工作中要落实高校大学生的体能训练，提高大学生的身体素质。

二、我国高校体能训练中存在的问题

当前我国高校对体能训练的重视限度不高。体能训练效果也不尽人意。训练项目单一、缺少理论知识的指导，训练设施、方式、方法等都存在着许多问题。与西方发达国家的高校体能训练相比落后明显。

（一）对体能训练重视度不高

目前，我国许多高校对体能训练的重视限度不够高，导致越来越多的大学生体能较弱。无论是速度、力量、协调，还是耐力、柔韧、灵敏等运动素质都不尽人意大多数高校的体育教育仍以传统的教学模式为主，只注重体育项目技能与技巧的培训、忽略了学生体能的训练，且教学方法单一、学生学无兴趣、教师教无耐心，难以实现提高大学生身体素质的体育教学目标。

（二）无法调动学生的积极性

强制的体能训练严重打击了学生对体能训练的积极性通常情况下，高校体能训练计划中有许多强制性因素。例如，强制要求学生跑步、坐卧体前驱、立定跳远以及仰卧起坐等，并且强制要求学生在这些项目上必须要达到指定的成绩。否则将无法拿到体育课程的学分这种强制性的体能训练严重打击了学生对体能训练的积极性，并滋生出了抵触、反感的不良情绪。总的来说，不是所有学生都喜欢这些运动，对于不喜欢这些运动的学生而言。训练只是一种痛苦此外，高校体育教学单一的种类也是学生缺乏体能训练积极}生的一个重要原因许多高校开设的体育项目只有跑步、立定跳远等几个项目，学生无法根据自己的兴趣爱好进行体能训练。

（三）体育设施不全

体育设施不全是我国高校体能训练中存在的一个主要问题许多高校都有较好的运动场地。但欠缺相应的体育器材尤其像羽毛球、篮球、排球、足球等体育器材，一般都只能在课堂上使用，很难在课后借用。因此，很多学生因体育器材的限制，打消了课后锻炼的念头总的来说。体育设施不全。不仅会阻碍学生课后进行体能训练。久而久之还会削弱学生对体能训练的积极性，不利于提高学生的身体素质。

（四）体能训练时间短

高校为学生提供的有组织的体能训练时间是体育课堂。但课堂的时间是非常有限的，并且有的课程安排并不适合学生的体能训练。例如，早上第一节课或下午第一节课上都不适合学生的体能训练。因为这个时间段上体育课，有的学生才刚睡醒，根本没体力和精神投入到体能训练过程中。然而。除了课堂上的体能训练，学生在课后很少会进行体能训练。以至于学生在日常学习与生活中真正进行体能训练的次数和时间都非常有限。此外，学校对文化专业课程的重视以及对体能训练的忽视也是造成学生体能训练时间短的一个重要原因。文化专业方面的课程压力使学生忙得抽不开身，时间上的紧缺。使得学生更加忽视了体能训练。而学校又无法提出实质性的解决办法来干预学生课后的体能训练。只能眼睁睁地看着学生体能训练的时间不断减少。

（五）教学方式有弊端

目前，我国大多数高校在体育教学上采取的体能训练方式是：首先让学生在操场上跑两圈。然后做一做准备运动。再进行有选择性的训练。例如。选择篮球的学生就教授一些打篮球的简单规则和技巧；选择太极的学生就教授一套简单的太极拳。同时，大多数高校的体育教学都是大班教授。一个班往往有几十人甚至上百人这种体能训练方式在本质上存在着很多弊端。无法达到体能训练应有的效果。使高校体能训练停留在形式主义上。毫无实质可言。

（六）教师的专业素养不高

在实际的体能训练中，有的体育老师往往凭自己喜爱以及自己拥有的运动项目经验进行授课。而忽视了学生的感受与实际的身体素质状况。圣人云："有教无类，教学相长"，新时代的教学理念要求我们以育人为本。学生才是教学的主体。是课堂的主人，而老师则是教学的管理者、组织者以及引导者。此外。还有的体育教师自身专业知识不扎实，无法根据学生的实际情况组织、引导学生进行体能训练。更有甚者因训练安排强度过大使学生在体能训练中受伤，不仅没有提高学生的身体素质，还影响了学生的身体健康。

四、优化高校体能训练的对策

针对上述高校体能训练中存在的问题，提出了以下解决对策：

1. 加强对大学生体能训练的重视力度

为了提高大学生的身体素质。各高校应加强对大学生体能训练的重视力度。改变传统的教学模式。既要注重体育项目技能与技巧的培训、又要注重学生体能的训练。并健全体育设施，适当减少文化专业课程压力，号召全体在校大学生充分利用课余时间进行体育锻炼。提高自身的身体健康水平。

2. 提高学生体能训练的积极性

体能训练是提高大学生身体素质的重要手段。为提高学生对体能训练的积极性，在进行体能训练项目讲解时，要内容清晰、目的明确；课程安排要科学合理、先易后难；运动量要由小到大，逐步增加；体能训练技巧先简单后复杂，先分解再组合整个教学过程要让每一位学生学会体能锻炼的方式、方法。同时，学校应拓展体能训练项目，并根据学生的兴趣爱好让学生自行选择训练的内容，打破传统单一、强制性地捆绑教育。此外，老师还应该注意自己的言语、着装以及动作行为，用自己的人格魅力激发学生对体能训练的积极性。采用趣味性较强的训练方法和学生乐于接受的训练方式。诱导学生积极参与体能训练。并不断鼓励学生，增强学生的自信心，培养学生对体能训练的兴趣。

3. 优化体能训练方式、方法

（1）提高速度的方式、方法

大学生在进行体能训练时，应将速度的锻炼放在首要位置。在进行训练时，可以结合运动技能的训练，例如。可以结合足球运动技巧的训练进行速度的训练，像足球的带球、传球训练，既可以提高学生的快跑能力、又可以提高学生的球技。

（2）提高耐力的方式、方法

耐力的提高是大学生体能训练的重要目的之一耐力训练不仅可以提高学生的肺活量以及身体输氧能力。还可以培养学生坚强的毅力。耐力的训练可以采用负荷的训练方式，在实际训练中，要根据学生的身体素质状况选用不同的训练强度逐步提升其身体的承受能力例如，在学生进行篮球训练时，可以让学生重复快速运球上篮、往返带球等动作。并逐渐增加训练的强度，以提高学生的耐力。

（3）提高力量和灵敏力的方式、方法

力量训练是大学生体能训练的基础环节其训练方式可以采用快停急跑、

固定上下跳等形式进行。而灵敏力的训练，可以采用传球、接球等训练方式。

4.增强教师的专业素养

体育教师在体能训练中依然承担着传道授业解惑的重大使命。体育教师的体育水平、训练方法、授课能力以及师范技巧等专业素养都将直接影响着学生体能训练的质量和效果。因此，各高校体育教师要树立高度的责任感与事业心。不断地更新教育思想与体能训练内容。创新体能教学手段。不断的学习与掌握新的体能训练的理论与体能训练的方式、方法，同时，还要学习和研究与体能训练有关的心理学知识以及运动心理学知识。运动生物化学等丰富自己体能训练的科学知识，不断提高自身的专业素养。此外，在教学过程中要始终贯彻"安全第一"的教学理念。科学合理地安排运动强度。对于运动强度较高的训练，要亲自监督学生进行准备活动，并在训练中实时关注学生的动态。最重要的是。教师要从思想上重视对学生的体能训练。帮助学生不断提高身体素质。

良好的体能训练是提高大学生身体素质的关键为了进一步完善高校体能训练。提高大学生身体健康水平。各高校应加强对大学生体能训练的重视力度。提高大学生对体能训练的积极性。优化体能训练的方式、方法，增强体育教师的专业素养。让每一位大学生都能体验到体能训练带来的快乐。让体能训练成为大学生进入社会。走上工作岗位的垫脚石。

第三节 高校运动训练的心理训练研究

相较于专业运动员而言，普通高校运动员在心理素质、专业技能方面都处于发展时期。在这一时期心理素质对于普通高校运动员而言具有较大的影响。特别是在竞技类体育训练过程中，作为国家体育实力的重要储备资源，高校运动员在群体活动中表现较为突出，但是并没有参与过大规模的正式竞赛。再加上普通高校课余训练存在任务重、教练资源不足、训练强度不足的情况，极易导致运动员在正式竞赛过程中出现信息不足、紧张、焦虑的情况。因此对普通高校运动员心理训练与调控进行适当分析非常必要。

一、普通高校运动员常见心理障碍

（一）自我认知障碍

一方面自我认知障碍主要是在普通高校训练过程中，部分运动员无法协调处理训练、学习之间的关系。甚至一些文化成绩落后运动员将训练作为成绩不佳的主要因素，对整体训练效果造成了严重的影响。另一方面为自我认知误区。如小红为女子短跑运动员，其虽然在以往校际竞赛中成绩突出，但是在竞赛前期心理训练过程中，频繁提出自己身体条件差、竞赛优势不足的缺陷，最终影响了竞赛成绩。

（二）身体障碍

身体障碍主要是在实际训练过程中，普通高校运动员由于心理因素引起的肠胃不适、运动损伤、肌肉乏力等情况。上述身体障碍因素的出现，主要是由于运动人员对不利因素考虑过多。再加上顽强身体状态、心理状态的缺失，致使不良身体反应逐渐突出。

（三）赛前情绪障碍

赛前情绪障碍主要针对大规模体育竞赛，在竞赛前期运动员会表现出过度兴奋、烦躁或者情绪低落的情况，从而导致其无法在实际竞赛中发挥原有的水平。同时在竞赛前期，部分运动员还会表现出信心不足、焦急不安、情绪低落等情况。消极情绪的长时间存在，不仅会影响运动人员赛前准备活动开展效率，而且会导致其在竞赛阶段神经激活水平低下。进而出现竞赛成绩与常规成绩差距过大的情况。

二、普通高校运动员心理训练与调控优化措施

（一）不同神经气质类型的运动员赛前心理训练

通过普通高校运动员神经气质类型进行分析，可得出每个运动员心理特征，从而为后期针对性心理干预方案的制定提供有效的指导。

首先，针对竞赛前期表现直率、精力旺盛、情绪兴奋度高的外倾性胆汁质，普通高校运动训练人员可采取念动训练与放松训练相结合的心理训练措施；其次针对活泼好动、反应训练、注意力不易集中、敏感的多血质，可在注意力集中训练的基础上，加强意志训练强度；再次针对沉默寡言、内敛、稳重等典型内倾性黏液质，也从表象成功训练、自我暗示训练两个方面进行心理干预方案的设置；最后，针对孤僻、行动迟缓、感受性较高的内倾性抑郁质可综合采取表象成功训练、放松训练干预措施。

在上述心理干预方案制定完成之后，为了保证整体心理干预效果，普通高校运动员训练人员应针对普通高校运动员业余训练的特点，在理解的前提下，对运动员思想、生活、学习等方面提供全方位的帮助。同时加强情感沟通，激发普通高校运动员训练动因，促使其正确面对竞赛前期心理障碍。其

中针对自我认知障碍，普通高校运动员训练人员应主动与运动员沟通，点明学习成绩、学习效率之间的必然联系。并通过与各专业课程教学人员或者教务管理人员沟通，最大限度为文化基础较差运动员提供教学资源，全面解决后顾之忧，为运动员业余训练效率的提升提供有效的依据。如针对小红存在的问题，心理训练人员应首先帮助小红对其自身优势进行分析，并促使其对短跑运动员优势建立正确的认识。对于自身先天条件不足的情况，完全可以通过增强节奏动感、冲刺强度及体能素质弥补。随后，在实际训练过程中进行表象成功体验方案的设置，提高小红训练自信，明确其竞赛目的，从根本上解决小红的心理障碍。

针对由于身体因素导致的普通高校运动员心理障碍，普通高校运动员心理训练人员可以根据运动员常规身体检查数据，控制对应运动员训练强度及频率。并采取一些针对性的心理干预措施，如休闲娱乐干预、注意力转移、语言正面暗示等，在降低心理训练压力的同时，也可以保障整体训练过程的顺利进行；而对于一些身体障碍问题较突出的运动员，普通高校运动员训练人员可以通过与相应运动员在生活中加强交往，了解其身体障碍缘由，为后续病情处理提供依据。

针对赛前情绪变动过于剧烈导致的竞赛成绩不佳问题，教练人员可以根据具体运动员性格及项目特点，促使其了解良好竞赛心态的重要性，并采取一些心理放松训练，对其赛前心理进行合理调控，保证竞赛效果。

（二）加强运动员赛前心理调控

赛前心理调控可以有效提高体育运动竞赛阶段运动人员不良情绪抵抗能力。在竞赛开展前期，运动训练人员可依据竞赛前期各运动员赛前心理测验结果，明确各运动员不良心理状态，如信息不足、期望过高等。同时依据赛前测验数据，及时调整相关运动员实际技术训练方案及战术方案。并主动与运动人员进行信息交互，帮助相关运动人员了解自身实际力量水平及心理薄弱点。以便依据实际情况合理调整心理状态，以保证运动员在实际竞赛阶段真实水平的有效发挥。

其次，为避免竞赛场地规模、观念、裁判、环境等模块因素导致的竞赛人员不良心理状态。训练人员可采用赛前模拟训练的方法，设置模拟场地及竞赛环境，逐步提高竞赛人员竞赛阶段环境抗干扰能力。结合信息增强训练，可有效提高运动竞赛人员潜在竞赛欲望及信心。需要注意的是，为保证信息增强训练效果，训练人员应合理控制语言或行为刺激强度，避免刺激强度超额对运动人员竞赛心理造成不良影响。

最后，体育运动技术技能的掌握过程，涉及了肌肉骨骼动作训练、智力训练两个模块内容。这种情况下，部分难度较大技术动作实施效果不佳，就可能为肌肉运动本身、大脑智力水平两个方面原因。因此，在竞赛开展前期，运动训练人员可组织竞赛参与运动员进行技术动作会议，充分利用运动知觉思维能力，提高运动智力水平。同时为缓解运动员赛前紧张情况，运动训练人员可采用特色肌肉神经睡眠训练方法。即要求运动员静坐后调节呼吸，在气息梳理的基础上，从头部、肩部、手臂、胸腹部、背部、腰部、臀部、腿部、足部等模块，逐步进行放松训练。在这个基础上，进一步调整呼吸频率，降低机体各环节能源消耗。通过心理层面能量消耗频率的控制，可以有效降低运动人员竞赛前期过度兴奋、心跳加快或者注意力不集中等消极情绪对竞赛效果的不利影响。

此外，为保证竞赛前期心理训练效果，在常规心理训练阶段，运动训练人员也可以人体呼吸、肌肉运动为入手点，引导运动员进行呼吸调整训练。通过深入均匀呼吸调整，可以增强机体供氧能力，缓解不良情绪。

（三）完善运动员赛前心理训练程序

完善的普通高校运动员心理训练程序可以有效缓解家庭、学校、教练人员对普通高校运动员心理影响。首先，为了明确普通高校运动员心理问题影响因素，可综合采取走访、观测、心理定期测试、调查、沟通等方式，对普通高校大学生经常遇到的心理训练问题进行汇总分析。如竞赛对手实力过强、竞赛任务过重、家庭期望过大等；其次，普通高校训练人员可根据高校大学生不合理信念产生阶段特点，为其提供辩论帮助，降低不合理信念产生频率。如针对普通高校运动员对竞赛结果过于关注而导致的赛前心理障碍，心理训练人员可以这样引导：对于普通高校运动员而言，获得冠军虽然是非常重要的，但是冠军只有一个，得不到冠军并不是失败，可以参与大规模竞赛就是成功。通过合理竞赛态度的引导，促使其了解竞赛的正确意义。随后鼓励普通高校大学生勇于迎接失败，努力实现自身价值。

最后，根据不同运动员心理障碍，可综合采取语言暗示、思维中断及模拟训练方法。其中在暗示训练过程中，普通高校运动员训练人员可采取语言、表情刺激的方式。通过"加油、没有人可以打败你、微笑"等心理暗示方法，降低不合理心理对普通高校运动员赛前心理状态的不利影响；而思维中断方法主要是普通高校运动员训练人员引导大学生分散思维，将过度紧张的思维放在其他层面，以此避免过度紧张联系思维的存在对普通高校大学生心理素质的影响，进一步强化暗示训练效果；而模拟训练，主要针对普通高校运动员业余训练的特点。为了避免竞赛经验缺失对其造成的心理压力，可在正式竞赛特别是大规模竞赛前常规训练过程中，组织校内运动员进行前期准备训练。如通过时间限制训练、增加灯光、要求专业裁判人员、组织校内学生扮演观众等方式，可模拟正式竞赛效果等。通过与正式竞赛类似环境中训练，可有效稳定普通高校运动员心理状态，提高其对正式竞赛中各种应激问题的抵抗能力。

此外，为了最大限度控制以往不合理信念对普通高校运动员心理素质的不利影响，普通高校训练训练人员可通过反复、多次训练，巩固心理训练成果。

（四）优化普通高校运动员训练评价机制

合理的普通高校运动员训练评价机制可以有效避免运动员过于重视比赛结果导致的赛前焦虑情况。为了避免普通高校运动员在竞赛前期心理变化过于剧烈，在保证普通高校运动员竞赛公平公正性的基础上，普通高校教练人员可依据具体训练项目特点，与高校教务人员沟通，设置更加人性化的评价机制。即将以往以竞赛结果为主体的竞赛评价机制相结果与过程综合评价转移，以便扭转普通高校大学生心态，促使其树立正确的竞赛观，为心理训练效果的优化提供有效的依据。

综上所述，通过对普通高校运动员心理焦虑调查，得出普通高校运动员焦虑问题主要包括心理、情绪、身体等几个方面因素。针对普通高校运动员心理问题，在实际训练过程中，普通高校运动员训练人员可结合不同运动员性格特点及训练项目特点，主动与运动员沟通。综合采用心理暗示、情绪中断、放松训练等心理调控方式，对普通高校运动员进行正面心理干预，促使其在竞赛过程中发挥最佳水平。

第四节 高校体育运动训练管理的探讨

当今的社会需要全面发展的人才，高校应该适应这一需要，除了继续提供具有高水平研究和专业技能与素质的人才之外，也应该加强对体育运动人才的培养与发展，这样既可以达到提高大学生体育运动能力与素质，也能够实现对社会需要的全面满足。高校的体育运动人才需要科学的选拔、训练和管理，这就需要高校体育工作者加强对运动和训练的管理工作，在使其常态化和科学化的基础上，形成合理的体育运动训练管理体系，为高校体育运动人才发掘与培养做出本职的贡献，在打造新时期体育运动训练管理机制的同时，实现高校教育教学的整体性发展目标。

一、高校体育运动训练管理的基本模式

管理模式是研究体育运动训练管理工作的基础,也是有效结合和研究体育运动训练管理工作的必要手段,应该对体育运动训练管理模式展开认真而全面的分析与研讨,发现高校体育运动训练管理的共性和规律性东西,得到指导体育运动训练管理工作的关键与要点。体育运动训练管理主要由运动训练和管理两个方面来组成,运动训练是整个管理工作的主要目标,也是管理工作得以存在的逻辑基础,运动训练是对具有运动素质的大学生通过科学的教学和训练,使其在掌握运动技能和提高运动素质的基础上提升运动水平,达到运动训练和竞技比赛的要求是运动成绩取得的前提与基础。管理工作是核心问题,是体育运动训练的教练员、管理者利用各种手段对体育运动训练的过程和质量进行控制,达到体育运动训练的最佳经济效益和竞赛成绩。当前高校体育运动训练管理一般具有三种主要模式:一是传统模式,通过对大学生身体素质的普遍测试发现具有运动天赋的运动员,使其接受体育运动训练,在科学管理的基础上取得运动成绩。二是兴趣模式,通过体育课堂建立大学生对专项的兴趣,形成专项运动的体育人口,在其中挑选出具有竞技优势的大学生作为运动员,进行体育运动训练,以体育运动训练管理达到运动水平的提升。三是俱乐部模式,这是一种全新的模式,通过建立高校运动各专项的俱乐部形成一整套发现、招收和培养运动员的机制,通过对俱乐部的管理来实现体育运动和训练水平的提升。当前,各种体育运动训练管理模式存在具有普遍性,但是其主旨还是通过对大学生的有效管理,形成科学运用和合理训练的方式,实现运动水平和运动成绩的提高。

二、高校体育运动队伍的组织形式

高校体育运动队伍的组织形式主要有运动员选拔和训练两个环节组成,这是体育运动训练管理的基础,应该对体育运动队伍的组织展开进一步地研讨。

(一)高校体育运动员的选拔

通过对体育运动训练管理基本模式的分析,我们看到选拔运动员主要应该依靠如下几个环节来进行,一是俱乐部式选拔,国家对于高校每年都准予体育运动人才的招生名额,很多高校体育运动俱乐部利用这一机遇通过对基础教育对体育优秀毕业生的招收来实现运动人才的挑选,这样的措施有利于运动员专项能力的持续发展,也可以利用运动员基础高、训练系统的优势,形成对运动成绩的保证。二是传统式选拔,高校每年召开新生运动会,通过对新生体育成绩的摸底来实现对运动员的选拔,这样的方法有利于控制运动

员选拔的成本，而且这一方式选拔出的运动员的文化素质普遍较高。三是兴趣式选拔，高校展开专项的运动比赛，从中选拔出运动天赋好，乐于接受体育运动训练的学生，充实到体育运动队伍中，这样的方法有利于确保运动员对体育运动训练长期兴趣的保持。

（二）高校体育运动训练的方式

体育运动训练方式一般采用课余时间进行，寒暑假集中训练。大赛前每天集训的训练方式。为了避免训练时间同体育选课的冲突，运动员可以不参加平时的体育课，这有利于提高学生的训练积极性，为训练水平和训练质量的提高打下基础。

三、高校体育运动训练的管理要点

（一）高校体育运动员的管理

一方面，要加强对运动员的思想教育，在体育运动训练管理过程中教练员要在加强自身的思想修养上对运动员进行正面教育，以及言传身教于实际训练过程的潜移默化之中。另一方面，要对运动员的文化和生活进行管理。体育运动训练管理人员应该综合协调、齐抓共管确保运动员的心理健康。

（二）高校体育运动教练员的管理

为了更好地把握高校体育运动教练员工作质量，应该为每个教练员制定了目标检查及组织评定制度，要掌握了教练员训练的各种资料。对收集到的情况进行分析和判断，在广泛征求意见的基础上对教练员进行综合评价，并提出评定的意见，形成对教练员全面地管理，进而确保体育运动训练的成绩和效果。

通过本研究对体育运动训练管理工作的分析，高校管理者和体育运动工作者应该看到体育运动训练管理的价值与意义。新时期应该展开对体育运动训练管理模式的全面研究，加强对体育运动训练管理方法的研讨，对高校体育运动人才的选拔和进一步地控制与管理，在打造新一代体育运动训练管理体系的基础上，通过对运动员和教练员全面地管理，确保体育运动训练成效的取得，实现体育运动训练对高校人才素质和能力的丰富，更进一步地促进高校全面改革和发展。

第十四章 高校体育教学与运动训练研究

第一节 高校体育教学与运动训练关系

一、体育教学与运动铆练概念的界定

体育教学是教师的教与学生的学的统一活动。具体地说,体育教学是学生在老师有目的、有计划的指导下,积极主动地学习与掌握体育、卫生保健基础知识和基本的技术、技能,锻炼身体,增强体质,发展运动能力,培养思想品德的一种有组织的教学过程。是实现学校体育目标的基本途径之一。体育教学属于学校体育的范畴。体育教学包括体育理论知识的教学和体育技术、技能的教学实践课教学两种基本形式,并以后一种教学形式为主。运动训练是指在教练员的指导和运动员的积极参与下,为不断提高或保持运动员的运动成绩而专门组织的一种教育过程。在这个专门组织的教育过程中,教练员要根据运动员所从事的运动项目,主要采用多种多样的身体练习的方法和手段,对运动员进行身体、技术和战术训练以及心理、智力和恢复训练,有计划地不断提高或保持运动员的运动成绩。这一概念阐明了三个要点一是运动训练是一个专门组织的教育过程二是运动训练与不断提高或保持运动员的运动成绩为主要目的三是运动训练是在教练员的指导和运动员的积极参与下进行的。对运动训练的概念,国内外有些学者从比较广泛的角度认为运动训练是运动员为创造或保持专项运动的最高成绩所做准备的全过程。这一定义除了将前述运动训练的概念所缺的内涵包括在内外,还大大地扩大了其外延。也就是把与运动员创造或保持专项运动的最高成绩有关的各个方面,包括所采取的准备、创造和保持专项运动最高成绩的一切措施和办法,都纳入运动训练的范畴之内。从体育教学与运动训练的概念上不难看出,这两者之间具有共同之处,又各具特点。两者都是有组织的一种教育过程,都是培养人的手段,都是教与学的双边统一活动,都是以身体练习为主并承受运动负

荷等等。不同之处是，两者本质属性上有差异，体育教学属于学校体育的范畴，而运动训练则属于竞技体育的范畴。两者在目的任务上也有差异，体育教学的主要目的是增强体质、增进健康，而运动训练的主要目的是提高运动成绩，夺取各种运动竞赛的奖牌。两者在内容上、方法上、手段上等各方面都存在着明显的不同。

体育教学与运动训练概念的确立反映出人们对其特点的认识与掌握。我国体育教学与运动训练的概念形成已久，其分析与概括也相当完备，但隐藏于概念背后的一些问题却为人们所忽略。概念的归纳是与事物发展过程相逆的活动，事物不断发展变化以图改变现有状态，而人则通过实践经验总结出一定事物的阶段性特征，同时在具体的实践过程中遵从这些原则规律为并加以运用。因此，从事物发展的角度来说，概念的确立在一定限度上固然能促进事物的发展，但在运用概念的同时，更应该注重概念的废除与重建，这是社会发展的需求，也是社会体育需求发展的要求。

二、体育教学与运动训练的相同性

（一）二者都需要运动

运动训练需要"运动"是毋庸置疑的，而体育教学也需要运动。体育教学最主要的特点就是通过不同的运动来提高学生的身体素质，即学生需要在反复的学习和练习过程中不断提高自己的技能水平，而这个过程能够促进学生身体素质和运动技能的提高。从这一方面来说，无论是体育教学还是运动训练，它们都需要通过"运动"来达成各自的目的。

（二）二者都根据对象的特点选择运动形式

体育教学和运动训练都需要按照学生和运动员的年龄、性别、体质、运动水平等来选择运动项目。如在大学生体育教学中，体育教师应以增强大学生的身体健康为目的，根据大学生的身心特点，选择能够适应其身体负荷的运动项目，并进行合理的搭配、排列与组合，这样才能促使教学过程更加科学化、高效化。而在大学生运动员的运动训练中，教练员同样要根据运动员的身心特点，选择能适应期发展的训练项目，并需要根据其运动状况，制定多年详细的运动训练计划，分不同阶段逐渐地提高运动员的运动水平，延长期运动员的运动寿命。从这一层面来说，体育教学和运动训练都是要以针对的不同对象的情况为切入点进行教学或训练的。

(三)二者都需要随着时代的发展而发展

随着时代的发展,体育教学逐渐由传统的以传授固有知识为重点的封闭式教育向着重培养学生的创造性思维和终身教育观念教育方式转变。在这种情况下,体育教学的内容需要跟上时代发展的步伐,改变过去的单一的竞技体育知识传授为主的教学方法和内容,取而代之以健身、娱乐、休闲等内容为主要的学习内容。同样,运动训练的方法与形式也随着时代的发展而不断发展。运动训练需要研究最新的比赛规则,使用先进的仪器设备来提高自己的竞技能力。这些都是时代发展带给运动训练的变化。在现代社会中,要想在比赛中活得好成绩,在运动训练中就不仅需要了解诸如运动生理学、运动解剖学等运动专项理论,而且还要了解世界各国该项运动水平的发展情况,结合我国此项目的当前水平,找到提高运动训练水平的新的训练理念与训练方法。

三、体育教学与运动训练的互补分析

虽然体育教学与运动训练存在一定差异,但从实质上看,体育教学活动与运动训练过程在核心内容上还是有许多相似之处,而这些一致性,正是体育教学与运动训练能够有效补充、互相渗透的关键所在,虽然存在的其他约束力使得其自然功能发生一定分化,但是二者发展目标的一致性,能够使得在整个教学过程中互相补充,相互渗透。体育教学与运动训练各自存在一定不足和缺陷,这就需要互相借助、相互取长补短,充分利用互补原理解决发展过程中存在的问题,之所以选择互补,就是因为"理论"与"实践"功能上的不同,但都是体育教育过程中必不可少的一部分,因此体育教学与运动训练从实质上来说是可以互相借鉴的和补充的。在体育教学过程中,运动训练只是其中一部分,整个体育教学活动依旧是建立在教学目的实施方法的基础上,合理应用教学方法和教学理念等教学活动基础之上。运动训练包含多项内容,就目前发展状况来看,运动训练对竞技性的要求更高,而这一过程就基本上以运动训练为主,整个运动训练过程的良好完成都是建立在大量运动训练基础上的。在体育教学过程中,随着教学活动和体育训练的开展,不仅能够帮助有效掌握体育理论,同时能够养成良好运动习惯和健康习惯,而这一系列都离不开运动训练的开展。

对体育教学和运动训练关系的互补分析研究对于体育教育来说十分重要,只有正确地处理好二者之间互相补充、相互促进的关系,才能在教学过程中实现理论与实践的紧密结合,才能够达到运动训练达到效果,体育教学实现目的。而通过对两者相同性的正确认识,也将实现体育教学与运动训练之间的合理发展。随着时代要求的不断提升，要想适应这一变化，就需要改变以往传统单一的教学方式，创新教育形式，由封闭教学、机械教学转化为创造性教学。只有将教育观念发生了本质的变化。才能跟上不断变化的时代形势，使得无论是体育教学，还是运动训练都需要根据时代的不断变化，发展教学内容，紧跟时代步伐。在变化发展的过程之中，转变旧的、落后的发展方式和成长理念，促进新的教育教学理念的形成，提高我国的体育教学整体水平，促进运动训练成绩的不断提高。

第二节 高校运动训练和体育教学的发展趋势

一、我国高校体育运动训练中存在的问题

（一）不重视体育专业理论知识的学习

从上文可知，广义的体育运动训练实践既包括训练实践也包括体育专业理论知识的学习。但是目前，在我国许多高校受教育思想的影响，在促进大学生个性发展的同时，对大学生的文化知识学习过于放松。尤其是体育专业的大学生，很多都不注重专业理论知识的学习。这就导致其在体育运动训练中，对教练员的指导理解不正确，难以把握住体育技能要点，同时更容易发生运动损伤，体育运动训练成果不理想，技能水平提升较慢。

（二）体育运动训练课程设置不合理

虽然体育事业一直是我国的强项，我国有许多体育项目同世界其他国家相比，一直优势明显。但是近几年来，随着社会经济的发展和时代的变革，体育事业也进入产业化阶段，这就对专业的体育运动训练员提出了更高的要求。而我国众多高校的体育运动训练课程在训练内容设置上已经非常落后，根本难以满足当前体育产业化阶段市场对专业体育人才的要求。所以我国高校必须积极调整与变革相应的体育运动训练课程的内容，使其更具有科学性尧专业性与时代性，以此优化高校体育运动训练质量，提升其训练有效性。

（三）高校运动队管理科学性不高

现阶段，我国高校体育运动队的管理还不是十分科学，这主要表现在两方面。第一，缺乏专业的体育运动教练员。众所周知，体育运动教练员的训练水平直接影响着大学生运动员的体育运动训练成果。目前我国高校的体育

运动训练员一般都是由本校的体育教师兼任的,并非专业的体育运动教练,这样其体育运动训练能力自然有限。同是因为高校体育教师还要负责高校日常的体育教学活动,又会分去一部分精力。所以高校体育教师对大学生体育运动员的体育训练成果并不理想,我国高校运动队的管理方法必须及时调整与改革。第二,我国高校运动队在选拔大学生运动员时,过于注重大学生运动员的体育天赋与体育技能,忽略了对大学生文化素质尧心理素质尧思想道德等方面的考察,虽然大学生体育运动员虽然体育天赋不错,但心理承受能力较差,意志力不强,这样在训练过程中就很难长久坚持,遇到挫折往往会情绪低落,从而直接影响体育运动训练成果。

二、高校运动训练与体育教学的发展趋势

(一)通过运动训练促进学生素质的全面发展

体育教学的重要表现之一就是发展人的自然素质,这主要是因为自然素质在人的素质结构中最为基础,而自然素质就是指身体素质,且能够通过体育教学进行锻炼与提升。想要达到这一目的的人,就需要承受一定限度上的负荷。高校学生在兴趣爱好、体育观念、身体形态以及素质等方面存在着一定的差异,其体育运动的水平自然也存在着一定的差距。针对这一点,教师就需要通过合理运用运动训练手段,结合学生的实际情况制定出相对合理有效的课程模式,减轻学生在锻炼过程中承受的负荷,使其在体能与体格等方面得到切实有效的锻炼。

(二)运动训练与体育教学的互动发展

要想顺利开展高校体育教学,就需要确保运动训练与体育教学相互依托,互为一体。高校体育教学一旦脱离运动训练,势必缺乏必要的美感与激情,无法使学生的积极性得到调动;体育教学是运动训练的基础,运动训练一旦脱离了体育教学,势必也得不到良好的发展。因此,运动训练与体育教学需做到同步发展,即高校可将体育教学作为竞技体育发展的奠定基础,充分利用运动训练、课余体育竞赛课堂教学等方式,使学生的技能水平与体育意识得到强化,确保学生能够正确、深刻地认识体育,培养出一大批运动技术水平较高的积极分子与体育尖子;另外,竞技运动和训练的持续发展也会使体育教学发展得到进一步促进,即通过开展竞技运动可以使学生的集体荣誉感得到提高,激发学生参与训练的热情与积极性,并最终促进高校体育教学实现健康长远的发展。

三、提升高校体育运动训练有效性的科学策略

（一）培养大学生体育运动员的运动兴趣

众所周知，"兴趣是最好的老师"，人们对某件事情的兴趣爱好，对于推动事情成功至关重要。对于体育运动训练来讲也不例外。大学生体育运动员如果具有浓厚的运动兴趣，那么在进行体育运动训练时，就会主动且充满全心贯注地投入其中，这样他们在整个训练过程中对于体育运动训练方法和体育运动训练技巧的认识更深刻，掌握也更熟练，其体育运动训练的有效性也就随之显著提高。而培养大学生体育运动兴趣的方法主要有以下两种。第一，积极鼓励大学生运动员邀请自己的运动员同伴一起进行体育锻炼，并在锻炼前设定竞争规划，锻炼过程中彼此竞争，相互鼓舞，共同提高体育运动训练的效率。第二，积极报名参加各类体育运动会，通过对实践体育赛事的亲身经历，激发起大学体育运动员的参与体育运动的兴趣。

（二）培养大学生体育运动员的体育精神

在体育运动训练中，运动员需要耗量大量的体力，拉练全身各个部位，唤醒身体的运动状态，并随时承受运动损伤的风险。也可说体育运动训练本身是一件十分艰苦的活动。再加上近些年来，我国人民生活水平的提高，许多大学生从小也是娇生惯养，倍受呵护，缺少吃苦精神和顽强的意志。要在这项艰苦活动中长久的坚持下去，没有体育精神的支持是很困难。所谓体育精神一般是指体育运动的整体风貌、体育运动水平、体育运动特色、公正、公开和凝聚力、号召力等，这也是体育的理想、情操、信念、道德与体育审美水平等的标志，是整个体育运动的支柱和灵魂。只有具有了强大的体育精神，运动员在体育训练中，才会更加的不畏困难、艰苦奋斗、自觉地维护团队的团结公平。而体育精神并不是每个运动员与生俱来的，而是在平常的体育运动中训练一点点培养起来的。这就需要大学体育运动教练重视大学生体育运动员体育精神的培养，将体育精神融入体育专业理论知识教学中，不断加强大学生体育运动员对体育专业理论知识的学习。通过对体育文化知识的学习，加深大学生运动员对体育精神的深层次精神感悟与理解。

（三）重视大学生运动员良好心理素质的培养和训练

体育运动员心理素质的好坏会显著地体现体育训练的每一个环节上，有时甚至会细化到运动员的每一个体育动作中。如果大学生运动员缺乏良好的心理素质，心理承受能力差，在体育训练中一旦受到挫折，很容易陷入垂头

丧气尧情绪失落尧萎靡不振等不良运动状态中，直接降低体育运动训练的有效性。所以体育运动训练员必须重视大学生运动员良好心理素质的培养。并在平时的体育运动训练中通过科学化的心理素质训练方法不断增强大学生的心理承受能力。促使他们随时保持一个良好的心理状态，并在这种良好心理状态的影响下，使身体训练进入预期的最佳状态。

（四）进一步加强对高校体育运动队的管理

目前我国高校体育运动队的管理并不科学，这就要求相关高校从大学生运动员和体育训练员这两方面进一步加强对高校体育运动队的管理。一方面，在选择大学生运动员时，将他们的文化知识水平与体育技能尧体育天赋作为其入选资格的共同依据。另一方面，高校要及时改变传统的体育教师兼任体育训练员的落后管理方式，在大学中将专业的体育竞技和日常的体育教学工作独立开来，并为体育运动队聘请训练水平高尧训练经验丰富的专业的体育教练员，负责高校的体育运动训练工作。

（五）制定科学合理的体育运动训练计划

体育运动训是一件需要长久坚持的艰苦事情，在日积月累的长期训练中，才能实现身体素质的增强与运动技能的体升。尤其是对于专业的体育运动员来讲，运动训练量更大，日常训练过程也更艰苦。这就需要体育运动训练员根据自己丰富的实践训练经验与队员的身体素质状况，制定科学合理的体育运动训练计划，通过该计划将艰巨的体育训练任务细化到各个阶段，各个环节，有步骤性尧有重点地展开相关的训练活动，最终达到高效优质的训练目的。

（六）加强对大学生运动员本体感觉的研究

所谓本体感觉一般是指关节、肌腱、肌肉等身体各个部分的运动器官自身处在不同状态（静止或者运动）时，所产生的身体感觉。作为人体最基本的感觉系统，本体感觉的灵敏限度对于体育运动员的训练水平与训练质量有重大影响。一方面，本体感觉在运动员进行体育运动训练时，可以准确提供出运动员身体姿势变换与运动员四肢位置转变的信息，精确地感知到运动员目前所处的相对位置。它虽然不能直接显现在某一体育运动项目上，但是却可以间接影响体育运动训练成果，它通过有效控制体育运动员身体各关节的活动尧协调运动员的身体各部位的动作配合，促使运动员做出的体育动作更到位，并确保运动员的身体平衡。另一方面，本位感觉还有助于大学生运动员有效预防体育运动训练中的各类运动损伤。所以高校体育运动训练员必须进一步加强对大学生体育运动员本体感觉的研究，深入了解各个运动员的本体感觉灵敏限度,并将其有针对性地应用到日常的体育运动训练中,最终提升大学体育运动训练的有效性。

综上所述,目前我国高校传统的体育运动训练机制存在的问题越来越明显,其落后的训练方法与管理方式已经难以适应时代的发展需要。这就需要各大高校积极采取科学策略,对高校体育运动训练进行变革与创新,通过更加科学化尧专业化训练与管理方法,进一步提升我国高校体育运动训练的有效性,优化高校体育运动训练质量。

第三节 高校体育教学与运动训练理论实践研究

当下高校各类教学活动中,智育压倒体育的趋势愈演愈烈,德育教育在高校教学过程中也因此被淡化,因此,体育课堂教学急需改革,通过构建高效的课堂改革新模式和新体系,进而实现全科育人的教学理念。从当下体育教学实践上来讲,良好的体育教学课程与训练课程关乎人才的培养质量和运动训练专业化技能的提升,对加大学生心理健康教育和做好职业生涯规划有着积极影响。

一、制约我国高校体育运动训练专业课的设置因素

（一）课程内容设置与人才目标偏差

当下,我国运动专业训练还沿用教练员本位的教学理念,尤其在实践体验课程活动中运动训练专业的课堂设置仍将关注点都集中在学生是否达到预定的要求,在某种限度上来说,忽略了学生的心理健康要求,违背"健康第一"的教学原则,不利于培养学生心理素质。目前,我国体育教育专业课程分为二大类:第一类,要对运动生源进行系统和理论化的教学;第二类,对普通学生开展全面训练要求。但是,由于运行训练的专业课程内容有部分偏差,导致人才培养目标相对落后,因而,专业培养目标不清晰、运动训练专业培养方向狭窄、学科和术科比例不够协调、必修和选修课混乱,导致课程设置缺乏科学化。

（二）评价层次与结构不协调

体育运动训练专业课程层次的协调与否,与体育运作质量的均衡化有着直接关系,如若课程层次不够清晰,那么就会导致训练专业课程不够规范。另外,衡量课程层面专业的关键要素是体育分数,即评价方式,体育评价是衡量体育教学质量的重要标准,但是,由于"应试教育"的原因,给体育考

试带来诸多负面影响。很多学生平时不重视体育锻炼，在考试前"恶补"，延长训练时间，加大训练量，导致训练效果不理想。因此，为提升训练效果，教师应该选用学生更能接受的方式提升学生的体育锻炼能力，培养学生的运动兴趣，让学生掌握良好的运动技能。

二、高等院校体育教学与运动训练发展性构想

（一）建构校本课程体系释放活力

体育课程建设的要求主要从引领、规划、建设等几方面入手，这些都是体育课程设置的关键驱动力，让各级的院校领导从繁复的事务中脱离出来，还原教育本身。教育主管部门也应该积极的组织高校体育课程教材的调研工作，让学校思考、规划体育课程。构建的体育训练专业要符合校本特色化要求。在此基础上，培养高校学生的体育素养，不仅要关注学生评价，更要关注课程评价，摒弃过去重视课堂忽略课程的传统形式，构建更具特色的运行训练专业课程体系，由此才能构建完整和富有特色的学校运动训练专业化体系。

（二）创新运动训练专业课程设置提升教学质量

通过高校的体育运动训练专业课程创新，让体育课程教学质量实现跨越式发展。我国的体育教育要走特色化发展道路，起点是培养学生的体育运动兴趣，力争让学生养成终身体育锻炼的习惯。体育不是为了应试而设立的科目，体育教学活动的关键是为了推进学生的锻炼能力，使学生通过体育培养自己的体育锻炼能力，养成热爱体育、不断加强体育锻炼的良好习惯。要不断地深化体育教学改革，发挥学校体育运动训练课程的主导，体育运动专业要不断地推进体育健康教育，让学生全面掌握运动技能，更要重视健全人格方面培养，体育运动项目的开设一方面是身体建设，另外一方面是心理建设。体育是一项群体活动，比如篮球、足球等项目需要团队配合，因而为在竞争中获取名次，就要队员之间的相互配合，对提高学生的人际交往能力有很大帮助，所以要鼓励学生多参与体育锻炼，让学生通过体育结交新朋友，并且学会团队之间的配合。此外，体育运动训练也要根据中国的国情完善高校体育课程结构。

三、高校体育教学课程与运动训练实践性研讨

（一）创新当下教学理念并改革教学内容

很多教师将体育看成是单纯的体力运动，其实体育在发展进程中更涉及

脑力训练。研究发现，经常参与体育锻炼的学生反应和应变能力都比较强。体育训练专业的学生一般文化基础薄弱，导致在理论课程学习时出现学习目标不明确，学习动力缺失、学习方法单一等状况。出现这些状况的真正原因是理论教师在选取课程内容时，以教学大纲为主，虽然这种"中规中矩"的做法能够适应教学需求，但是却不能契合学生的专业化特点，导致教学内容单调，学生难以理解和接受，进而失去学习兴趣。因此，在选取运动训练专业学生教学内容的时候，要根据学生的学习特点，结合教学大纲的规定要求，遵循"从简求实"、"深入浅出"的学习原则，将理论必修的难度降低，让知识更偏重于操作性，尽量将抽象的知识转向为形象知识，让学生能学、能会、能用，真正达到学以致用。另外，在设置理论选修课程的时候，也要考虑市场需求和学生爱好这两方面因素，加大教育、自然、学科和工具类等边缘学科的课程比重，让学生在学习阶段多涉猎知识，这样不仅能拓展学生的知识面，对培养学生的学习能力的提升也有切实帮助。

（二）运用自讲教学法促进学生能力的提升

自讲教学法主要集中于"导"字上面，"导"即为引导，通过引导让学生对知识有初步的了解，然后再深入地探究知识本质内容。这要求学生要具有一定的主动学习意识，能够积极主动地获取知识，教师发挥"导"的作用，是引导学生的学习方向，避免学生在学习过程中走偏，这要求教师要根据课堂所讲内容，结合学生的学习实际，给学生提出基本的问题，学生根据问题开展针对性学习，通过查阅文献资料、分析、思考，提高解决问题的能力，进而达到触类旁通。此外，通过引导自讲，提升学生的表达能力，激发学生学习兴趣，调动学习主动性，学生的学习主动性也能由此激发。例如，教师在进行《运动心理学》"社会环境与青少年"心理这一章节时，就可以运用自导法开展讲解，课程开始之初给学生讲解有关社会环境对学生状况的影响因素，让学生通过孟母三迁的案例了解环境对人的影响意义。通过事例引入，学生对环境影响因子有了初步探究，通过有趣的案例探究知识的本质内容。这种自学、自讲的教学模式对学生课下主动获取知识、提升语言表述能力方面发挥了积极作用。

（三）通过讨论研究教学方法助力教学革新

讨论研究教学法的开设则将关注点集中在"论"字上面，教师组织学生探究体育课堂教学方面的论点或者难点，讨论的目的一方面是让学生交流看法，另一方面是通过讨论寻求到解决办法。例如学生在上羽毛球专业课时，不能第一时间掌握好落球的位置，初期接球的时候，直接让膝盖垂直落地，这样不仅不利于方位的调整,还会因为地面的震动导致膝盖受伤。但是借助于课程讨论使学生了解到,如若在运动时脚掌倾斜落地,那么膝盖不垂直下落就能有效的规避这一问题。由此教师在设置问题的时候,需要选择学生继续要结合的问题,给学生充分的准备和思考空间,教师组织教学活动,让学生能够畅所欲言,在学习完成讨论以后,教师要针对学生的状况做总结,使学生能够全面、准确地把握知识。借助讨论,不仅使学生的分析、理解和逻辑能力得到不同限度的提升,学生的领导能力和协调能力也得以发展。

(四)采用联想对比教学方法完成教学实践转型

新一轮的课程改革已经逐步进入到深水区,运动训练专业教学改革要符合国家的"教育改革深化发展"的要求,借助现代化教学资源的整体优势,进一步创新现代化教育教学改革发展新模式,培养创造性的高水平运动人才,不断地完善课程改革发展模式,让体育教育活动更趋向高端化、多元化和集聚化。由于传统的体育观将体育的生物价值属性看成是教学活动的中心,因而关于体育的解释更关注与生物学科知识,人们将关注点都集中在运动员的体能、技术等方面。因此,体育院校要树立更为全面的价值观,要在体育教学活动开展的同时增设人文社会学科。在教学活动开展的同时,给学生灌输相关的人文理念,这不仅契合人文与科学相融合的教学理念,也让学生在完成体育训练要求的同时,了解体育文化和体育知识,对提升学生整体素养有积极推动意义。

在课程教学改革的过程中,要强调运用横向联想与纵向相接的教学方法,该教学法的关键在于一个"比"字,即理论教学过程中将相似的概念、规律或者现象根据不同的方式进行对比,并且在比较中找到相同或者相似点,目的是加深知识理论能力。这要求教师在教学时需要准确的对比不同材料的相似之处;同时要求学生由此及彼地联想到之前的知识;此外,让多项知识彼此之间形成内部联系,通过建立恰当的联系,让学生寻找到内在知识认知规律。

高校开设运动训练专业课程学习不仅是学习的需求,也是培养学生体育素养的关键性举措。因此,教学时教师要转变专业课程的设置形式,转变运行训练的驱动要素,进而完善专项体育课程,增强学生对实践知识的理解能力,借以优化课程训练和课程改革,进而探寻体育课程改革的新模式。

第四节 体育运动训练基本原则及对高校体育教学的启示

究竟什么是体育运动训练的基本原则，在科学和经济迅速发展的今天，高校教学中的体育运动训练受到教育领域和各界人士的关注。在国家和教育部的政策指导下，全国各地中学生体育成绩纳入中考成绩，在很大限度上提高了全体学生和教师对于体育重要性的认识。体育运动训练一般是以学校本身的体育训练规律为准，此项标准在一定限度上体现了体育运动的有效性和正确性，这些体育标准都是学生和教师在长期的训练中得出的。

体育有其独特的文化特点，高校教学过程中开展了多项体育训练项目，每一项体育训练项目都有着其独特的优势，也发挥着不同的作用和功能。体育教学和体育运动训练有所区别，各有特点，两者在教育实践过程中发挥着不同的作用。对体育教学和体育训练的基本特征进行深入了解，合理掌握两者之间的关系，可以帮助更好地在高校开展体育教学和体育训练工作，推动高校体育教学工作的健康进行。本文根据各高校在体育教学实践过程中获取的教学经验，对高校体育运动训练的基本原则和体育教学的启示进行深入分析。

一、运动训练与体育教学之间的联系

运动训练与体育教学之间有着紧密的联系，在体育教学中经常会借助运动训练的方式来达到预期教学效果。运动训练简单地来说就是预先设立好体育训练的目标，进而通过一定强度的运动任务来达到预期训练效果。运动训练是提升学生身体素质水平，增强学生运动能力的有效途径。在体育教学活动中，体育教师应当充分利用科学合理的运动训练方法来促进学生运动水准与体育能力的提升，通过规范化的训练和教学能够高效的促进学生体育成绩的提高，达到理想的体育教学效果。结合规范化运动训练而言，主要可以分为身体训练以及战术训练两种模式。运动训练具有较强的专业性特点，在体育教学中通常需要教师进行专业的示范和指导，然后引导学生进行反复、大量的训练才能够获得良好的训练效果。在体育教学中运用运动训练需要综合考虑学生的体质特征、接受能力以及训练目标等多方面因素。除此之外，还

应当结合教学目标、场地以及设备条件等合理设计运动训练的内容和强度。运动训练有效展开的影响因素包括多方面，教师的自身专业性、学生的身体素质水平、运动项目和教学目标等都是绝对体育教学中运动训练方式的主要原因。因此，需要在保障体育教师专业水准的基础上，对运动训练有更为深入的把握和理解，才能够充分发挥运动训练的积极作用和效果，促进体育教学有效性的提升。

二、体育运动训练的基本原则

（一）健康性原则

该原则要求全体学生要在保持身体健康的前提下才能参与正常体育训练，训练过程中通过加强训练来不断增强学生的体质。教师在开展体育教学的过程中也要注意体育项目的安全性，以学生身体安全为前提，以提升学生身体健康水平为目的来进行各项体育项目训练。在坚持健康性原则下，长期坚持训练才能更好地发展身体机能，才能更为高效地开展体育教学。

体能是通过力量、速度、耐力及身体协调和柔韧限度等运动素质表现出来的人体基本运动能力，体能的锻炼是以增强学生健康和提高学生基本活动能力为目标。健康体能指的是人们能通过适当的训练在日积月累中锻炼提升自身素质，让身体更容易适应陌生的环境。例如，夏季天气比较炎热，学生在高温环境下进行体育锻炼会排出很多汗液，身体流失大量水分，一些身体较差的同学甚至会出现脱水现象。冬天是个流感高发的季节，许多学生很容易染上风热感冒，进而影响学生参与正常的体育锻炼，甚至影响正常生活。当学生经过长期的体育锻炼后，身体适应能力会有所提升，能更好地适应各种天气环境，减少因为抵抗力弱而在天气突然变化时生病的情况。当然，在体育运动训练过程中，所有的体育运动项目训练都需要在学生身体健康的前提下开展，如此长期坚持训练才能更好地发展身体机能，继而促进学生的全面发展。

首先，贯彻健康性原则的根本目标就是增强学生的体质和发展身体机能，围绕这一目标，让身体健康的学生进行运动训练。

其次，在思想上，健康性原则应该是所有问题的根本，学校开设相关的运动项目就是希望学生们能通过一定的体育训练，达到提高自身素质的目的。虽然追求高素质人才是办学的主要目标，但是保证学生的身体健康是办学的重要理念基础。学校在给体育教师安排体育教学工作时，应听取众多教师共同商议的意见和建议，保证所采取的训练在学生身体的接受范围之内，不能因为想要提高身体素质而参加过量的体育运动反而对身体某些部位造成伤害。再次，体育训练的基本原则是让学生将体育训练放在首要位置，虽然教师在日常的教学工作中会鼓励学生积极面对并且努力克服困难，但是所面对的困难和挑战也应该在学生的接受范围之内，不应给学生过高的体育训练目标。此外，学校应要求体育教师将健康性理念传给每一位学生，保证健康性理念在每一位学生的心目中根深蒂固，学生在参加日常的体育活动和训练时一切都应当以健康为准。

最后，健康性原则不仅仅要在学生的脑海中根深蒂固，在体育训练之中坚持健康性原则，体育教师也应尽好自身的义务，时刻关注学生的身体情况。学生在参加有些危险的容易对身体造成危害的体育活动时应该注意做好防范措施，所使用的训练设施也必须符合标准，保证不会因为设施出现质量问题或防范措施没有做好而让学生身体受到伤害。

（二）全面性原则

全面性原则指的是学生在进行体育活动或参加体育训练时，为了让身体的各个方面都能得到锻炼，展示自己的体育天赋，学生所接受的训练和活动也应该具备全面性原则。这些活动和训练，不能单纯地停留在表面或只单一参加某些体育运动，应具有多元化特点。人体是一个统一的有机体，综合的、多样化的体育训练才能发挥人体每一个部位的机能。因此，体育教师开展体育活动时应该针对性地安排一些相应的训练，每一种训练类型都应该以身体某个部位的机能发展为目的，只有这样才能确保能有效训练开发学生身体的各部分。贯彻全面性原则一般有以下几点要求。

1. 全面发展是学生参加体育训练的目标导向，通常不被学校和体育教师重视，容易被忽略

只有做到强者更强、强弱兼顾才能更好地进行体育训练，锻炼学生的身体素质。一般情况下，每个学生自身的身体机能都有所区别，身体状况也有一定的差异，运动喜好和自身的运动强项也有所不同。学校和教师为了对学生开展一系列的针对性训练，通常会让学生参加一些体能测试，以对每个学生的身体情况有大致的了解，方便开展接下来的训练工作。教师在日常的体育训练中往往采取许多措施来促进每个学生全面发展，但由于学生的身体机能发展不平衡，在实际的针对性训练中还存在巨大的问题。既然要做到全面发展，那么在保证强项更加突出的同时，弱项应得到最大限度的弥补。教师应充分了解每位学生身体情况，知道哪个学生哪个项目发展较弱，这个项目要想取得更好地成绩就应参加大量的训练。

2.学生在参加大量训练的同时，也应该在教师的引导下调节好身体素质和运动能力之间的关系

不能单纯地只追求运动能力的提高，而忽略了重要的身体素质的提升。只有具有较高的身体素质，学生才能积极地全面地发展。身体素质和运动能力，两者相辅相成，当学生经历一定量的体育运动之后，其运动能力会有相应提高，身体素质也会因为运动能力的提高而提高。

三、体育运动训练对高校体育教学的启示

（一）体育训练的内容和过程对体育教学的启示

运动训练主要是针对一些具有竞争性的运动项目而开设的。体育竞技能带给人们精神上的享受，是人们生活娱乐的一种方式，同时也是一种具有较高水准的体育活动。竞技不仅能带给人们许多快乐和享受，还能够动员全校师生参与其中，在锻炼身体、丰富课余活动的同时体会体育活动带来的乐趣。一些天赋较好的运动员在报名参加体育竞技时，在参与竞技比赛中全力以赴，锻炼自我、超越自我，也成为学生学习的榜样，其体育精神可以鼓舞士气，引导越来越多的人参与到体育活动中，并且爱上体育运动。例如，在进行跑步比赛时，要考虑到体育活动给学生带来的作用。跑步比赛能够激发学生的竞争意识，在赛跑中不断提升自己，获得全新的体会和感受。这对学生的身心健康发展非常有利，能够帮助学生进一步激发自身潜能，发挥更大的优势。同时，这对学生的全面发展而言也非常重要，如果想让学生切实发挥出自身素质能力，就必须结合体育训练的内容进行考虑，在教育教学活动的影响下帮助学生完成充分的学习体会，体育教师要将重点放在学生整体素质的培养上。

（二）训练方法和训练原则对体育教学的启示

学生在参加体育训练时往往会受许多教学因素的干扰。学生在参加体育训练时，教师使用的方法应严格按照教学原则来施行，不能存在偏差。与此同时，学校和教师要根据教学的情况和学生体育训练的实际情况，定期进行研讨，总结相应的经验，只有不断地总结训练方法和相应的训练原则，才能更好地帮助学生积极、健康地参加体育活动。高校体育训练所采取的教学方法和原则有很多相同之处。例如，在进行俯卧撑训练时，教师可以给学生以正确姿势的引导，让学生能够养成良好的体育练习方式，在锻炼过程中不断提高自身素质，也有利于学生在训练过程中养成认真负责的态度，并逐渐成为影响学生一生的重要行为习惯。因此，训练方法和训练原则对体育教学而

言非常重要，为促进学生的身心健康发展，应结合体育训练的过程，逐渐提升整体学生的体育素质。体育训练基本原则对高校体育教学有很大推动作用，要求教师必须利用合理的训练方式来进行体育教学。

（三）先进知识与科学技术的启示

正如上文所言，运动训练具有一定的专业性和系统性，所以在训练过程中会采取一些较为先进的训练理念和训练方法，也能够接触到最为先进的训练器材设备等，还能够充分的与最新的科技水平相结合。相较而言，运动训练具有一定的先进性和专业性。而这些方面刚好可以弥补体育教学的不足之处，体育教学中可以主动的加以借鉴和学习，利用运行训练中的先进知识与专业技能展开教学活动，进而完善体育教学的质量与水平，全面的促进体育教学有效性的提升。

体育训练的开展工作是一个连贯的过程，学生在参加体育活动时必须严格遵循健康性原则和全面性原则。学生在参加体育活动时要积极踊跃，教师要选择针对性的项目开展训练，将学生锻炼成全面型体育人才。教师自身也要具备较强的专业教学能力，提供更多更完备的体育设施来完成教学目标，从而帮助学生更好地参加体育活动，培养出一批又一批优秀的体育人才。

四、高校体育运动训练课的发展策略与建议

（一）完善课程设置，坚持"健康第一"的教学理念

在教学课改形势下，体育选修课程应对高年级学生进行开设。课程设置应遵循以学生为主导，充分考虑学生现有的心理水平及兴趣限度，重视学习过程和学生的主体地位，全面提升学生的综合素养。在教学改革背景下，高校应不断转变传统的以运动技术为核心的教学模式，逐步树立起"以运动竞赛为中心、以健康为首"的新型教学理念，从而促进大学生的全面发展；应以增强体质、培养大学生体育锻炼能力为目标，帮助其树立全面运动、健康第一的体育意识；要以创新进取、提升实践能力为中心，通过多样化的体育手段，来激发学生参与体育训练活动的积极性；要摒弃以教材、技术和课堂为中心的传统教学观念，关注体育教育，使高校学生的身心素质得到全面提高。

（二）完善体育场馆设施，加强高校体育师资建设

体育场馆设施及各类体育运动器材，是高校开展体育教学活动的基本前提。在我国，大部分高等院校的体育经费，均是由政府拨款或者是由高校自身筹备而来。假如不能正确分配这些教育经费，势必会影响高校体育教学的

改革进程。基于此，在继续扩招的前提下，高校还应确保体育经费同学生数量同步。要加大体育经费支持力度，逐步完善校内各项体育设施，从而更好地满足高校当前的扩招需求。与此同时，教师是高校体育运动训练课程教学中的引导者，其综合素质的高低，不仅关系到体育教育改革的成功与否，同时也影响着体育教学的工作质量。为此，各高校应吸引和培养更多经验丰富的体育教师，使师资队伍结构得到全面调整和优化。要引导和扶持中青年教师在职期间接受深层次教育，使学历层次得到逐步提升；应适当鼓励本校在职老师去其他省市读硕士、博士等，为本地区输送更多的优秀教学人才；此外，要创造优越的教学环境、条件，高薪聘请或吸引外省教学经验丰富的体育教学老师，从而不断优化高校体育教师的人才结构。

（三）丰富教学训练方法，构建科学的教学评价体系

高校应立足于当前教学实际，将教师的教法与学生的学法综合起来，营造有助于学生全面发展的和谐环境。要以学生为主导，恰当运用"发现、做示范及问题教学"等方法。转变传统的教学组织形式、通过更新教学方式、提升技术等级等方式，为学生营造良好的学习情境，使之成为体育运动训练课中的主人，从而不断改善教学效果及质量，促进教学目标的顺利实现。此外，要构建科学的教学评价体系。高校体育课程评价是高校体育教学中必不可少的环节，一旦评价方式运用不恰当，很容易降低学生的学习主动性，严重时还将导致其厌烦体育课。基于此，一套有效的评价体系，应包含运动技能、活动参与以及社会适应等诸多方面。高校体育运动训练成绩的评价，既要遵循《体育与健康课程标准》中的相关要求，同时也应关注学生学习的各个阶段，要综合运用学生自我评价、他人之间等方式，使高校体育运动训练课的教学质量得到有效提升。最后，在实际的教学过程中，体育教师应做到"区别对待"，针对那些素质条件先天不足的学生，应适时予以鼓励，从而帮助其树立学习体育的信心。

（四）营造校园体育文化氛围，组建教学类体育俱乐部

当前的教育形势下，高校应贯彻落实好《纲要》的规范及要求，要始终坚持"三自主"方针（在教学内容、上课时间和授课教师上，学生有绝对的选择权），逐步创设先进的体育文化氛围。首先，应立足于高校现有教学模式的实施状况，以"三基型"为基础，逐步实施"二段型"教学模式，使大学生能对体育运动训练课有更浓厚的兴趣；其次，应稳步发展和推进，假如高校已推行"二段型"教学模式，则可在校内成立教学类体育俱乐部，并将管理权限下放给学生社团。要从时间、器材、场地及指导力量等方面为学生提

供条件，必要时可延长学生借还运动器材时间，或者延长学校向学生开放体育场馆的时间；可为学生配备 1～2 名体育运动教练，让体育俱乐部成为学生锻炼身体、体育课拓展和学生个性培养的根据地。最后，应深入分析学生在课余及假期的生活方式，鼓励学生将假期利用起来，踊跃参与各类健身活动，从而逐步培养学生的终身体育意识及能力。

综上所述，体育是人类发展进程中的历史产物，其表现形式多种多样，因此人们在体育运动中具有较多的自主选择权。体育教学与运动训练之间存在着千丝万缕的联系，运动训练的原则及方法等对体育教学有着一定的启示作用。本文简要地阐述了运动训练与体育教学之间的联系，介绍了运动训练的基本原则，并进一步分析了运动训练对体育教学的启示和作用，以期能够更好地促进体育教学活动的有效展开。

第十五章 高校体育教学与运动训练模式研究

第一节 高校体育教学与运动训练异同互补研究

一、体育教学原则

（一）体育教学原则

体育教学原则是人们在长期的体育教学过程中，经过不断地反思、总结体育教学中的成功与失败，由此探索出来的规律，是体育教学客观规律的反映。因此，在体育教学过程中，它应贯穿到体育教学的全过程，指导体育教学过程的各个方面。如体育计划的制定，教学内容、方法的选择与安排，教学组织形式的运用，课的负荷的安排，教学质量的评估等。随着人们对体育教学原则的进一步认识和不断深入的研究，体育教学原则不是一成不变的，它应与社会的进步、发展而有所改变，不断得到发展与完善。本文着重对快乐体育原则与合理安排运动生理负荷和心理负荷原则的理论进行分析与论述，为体育教学提供科学的理论依据。

（二）快乐体育教学原则

快乐，指的是人在深层的心理快感或成功感。快乐体育教学原则是经过多年的理论研究与实践探索，形成从学生兴趣入手，丰富学生体育情感，提高学生身体素质，健全学生运动人格，形成学生体育爱好，养成学生稳定的体育行为习惯的快乐体育教育思想。它以学生的浓厚兴趣为基础，依托持久的意志力来掌握一两种终身享用的运动技能，从中保持良好的情绪，获得快乐的成功体验。

1. 以人为本，因材施教

快乐体育教学原则的根本指导思想是通过培养学生良好的心理素质，力求使其将外部的要求变为内驱力，从而以"乐学"做为支撑点，实现自身健康而富有个性的发展。要求以全面育人为出发点和归宿，让学生真正成为课堂的主人，做到教师的主导和学生的主体相结合。同时注重以情感教学入手，乐学、好学。教师要最大限度地适应学生的需要，因材施教，积极地鼓励、引导学生，锻炼身体、磨炼意志、陶冶情操，使他们的身心得到全面和谐的发展。

2. 灵活多变，快乐教学

快乐体育教学原则，要求教师在日常的体育教学中，注意灵活多变，采用多种方法，帮助学生体验运动的乐趣。比如：趣味融合法，将体育教学内容与学生喜闻乐见的游戏有机地结合在一起；民族传统体育法，将民族传统体育融于体育教学中；分层次教学法，根据不同层次的学生，分小组进行教学；创新式教学法，比如，武术教学、健美操教学等，教给学生基本的动作，让学生自编自创一套自己喜爱的组合拳或舞蹈；此外还有分组合作法、挑战竞赛法、游戏法、主题教学法等等。

3. 辩证统一，有机结合

运动乐趣和运动技能在体育教学中是辩证统一的关系，要注意加强两者的有机结合。因此，在体育教学中，既要让学生掌握好运动技能，又要让学生享受到体育教学和体育锻炼的乐趣。在实际的体育教学中，肯定有一些趣味性不强、学生又比较难掌握的运动技术，此时，应注意挖掘或加上一些有乐趣的内容，增添教学的兴趣。但是，也不要因为一味追求趣味性而降低了运动技能的教学要求，影响了教学质量。只有学会了运动技能，才能更好地体会到运动的乐趣。反过来，熟练的运动技能又能进一步地激发学生学习的热情。两者有机结合，就能相辅相成。因此，对掌握运动技能与体验运动乐趣不能顾此失彼或厚此薄彼，要正确地处理好两者之间的关系。

（三）合理安排生理负荷和心理负荷原则

负荷包括生理负荷和心理负荷两个方面，合理安排生理负荷和心理负荷就是在体育教学中要使学生承受适当的生理负荷和心理负荷，以促进学生身心全面协调的发展。贯彻和运用合理安排负荷原则的基本要求：

1. 根据教学目标、学生特点、教材性质等合理安排课的生理负荷

新授课和复习课在安排生理负荷时应有不同的要求。学生的性别、年龄、健康状况有差别，而且教学比赛主要是比专项，不能适应专项比赛的训练，在比赛中是难以夺得桂冠的。在安排生理负荷时，要注意区别对待。不同性

质的教材，应考虑它们对身体机能的不同作用和影响，做出科学安排。此外，学生的生活制度，营养条件和其他体力活动的负担，所在地区的气候因素及作业场所的环境条件等，在安排生理负荷时也应给予全面考虑。

2. 正确处理生理负荷的量和强度的关系

正确处理生理负荷的量和强度的关系，负荷量和负荷强度应互相配合，逐步增加。在体育教学中通常是先增加负荷量，待适应以后，再增加强度。在增加量时，强度宜适当下降。在强度再增加时，量则应适当减少，这样，量和强度交替的增加和下降，密切配合，才能使学生承担负荷能力，逐步得到提高。

3. 正确处理生理负荷的表面数据和内部数据的关系

表面数据是指运动动作练习的量和强度。内部数据是指负荷量和强度所引起的一系列的生理、生化变化。生理负荷的表面数据与内部数据在通常的情况下是一致的。但因学生的体质强弱和身体训练水平不同，一定负荷的表面数据作用于不同的学生，可以产生不同的内部数据。因此，在分析生理负荷时，应把表面数据和内部数据结合起来，加以判断和评价。

4. 做好生理和心理负荷的测量、统计和分析工作

在评价体育课的质量时，既要安排生理负荷的测量，又要安排心理负荷的测量。以便从生理和心理两个方面进行全面的客观评价。同时，对负荷量的控制要有科学依据，把训练中的每一次练习、每一组的负荷都设计为尽可能适宜，并且使运动员训练效果达到最佳的限度。

二、体育运动训练原则

运动训练原则，虽有许多不同的解释和文字表述的方法，但其中一个共同的认识，就是运动训练过程客观规律的反映，是组织与进行训练工作必须遵循的准则，对一切训练过程具有普遍的指导意义。通俗地讲，教学中有训练因素，训练中有教学因素。教学和训练是在同一个过程中实现的。两者有着密不可分的关系。一般训练指提高的过程，而教学是指从不会到会的过程，科学的运动训练过程不能离开和违背教学原则。下文就一般训练与专项训练相结合的原则和区别对待原则进行分析与论述。

（一）一般训练与专项训练相结合原则

1. 为提高运动员的专项能力，为获得专项运动的优异成绩，我们必须遵循一般训练与专项训练相结合的原则

一般训练是指在运动训练中以多种多样的身体练习、方法和手段，提高

运动员各器官系统的机能，全面发展运动员素质，改进身体形态，掌握一些非专项的运动技术和理论知识。从而打好身体基础，提高专项技术、战术及理论水平。在专项训练中，根据专项训练的特点，必须有先进的手段和明确的目的。比如对艺术体操、球类、田径等技术较复杂的项目，应较多地选择发展灵巧、协调和柔韧性的练习手段。

2. 一般训练和专项训练两者的主要区别在于，采用的训练内容、手段，主要完成的任务和所起的作用不同

两者的主要联系在于，一般训练为专项训练打下坚实的基础；专项训练创造优异的成绩。它们在训练过程中总的目标是一致的，但又相互促进、相互制约，不可分割，有时在训练实践中往往难以截然分开。

（1）促进各器官的互相作用

在运动训练过程中，运动负荷给有机体带来的刺激，使各器官系统产生的适应性变化也是相互联系，相互作用的。进行一般训练采用多种练习内容和手段，可补充专项训练的不足，促进身体各器官系统的全面提高，从而为运动员创造优异运动成绩打下良好的基础，保证专项训练的顺利进行。

（2）动作技能的相互转移

运动员掌握动作技能的实质是条件反射的形成，是在大脑皮质建立的一种暂时性神经联系，这种暂时性神经联系建立得越多、越牢固，越利于建立新的暂时性神经联系，也就是运动员掌握的动作技能越多，越牢固，学习掌握新的动作技能也就越快，越容易，尤其是在动作结构、性质相近似的一些练习中，更容易产生动作技能的积极转移作用。

（3）各运动素质的发展是相互影响，相互制约的

某一运动素质的发展对其他素质的发展会产生不同的影响，例如腿部力量差的运动员就会影响他速度素质的提高，这就要通过发展下肢力量去发展速度。而速度素质差的运动员，力量，尤其是爆发力就能得到高水平的发展。而且专项素质的提高在某种限度上又有赖于一般素质的全面发展。

（4）一般训练对专项训练的调节作用

专项训练的内容和手段主要是专项运动的动作本身，只进行专项训练，特别是在少年儿童的训练中，反复进行专项练习比较枯燥，并容易产生机体的局部负担过重和中枢神经系统的疲劳，这在一些周期性项目，如跑、游泳、速度滑冰等的训练中尤其明显。而配以适当的一般训练内容，则能起到积极的调节作用，更好地提高专项训练的效果。

（二）区别对待原则

运动训练过程中，区别对待原则是指对于不同专项、不同的运动员和不同的训练状态、不同的训练任务及不同的训练条件都应该有区别的组织安排各自相应的训练过程，选择相应的训练内容，给予相应训练负荷。

1. 共性与个性和谐发展

各运动专项都有自己的决定因素及不同的发展规律，但各专项的特点又能反映出所有运动项目的共同规律。因此，在集体项目中，个人训练作为集体训练的补充不能忽视。例如：排球队中，某些队员扣球技术较差，而另一些队员，接发球到位率较低，在集体训练过程中，有针对性地安排必要的个人训练。安排个人训练要注意处理好与集体训练的关系。

2. 有的放矢，保证重点

学校课余运动训练，项目多、训练人数多，教练员相对较少。如田赛训练中的各小项都分布有不同年级、不同性别的运动员，一个教练员对付这种复杂的局面，可考虑平时训练多用小群组合，赛前重点考虑报名队员的训练。在径赛训练中，如：短跑取决于快速力量和步频，中长跑要的是速度耐力，马拉松跑要的是耐力。运动训练时，要根据自己的专项，如全程、半程、十公里等，来确定自己重点发展的专项素质。对于跑马拉松来说，最需要的是耐力，一个是腿部肌肉、关节坚持长时间运动的耐力，另一个就是心肺耐力。这两种耐力，相辅相成，互相影响互相制约，缺一不可。在训练中，要有针对性的对耐力不足的专项来进行训练。对于腿部耐力不足的情况，可以通过要求时间的长距离跑、山地跑、越野跑来锻炼，控制跑时的心率和呼吸，要求尽量跑得时间长。对于心肺功能耐力可以用间歇跑，要求速度的山地跑和越野跑来进行强化，训练时要控制跑的速度，让心率尽量拉高。这两种训练方法也是互相渗透的，各有侧重点，长时间长距离的耐力跑，既能锻炼心肺功能，也能锻炼腿部肌肉耐力。不同项目的运动训练在不同课次或同一次课的先后部分，可将身体训练和技术训练穿插进行，一般来说，前期着重于身体训练，后期着重于技术训练。

三、分析高校体育教学和运动训练之间的不同

（一）体育教学和运动训练具有不同的概念界定

运动训练属于一种竞技体育，它是一种进行运动训练以最大限度激发运动员的体育潜力为基础，让运动员参加体育竞赛，获得优异成绩的过程。它体现的是一种竞争概念，是想要通过运动训练，激发运动员的运动潜力，战

胜对手。运动训练包含三方面的意义，第一，是通过运动训练，使运动员取得最高成绩的活动；第二，运动训练需要在严格的竞赛制度和竞赛规则指导下进行；第三，运动训练过程中，运动员取得最高运动成绩的过程也是其运动潜力最大限度得到激发的过程。而体育教学的概念就比较简单，它是学校教学的一个部分，是一种提高学生身体素质，提高学生理解力、想象力、自主学习能力的过程。进行体育教学的目的是为学生树立终身体育的观念，为学生传授基础的体育技能，进而增强学生的身体体质，促进学生身体健康发展。

（二）高校体育教学和运动训练具有不同的特征

运动训练的特征主要从三个方面体现，首先，运动训练使用的方法比较多，使用的仪器设备都具有专业性和科学性。借助专业的场地，体育器材进行训练，以最大限度激发运动员的运动潜力。运用高强度、高负荷的运动训练提高运动员成绩；然后，不同的运动项目具有不同的运动训练形式，其中涉及的比赛形式和比赛规则都会不同，这些不同就决定了训练方式的不同；最后，运动训练面对的仅仅是学校通过层层选拔，选定的具有运动潜力的运动员。

体育教学的特征主要表现也有三个方面，与运动训练截然不同。首先，体育教学面对的是全体学生，所有参与高校教学的学生都有权利参与体育教学，不同身体素质的学生通过体育教学，可以得到同等限度的身体锻炼；然后，体育教学具有全面性的特点。体育教学除了需要锻炼学生的身体，提高学生的身体素质之外，还需要为学生树立终身体育的意识，还需要借助体育教学，培养学生健康的心理，提高学生的思想道德素质等；最后，体育教学体现学生的主体性。通过多样的教学方式，学生成功从理论知识接收到体育实践进行转变。在体育实践中，学生的主体性得以体现，并在不断实践中形成体育意识和体育锻炼习惯。

（三）高校体育教学和运动训练的目标不同

运动训练的目标比较简单，就是通过运动训练，使运动员获得运动名次，不断突破自己，获得竞赛冠军。体育教学的教学目标则是让学生通过参与体育教学活动，进行强身健体，提高身体素养，获得美好的身心体验。由于两者的目标不同，组织的教学活动，采用的教学方式自然不同。运动训练相比体育教学，具有更高的教学要求，进行运动训练的运动员几乎都具备足够的身体素质，都拥有基本的体育技能。

四、分析高校体育教学和运动训练的相同之处

（一）体育教学和运动训练都是一个教育过程

尽管体育教学和运动训练具有很多不同的地方，但是从根本上讲，它们都是一个教育过程，由教育者与被教育者互动的教育过程，在这个过程中，学生或者运动员是主体，教练或者教师发挥主导作用。针对运动训练，教练需要多方面考虑，制定科学合理的训练计划，体育教学则需要根据相关的教学目标和课程标准做好课程安排工作。

（二）体育教学和运动训练都对学生的身体健康非常重视

不管是体育教学还是运动训练，都十分注重培养学生健康的身体，都十分重视提高学生的身体素质。学生身体健康是体育教学的重要教学目标，学生身体健康是进行运动训练的基础，所以两者对学生身体健康都比较重视。

（三）高校体育教学和运动训练中的项目内容是具有共通性的

运动训练中涉及的项目很可能在体育教学中传播，运动训练中的项目也可能作为体育教学中的教学项目，例如田径。而体育教学中的项目体现出了人与人之间的差别，那么这种项目就可能成为运动训练中会涉及的项目。只有当体育活动单纯地体现人的健康培养的时候，才是单纯的体育教学。

（四）不管是高校体育教学还是运动训练都需要人体进行运动

运动训练，顾名思义，很显然是需要运动员在过程中进行运动的，运动训练就是一个高强度的运动过程。体育教学虽然与运动训练不同，但也需要学生积累一定的运动量。体育教学涉及理论教学和体育技能培养两个板块，学生接受体育理论知识，形成体育技能的过程，就是体育运动的过程。只有在不断运动，练习体育技能的情况下，学生的身体健康才有保障，学生的身体素质才能够提升。

五、高校体育教学和运动训练实现互补的有效策略

（一）借助运动训练手段，培养学生的自然素质

自然素质相比于其他素质，处于降低的素质结构层次，但是对其他素质形成发挥重要作用，自然素质中最重要的成分就是身体素质。借助体育教学，就是为了培养学生的身体素质，进而发展学生的自然素质。提高学生身体素质的重要手段就是要强化学生体质，增加训练强度。运动训练涉及更多专业

的训练技能，在训过程中运用科学的手段，在保证运动员不受损害的情况下，不断增加运动员的生理负荷，提高运动员的体育项目能力，从而在竞赛中有良好的表现，为我们展现出优美风景线。体育教学中，培养学生的身体素质，可以借助运动训练的手段，在必要的情况下，采取科学的训练手段，增加学生的运动负荷学生只有具备一定的运动负荷量，才更有可能实现身体素质的提升，才能够更好地发展自然素质。

（二）体育教学和运动训练教学内容上的互补

运动训练主要是通过为运动员安排大量的运动来提升运动员的身体素质，强化运动员的项目技巧，运动训练偏向于反映机械运动的特点，对运动员来说，只能够在其中体会训练压力，很难从中感受到乐趣。体育教学的教学内容选择更简单、实用，更容易激发学生兴趣。因此，在运动训练中，也应该适当地引进体育教学理论，借鉴体育教学内容，丰富运动训练内容，提高运动员的训练兴趣，使运动员在高强度的训练中也能适当放松自己。另外，体育教学过程中，如果只是简单地以锻炼学生身体为主，不考虑其他教学目标也不行，还需要进行一定的体育项目训练，而这些体育项目训练又需要借助运动训练的相关技巧进行指导，又需要根据学生的体育学习情况，适当的增设运动训练内容，强化学生的身体锻炼。结合运动训练的教学内容和手段，更符合新时代下对体育教学提出的要求，更有利于学生形成良好的体育意识和身体素质。

（三）体育教学和运动训练的教学方式互补

体育教学相比于运动训练，更倾向于理论知识的传授，也就导致很多教学方法和教学理论没有办法通过实践进行验证，使得教学理论和教学方法失去指导意义。如果将体育教学中的相关教学理论和教学方法运用到运动训练中，在高强度的运动训练下，相关教学理论必然得以验证，多样的教学方法必然在运动训练中发挥作用。而运动训练中虽然缺乏教学方法，但是使用的教学方法都比较有效，都是在无数次实践中验证的教学方法，针对运动强度不大的体育教学，使用运动训练的教学方法指导体育教学中的某些项目训练，必然会带来满意的结果，必然不会因为过多进行教学实验，浪费教学时间。因此，体育教学和运动训练要想实现双赢，共同促进高校的体育工作发展，还需要从教学方法上进行互补。

综上所述，针对高校体育教学和运动训练进行了简单的研究分析。体育教学和运动训练作为高校体育工作中的重要组成成分，两者之间存在差异，也存在共通之处。两者之间都为提高学生身体素质，促进高校体育工作顺利进行发挥作用。高校需要针对校内运动训练和体育教学的异同进行分析，把握两者的特征，寻找教学共通之处，实现教学上的有效互补。不管是体育教学还是运动训练，它们之所以会成为高校体育教学工作中的重要成分，必然有其独特的意义，相关工作者必须在日常实践中，把握好体育教学和运动训练工作，相关教学人员互相交流沟通，实现体育教学和运动训练上的教学完善。

第二节 高校体育教学与运动训练互动模式研究

体育教学与运动互动模式在很多高校中尚未实行，大多数高校只重视学生们的知识教育而忽略了青少年的身体健康素质。俗话说"身体是革命的本钱"，在如今社会发展过程中，知识固然重要，但身体素质更不能忽视。试想一个国家的青少年只有满腹经纶，却没有一个强壮的身体，那么国家怎能快速地发展。"少年强，则国强"，这里的少年强是指青少年必须具备知识、能力、健康的身体去守卫国家，发展国家。有学者认为，高校通过体育教学的方式去让青少年得到锻炼就可以；而有的则认为应当通过体育教学与运动训练的互动模式使青少年养成一个锻炼身体的好习惯。如果高校只通过体育教学的方式唤醒青少年对体育的重视，只会治标不治本。高校体育应通过体育教学与运动训练的互动，实现共同发展才能达到双赢的效果。

一、高校体育教学中存在的问题

（一）高校缺乏对体育教学的重视

一直以来，学校受传统教育思想的影响，学校一直被认为是学习文化知识的圣地，只重视文化知识的传授及孕育人才而忽略了体育教学的重要性。首先，高校没有开设相关体育教育课程，把学生们多余的时间都拿来搞关于学习方面的活动，学生们没有多余的时间去锻炼身体提高自身素质。对于高校学生来说，参与的运动项目会因性别而各有不同，部分男生比较喜欢打篮球和足球等，女生则对体育舞蹈、瑜伽、健美操等运动比较感兴趣。其次，大多数高校缺乏对体育教学的重视，对高校体育的发展边缘化。

（二）热学生缺乏体育参与的自主性

高校体育的发展需要专业体育教师引导。正所谓师者传道授业解惑也，高校体育若缺乏体育教师的引导，会使学生缺乏自主性和独立性。首先，大多数高校开展的体育课都是比较基础的而且种类不多，而且有些体育老师对体育教学缺乏重视，认为学生学习压力比较大，体育课的任务是调节与放松课余生活。其次，体育教师的置之不问会导致学生们缺乏自主性地去锻炼身体。高校在体育教学过程中，老师们都是按照教学安排机械地给学生们灌输教学知识，而学生们也只能被动地接受学习，忽略了学生们的全面个性化发展。因此，体育教学目标是很难达到的。

（三）体育教学知识与体育技能分离

在众多高校中虽然按照教学计划开展了体育相关课程，但是往往体育课程的教学模式采取的是体育知识和体育技能相分离。大多数体育老师会选择一节课专门在教室里讲解关于体育方面的知识，一节课在操场上让学生们进行实操。但是，老师根本没有去做示范应该怎样去做。诸如，赛前热身缺乏体育教师引导、赛中缺乏体育教师的指挥、赛后恢复缺乏体育教师的指点。其次，体育老师会选体育代表，然后随便教几个动作就让体育代表带着学生们做热身，老师没有重视运动前热身以至于学生们也敷衍了事，根本起不了作用。热身没做好，后面的运动项目想继续就很难，会很容易受伤，这些现象导致我国众多的高校在体育教学上使得体育教学理论知识和体育技能相分离。

（四）体育教学中存在安全问题

各大高校虽然开展了体育教学，但是体育安全方面却没有得到全面的建设。体育课程都是开设在课堂外的，在操场上进行的，户外进行安全得不到保障。我们会经常看到关于某某高校在体育教学中发生安全事故的新闻。学生们在运动过程中会利用学校里面提供的运动器械，因此，在运动过程中学生们没有充分的自我保护意识，就会很容易受伤，甚至一不小心就会造成终身的遗憾。这些体育教学过程中遇到的安全事故对很多学生产生影响。因此，高校为了防止体育教学事故发生的概率不断上升，应当把体育教学安全建设全面。

二、体育教学与运动训练互动模式

（一）高校应当对体育设施进行全面的建设

体育教学在教学任务中是很重要的一部分，体育教学的好坏直接影响到一所高校的整个教学活动的开展，同时一所学校的发展也是离不开体育活动的开展。我国很注重青少年的全面发展，而青少年也处于身体成长阶段，所以高校应当重视起来。由于高校对体育教学的忽视，在体育设施方面投入的很少，在这方面也有所欠缺。所以，为了青少年的全面发展应当从体育设施方面开始建设。而体育设施的建设也需要大量的资金，学校可以通过国家的资金支持，同时也可与社会相关体育企业进行合作。与此同时，还可以为体育企业输送优秀的体育人才。学校体育设施的建设当然也需要政府的支持，政府不但要支持还要监督学校是否把资金投入到体育建设上，同时还要杜绝学校在体育设施上乱收费。如果出现乱收费情况会严重地影响到学生们的积极性，这就与初衷相悖。

（二）体育教学应当与运动训练相结合

虽然两者的方式不一样，但是在实施过程中缺一不可。体育教学是给学生传授理论知识，让他们了解到体育训练的重要性以及体育项目方面的相关知识。体育训练应当坚持理论与实践相结合。因为，实践要通过理论来指导，理论通过实践来实现，只有二者相结合才能达到好的效益，才能更好地发展体育精神。运动训练可以通过开设篮球、足球、排球、健美操等项目对学生进行体能训练。同时学校应当增加体育方面的师资力量和严格要求学生的运动训练。可以通过学分来要求学生，这样既可对他们起到监督的作用，同时还可以严格要求学生养成体育运动的好习惯。

（三）增强学生们的体育意识

一切为了学生，那么应当如何提升学生们的身体素质便极为重要。首要的目的就是要加强学生们的体育运动意识。首先学校应当为学生制定一个完善的体育课程教学计划。教师在对学生素质的培养过程中，要善于创新，通过新颖的方式激发学生积极主动地参与进来。很多高校会有体育特训生，而且这些体训生都是带着目的性去争夺利益赢得奖励，这就导致非体训生的积极性受挫，这就需要老师合理、高效、健康、鼓励的方式去引导学生树立正确的体育观念。秉着老师要对学生的健康发展负责，促使学生们养成一个良好的体育锻炼的好习惯。学校可以通过举办运动会、社团活动得奖励的方式增强学生们体育锻炼意识。

三、体育教学同运动训练互动发展

体育教学同运动训练互动发展的前提条件需要建立互动发展的理念。随着社会对青少年的发展要求，强壮的身体是步入社会的前提条件。高校应当在教师中和学生们中建立互动发展的理念。首先，老师对于学生来说是执行者、实施者和组织者，老师的一举一动能对学生产生影响，所以老师要掌握二者互动发展的理念才能更好地带领学生。其次，高校是围绕学生开展的教学计划，反之学生占主导地位，所以要培养学生们的体育理念，让他们明白两者之间的关系。学会把两者结合起来共同发展继承体育精神。

综上所述，高校对青少年的培养过程中，既要注重学生们的文化教育，也要重视学生们的身体素质的训练。通过体育教学和运动训练互动模式来增强青少年的对体育运动的积极性。同时高校应该采取科学、合理的教学手段促使学生们全面发展，使得身体素质和学习能力得到提升。最终，全面推动体育教学和运动训练模式，使高校体育教学水平得到提高。

第三节 高校运动训练专业学生"体教结合"培养模式

一、运动训练专业实施"体教结合"培养模式的基础

（一）高校运动训练专业学生的生源情况

根据国家的有关规定，运动训练专业录取一级运动员（含）以上技术等级资格的新生人数不能低于该专业当年招生计划15%。从目前我国的基本情况看，运动过训练专业招收的具有一级及以上运动技术等级的学生大多是体育运动学校、运动技术学院等体育系统培养出来的高水平运动员，这些人是运动训练专业学生的重要组成部分，是实施"体教结合"培养模式的重点人群。此外，一些从体育传统学校和普通中学招收进来的具有二级运动员及以上称号的学生，是运动训练专业的主要组成部分。这些具有高水平运动等级的运动员入学后，即纳入教育的体系中，体育和教育的结合将使他们的人生进入一个新的阶段。

（二）学生身份的显微差别是运动训练专业实施"体教结合"培养模式的基础

由于运动训练专业招生过程中生源的不同，入学后这些学生又分为"运动员学生"和"学生运动员"。"运动员学生"是指第一身份是专业运动员又有学籍的学生。他们从小被选进专业队，脱离学校进行专门的运动训练，一般具有较高的运动技术等级，并以此为职业（拿工资）。其特征是文化学习不系统，学习过程有长期的间断或连续性较差，实际文化限度与在普通学校接受教育的同龄学生相比差距较大。"学生运动员"是指第一身份是普通中学和大学的学生、一直参加训练竞赛的运动员。他们首先是学生，其次才是运动员。学生运动员的基本特征是，相对于"运动员学生"而言运动技术等级偏

低，他们在学校不间断地进行系统的文化学习，而且能达到所在学校对学生在学业上的基本要求。运动训练专业学生群体的这一特殊性，是体育部门和教育部门结合进而实施"体教结合"培养模式的基础。

二、运动训练专业"体教结合"培养模式存在的突出问题

"体教结合"是指在"以人为本"的科学发展观指导下，体育部门与教育部门为共同培养全面发展的高水平竞技体育人才而构建的和谐体系。"体教结合"问题的提出源于新中国成立以来体育与教育部门分隔而治的历史时期，最初，提出"体教结合"模式是为了探索高校试办高水平运动队的尝试，而随着运动训练专业招生范围的逐渐扩大，高校在运动训练专业招生的过程中面临着"运动员学生"在队不在校、"学生运动员"在校不在队的问题。

一方面这些"运动员学生"有高校在校学籍，但因经常随各自专业队伍参加比赛和训练，尽管他们是"大学生"，却很少"光顾"学校，毕业后拿到的也只是一个名不副实的文凭，"体教结合"仍是只"体"不"教"，体育、教育两张皮。他们在体育部门是运动员身份，而在学校又是学生身份，因此，有效的管理难于实施。管理体制分隔，学训矛盾突出，教学安排困难，"体""教"失衡发展，是这部分学生面临的突出问题。

另一方面，"学生运动员"虽然全日制在高校学习生活，但是他们在专项训练上却很少得到专业教练员的指导，专项训练水平较低，运动成绩难以提高，这部分在校学生多"教"而乏"体"。而在文化课堂教学中，教师仍然采取传统教学模式，教师讲、学生听；教师写、学生记等方式，这种教学方式既没有结合学生运动员文化基础差的特点，也没有把相关学科理论知识和学生运动员丰富的实践经验结合起来，因此，课堂组织形式缺乏灵活性和针对性，使教学质量徘徊不前。整体来看，教育系统和体育系统只是貌合神离，体育和教育的分隔对运动训练专业学生未来的就业没有实质性的帮助，这让教育界和体育界都面临着尴尬的局面。

三、实施"横向合作"和"纵向发展"相结合的"体教结合"模式

"体教结合"的培养模式尽管在实施中存在问题，但这些问题不是"体教结合"自身的问题，而是我们在实施过程中体育和教育两个系统中的部门制度融合方面的缺陷问题，这些问题是可以通过制度的改革创新加以完善的。鉴于此，当前运动训练专业学生的培养应坚持"体教结合"模式，采用"横向合作"和"纵向发展"相结合的培养模式。所谓"横向合作"即教育系统应加强与体育系统的全面、深度合作，实行联合培养机制，加强沟通了解，

明确职责分工，共同制定培养计划，合理安排训练比赛和学习时间，通过常设联络员进行沟通，派遣教师授课和运动员学生到校集中学习等方式，突出解决管理障碍、学训矛盾和教学安排等难题。而"纵向发展"是指教育系统应该运用自身的资源优势，通过体育部门和教育部门师资定期互换交流，加强在体育部门的实习实训基地建设，改革培养体系，改良培养方法，加大资金支持力度和加强场馆设施建设等，继续发展学生运动员的竞技体育能力、提高学生的竞技体育水平和文化水平。通过"横向合作"和"纵向发展"相结合，实现高水平竞技体育人才的联合培养和独立培养兼容，校内培养和校外培训互补、文化学习和竞技训练协同等方式，拓宽运动训练专业高水平竞技体育人才的培养思路。

四、运动训练专业学生"体教结合"培养模式的具体措施

（一）运动训练专业学生培养目标的合理定位

"体教结合"的培养模式必须以正确的人才培养目标定位为前提。当前以培养教练员和专项教师为目标的单一目标体系已经不能适应社会对人才多样化的需求，而以培养体育专门人才和复合型人才为目标的多目标体系以及以培养高级专门人才为目标的高目标体系却又因为运动训练专业学生的生源质量无从保证而落空。为此，高校探索"体教结合"的培养模式，客体上高校应提供"体""教"结合的土壤，将既有高级别运动等级又有一定文化素养的运动员学生培养成高级专门人才为目标，做到运动训练水平和文化教育同步提高和发展；主体上高校应提供既"体"又"教"的培养空间，将不同文化层次和竞技水平的学生运动员培养成竞技体育专门人才和复合型人才为目标，做到分层次设置培养目标，使高校成为既能实现联合培养又能实施独立培养综合性人才培养基地。

（二）加强合作，优势互补，全面实施"体教结合"培养模式

在"体教结合"教学模式中，体育系统优势主要在于训练、比赛经验丰富，对运动员运动成绩提高和经验积累具有重要作用。而教育系统，具有浓厚的学习文化知识氛围、系统的知识体系和丰富的学习资源等优势，能为运动员学生获得较强的专业理论知识提供客观条件。因此，在当前阶段，体育系统和教育系统在"体教结合"教育模式中都应该发挥各自作用，加强合作，实现优势互补，从而实现"体教结合"这一教学模式目标。为此，在提出的体育系统和教育系统"横向合作"的思路中，首先，高校要建立与体育系统运动员主管部门的"链条"机制，加强各个环节的沟通合作。如共同参与制

定运动员的培养方案，合理设计运动员学生专业训练和理论学习时间，避免出现训练和学习时间的冲突，而使得训练和学习时间相互牵扯，各自时间都无法保证的情况。其次，在对运动员学生进行成绩评价方面，设立切实可行的运动员成绩考评体系，规划设计"体教结合"紧密的综合性考评手册，走出单纯以运动成绩考评或单纯以文化成绩考评学生的模式，建立灵活、可行的评价体系；如在学业完成达标标准方面，实行学分制的方式对学生进行考核。当然，这其中涉及具体问题需要具体考虑。因为运动员学生在一定时间段中，可能会因训练比赛等情况而导致文化学习的落后，这就需要给予他们灵活的学习方式和考核时间。第三，在理论学习组织形式上，应该灵活多样，充分考虑学生自身文化素质情况和他们丰富的训练和比赛经验。把理论文化知识融入实践当中去，从而便于学生运动员接受学习，以促进自身综合素质的提高。

从"纵向发展"的思路出发，首先要根据生源的项目特点制定分级、分层、分专业的多样化培养目标，始终遵循竞技体育人才运动训练和文化教育两方面的规律，注重学生思想道德素质的培养，充分利用高校良好的育人环境，培养既有文化素养，又有高水平运动成绩的综合性人才。总之，要充分利用高校教学、科研等方面的优势，建立适合高校办学特色的运动训练专业高水平学生运动员"体教结合"的培养模式。

（三）整合资源，合理布局，优化教练队伍，不断改善办学条件

"横向合作"和"纵向发展"相结合的"体教结合"培养模式，强调的是合作培养和独立培养相结合。因此，在横向合作培养方面，要拓宽运动训练专业运动员学生的培养途径，最大限度发挥体育系统和教育系统的资源优势，形成多层次奖励、资助机制，如学校可以考虑对在一线负责运动员训练的教练员和文化课教师给予一定的课时补贴，对取得优异成绩的学生运动员及教练员给予适当的物质和精神奖励，当然作为回报，运动员取得优异成绩的同时，应该为提升学校在社会上的知名度和影响力而尽一份义务。对于纵向发展方面，要积极动员学校领导，加强内部资源的有效利用，对运动项目进行合理布局，培训与引进高水平的师资队伍相结合，加大资金投入力度，不断改善办学条件，充分调动教师和学生运动员的积极性和创造性，将学生运动员专项技能的提高作为培养的基础，为探索适应高校运动训练专业的"体教结合"培养模式创造条件。

（四）重视"学训"矛盾，合理规划，加强管理

加大对于长期困扰体教结合的学训矛盾的研究，并且努力解决这对矛盾。

学训矛盾不仅仅是"运动员学生"文化学习与训练之间的矛盾，而且还有"学生运动员"专项训练和文化学习之间的矛盾。通过实践探索，优化现有的培养体制，提高学生的"学训结合"效果，使体育部门和教育部门有效融合后所培养的人才适应社会需求。加强对运动员的日常生活管理、训练管理、文化学习管理及考试考评管理，强调多部门"链条"衔接、统筹运转，既承认单个部门单独培养的成果，又注重两个部门联合培养的效果，形成两个部门学生管理方面的有效结合机制。在这当中，可以充分利用现代多媒体教学手段和网络对运动员学生文化知识教育，以尽可能解决运动员学生在训练比赛时间和文化学习时间相互冲突。当然，仅仅这样是不够的，还需要运动员学生所在专业队相关负责人和学校之间形成有效配合机制，以保证上述学习模式落到实处。此外，如果条件允许，可以加强两个部门的经验交流，互派专业教师或者教练员上门指导，从而确保学生的训练和学习效果。

（五）以人为本、统筹兼顾，加强"体教结合"培养模式的研究力度

应紧紧围绕"体教结合"内涵，运用以人为本、统筹兼顾的科学发展观审视其目的、意义、体系、内涵、培养模式等。加强运动训练专业学生入学资格管理，以严把"进口"关为基点，有计划的逐步提高学生文化课入学标准和专项技术标准。建立科学的目标导向，强化文化教育管理，建立"学训兼容"的培养机制，尝试校内培养和校外培养结合的模式，从真正意义上做到体教融合，逐步走向体教结合的理想目标，实现竞技体育回归教育，教育效果不断优化。

总之，运动训练专业培养的学生，既是高校竞技体育运动的宝贵资源，又是国家竞技体育人才的基地。因此，体育系统和教育系统应共同参与学生培养方案的制定，高校应根据现实条件制定分级别、分层次、分专业的多样化培养目标，以"体教结合"培养模式为基础，采用"横向合作"和"纵向发展"相结合的思路，整合体育系统和教育系统的资源优势，实现优势互补、资源共享。当然，当前"体教结合"培养竞技体育人才的模式固然存在问题，但是我们相信，只要通过不断的深化改革、广泛的开展研究，并不断地进行实践探索，"体教结合"培养模式必将会发挥培养人才的效能。

第四节 高校运动训练和体育教学的协调发展模式

随着我国教育事业的不断进步，高等院校的教育事业在不断的革新和完善中，人们对体育学科教学的关注限度也越来越高。作为提高学生身体综合素质的重要学科，体育教学的改革无疑是十分重要的。虽然应该将其和运动训练相互融合，但是从目前情况来看，两者的融合效果并不理想。有的体育教师认为，只要满足了日常的体育教学，就能将学生的身体素质提高，进而养成良好的运动习惯，其基本的教学任务也算完成；部分高校也认为体育竞技应该是运动员的任务；有的高校也持有不同看法，他们认为体育的魅力表现在其比拼和竞技上，追求更强、更快、更高的体育精神。学校应该组织学生参与体育活动，以竞技为主，健身为辅。本文针对"运动训练与体育教学的协调发展"进行分析希望有一定参考价值。

一、高校运动训练与体育教学的概念

在体育教学过程中，运动训练是将其教学内容进行展示的一种有效方法和途径，通过学员和教练双方互动和相互交流，实现提升学生运动能力和素质的目的。体育教学不仅是为了完成相关的教学任务，同时也是一种比较普遍的工作状态，在其工作过程中，教学工作者有特定的任务和指标，有一定的计划目的和组织性，有专门的使用技巧和方法。运动训练的最终目的，是针对学生的自身心智、自身身体素质以及相关的运动技巧进行训练。

二、高校运动训练与体育教学的差异性和共同点

（一）运动训练和体育教学在形式和内容上的相互联系

从二者的内容上进行分析和研究，可以发现其都是以体育学科作为基础，进而开展的一系列活动和教学过程。不论是在运动训练过程中，还是体育教学过程中，两者都是相互补充、相互融合进行发展的。另外，两者在教学器材和场地方面的要求都十分严格，并且学生最终取得的成效也都是通过相应的考核成绩加以评定的。

(二)运动训练和体育教学之间的不同

运动训练是对学生的专项练习,学生通过运动训练参加各类型的比赛,而如果想要在比赛中取得良好的成绩,在训练过程中要求就会比较严格,因此运动训练也具有较强的目的性和针对性,并且主要针对的都是专业人才或运动员;从体育教学角度来看,只是教育工作者通过多角度、全方位的教学方法,指导学生进行体育练习,并教授学生相关的运动知识,学生在学习的过程中会相对轻松,比较大众化和广泛。

(三)运动训练和体育教学的目的和任务

从长远角度进行分析,两者在各自的教学阶段必须将各自的方针掌握好。在体育教学中,学生通过教师的讲解和指导,能够进行简单的运动,并掌握多种体育技能,使自身在某一项运动上可以有进一步提高。不仅如此,学生通过长时间的体育运动,可以提升自身的综合素质,在心理和身体上都能得到一定限度的放松。运动训练则不同,它的目的和任务是通过长时间的专业性练习,使学生的运动水平进一步提高,增强专业能力,以此让学生在参加体育竞技时能够取得更好地成绩,可见,体育教学和运动训练的最终目的是不一样的。

三、高校体育教学和运动训练协调发展的措施

(一)提高学校重视限度,加强相应管理措施

要想使高校的运动训练和体育教学实现协调发展,学校必须提高对此项工作的关注和重视限度。首先,在高校的管理层面,管理人员应该对体育教育有正确认知,充分认识到其重要性;其次,还要加强高校内部其他教职员工的思想观念,通过在整个学校教学层面形成全员管理,将体育教学与运动训练的协调发展概念融入,进而让全校师生能够认知到运动训练和体育教学协调发展的重要性。

(二)优化教学方法,合理开展体育运动

学生在学习知识的过程中,都应该注重实践和理论知识的结合。在传统的高校体育教学中,主要以理论讲授为主,不能将学生们真正的运动需求和兴趣考虑在内。而随着时间变长,体育教学没有足够的吸引力,教师不能将其具有的趣味和优势发挥出来,这也就让很多学生失去了体育运动的积极性和兴趣。想要将这种情况改善,让学生重新提高对体育运动的兴趣,体育教

师就应该改版传统的教学方法，可以通过一些有挑战新的体育训练项目让学生们集中注意力，还可以通过有趣的活动进一步激发学生们的体育学习兴趣，使其真正参与进教师的教学中来，还可以举办不同系别、不同年级之间的友谊比赛，不仅可以带动学生们参加体育运动的主动性和热情，还能加强学生之间的相互合作。与此同时，教师应该与学生进行充分、积极的沟通，尽量满足学生的需求，提升其主动性。这也是协调运动训练和体育教学的基础。

（三）加强师资队伍建设，提高学生安全意识

体育教师的综合素质在体育教学中无疑是非常重要的。想要将体育教学的效果进一步提升，就必须培养体育教师的整体素养。体育教师不仅要足够了解运动训练和体育教学，也可以结合相关的安全标准，制定出符合实际的教学目标。在教学过程中，体育教师不仅是一个教授者，也是一个引导者，通过对学生的充分引导帮助学生掌握相关运动训练的动作重点，并告知学生们可能发生危险的行为和动作，确保学生能够在十分安全的环境中进行各种体育活动和运动训练。此外，体育教师还应该教学学生们处理一些身体损伤或其他紧急状况的方法，提高学生面对危险时的处理能力。

在进行运动训练和体育教学时，学生应该重视安全。从实际请看来说，如果学生们拥有充足的安全意识，那么在体育运动过程中，可能发生危险事件的概率也会大大降低。想要实现这个目的，就要求在进行体育教学和运动训练之前，应举办有关安全意识的教育活动，在教师的教学过程中，也要讲安全放在首位，进而优化体育教学活动。不仅如此，高校也应该制定相关的安全规章制度，指导学生对安全风险进行防范。

从目前的情况来看，部分高校在体育教学过程中依然存在很多问题，体育教育观念不强、体育教师能力不足、体育教学缺乏完善的教育资源和安全教育等，都对运动训练和体育教学的协调发展造成阻碍。而想要改善这种状况，不仅需要高校提高体育教育的教学观念，增强体育教师的教学能力，也要讲相关的管理制度进行完善，并提高学生的安全意识，进而促进二者的协调发展。

参考文献

[1] 王丙振，王勇．高校体育教学原则探究[J]．科技风，2014（19）：213-215．
[2] 张洪潭．运动训练基本理论导论[J]．体育与科学，2002（05）：30-33．
[3] 毛振明．体育教学论[M]．北京：高等教育出版社，2011．
[4] 毛振明．体育教学内容选编技巧与案例[M]．北京：北京师范大学出版社，2009．
[5] 樊临虎．体育教学论[M]．北京：人民体育出版社，2002．
[6] 潘绍伟．学校体育学[M]．北京：高等教育出版社，2005．
[7] 李祥．学校体育学[M]．北京：高等教育出版社，2001．
[8] 洛林·W.安德森等，罗星凯、蒋小平译．布卢姆教育目标分类学：分类学视野下的学与教及其测评（修订版）[M]．北京：外语教学与研究出版社，2009．
[9] （美）R.M 加涅．教学设计原理[M]．上海：华东师范大学出版社，2004．
[10] 奥苏伯尔，佘星南译[M]．北京：人民教育出版社，1994．
[11] 邵伟德，李启迪，胡建华．学校体育与体育教学目标再认识[J]．北京体育大学学报，2010，33（12）：98-100．
[12] 邵伟德，胡建华，沈旭东．体育课程"身心教育一元论"原理构想[J]．体育与科学，2010（2）：85-89．
[13] 邵伟德，邹旭铝，金翀．体育课堂教学目标设置的有效性与例析[J]．体育教学，2010（7）：22-24．
[14] 顾明远主编．教育大辞典[M]．上海：上海教育出版社，1998．
[15] 毛振明主编．体育教学论[M]．北京：高等教育出版社，2005．
[16] 邵伟德．体育课堂有效教学与例解[M]．北京：北京体育大学出版社，2012．
[17] 杨小明．体育教学中的道德教育研究[D]．南京师范大学，2008．
[18] 周卫，李林．论体育教学环境的创建与优化[J]．体育科学研究，2004（4）：123-126．

[19] 石振国，田雨普. 信息化时代体育教学环境的系统观 [J]. 首都体育学院学报，2005（2）：95-97.

[20] 赵建国. 关于对体育教学环境研究现状的分析 [J]. 长春金融高等专科学校学报，2009（4）：68-70.

[21] 张鑫，张志勇. 从"心理场"论谈体育教学环境的创立 [J]. 首都体育学院学报，2006（1）：72-74.

[22] 王晓刚，李金龙. 普通高校体育教学社会环境的构成及其特点 [J]. 成都体育学院学报，2008（6）：80-82.

[23] 张志强. 创设宽松和谐的体育教学环境 [J]. 山西教育，2002（23）：25-27.

[24] 魏保全. 创设和谐教学环境的几点尝试 [J]. 河南教育，2005（7）：103-106.

[25] 常璐艳. 我国中小学体育教学内容体系构建研究 [D]. 河南大学，2012.

[26] 董壁. 职校的体育教学有效性探讨 [J]. 科学教育家，2009（12）：287.

[27] 赖炳森. 人文奥运下的高校体育 [J]. 广州体育学院学报，2003（06）：34-35.

[28] 钱钧，史兵. 本体论游戏观与体育教学的关系 [J]. 体育学刊，2007（05）：26-28.

[29] 王凤才. 哈贝马斯交往行为理论述评 [J]. 理论学刊，2003（05）:30-32.

[30] 胡小明. 新时期体育社会功能的转变——三论体育文化属性的皈依 [J]. 体育文化导刊，2003（03）:50-52.

[31] 刘青松. 高校体育理论课的改革 [J]. 邯郸职业技术学院学报，2003（3）:101-102.

[32] 陆美琳. 江苏省高校体育理论课教学现状的分析与讨论 [J]. 南京体育学院学报（社会科学版），2002（5）:58-60.

[33] 吴明智. 体育理论课教学现状与对策 [J]. 中国体育科技，2001（5）：20-23.

[34] 李莹. 高校体育理论课教学的分析与探讨 [J]. 岳阳师范学院学报（自然科学版），2001（2）:88-91.

[35] 范春来. 高校体育理论课教学的思考 [J]. 沈阳体育学院学报,2001（3）:50-52.

[36] 张春凤. 高校体育理论课教学存在的问题及对策 [J]. 丹东师范专科学校学报，2001（2）:30-33.

[37] 佟常生. 对高校体育理论课教学的探讨 [J]. 北京联合大学学报，2001（2）:103-105.

[38] 严德智. 体育理论教学在普通高校体育课中的作用分析 [J]. 广东工业大学学报：社会科学版, 2006（2）：86-88.

[39] 张智颖, 郑兵. 陕西省普通高校田径教学现状调查与分析 [J]. 延安大学学报：自然科学版, 2006（3）：83-86.

[40] 梁冠琦, 刘艳明. 普通高校体育课教学与课外体育活动关系的现状分析 [J]. 湖北体育科技, 2013（11）：1030-1033.

[41] 王燕梅. 排舞运动对普通高校公共体育课教学内容改革的作用分析 [J]. 开封教育学院学报, 2014（2）：33-34.

[42] 梁洪生, 佟胜志. 普通高校体育选项课"三自"教学模式中主体参与的理论与方法分析 [J]. 哈尔滨体育学院学报, 2007（6）：89-91.

[43] 李亚萌, 任平. 普通高校体育课开展急救与逃生技能教学的研究 [J]. 科教文汇（下旬刊）, 2010（11）：137.

[44] 王德慧. 体育教学论内容体系优化与完善 [D]. 西南大学, 2009.

[45]（美）亨廷顿, 哈里森. 文化的重要作用：价值观如何影响人类进步 [M]. 程克雄, 译. 北京：新华出版社, 2010.

[46] 张远新, 何煦. 社会主义核心价值体系与当代大学生核心价值观教育 [J]. 思想教育研究, 2007（10）：8-11.

[47] 桑业明. 论构建大学生核心价值观面临的矛盾及解决 [J]. 思想教育研究, 2010（12）：12-14.

[48] 樊泓池, 王新贵, 樊磊. 多元化社会分层视域下的中国当代大学生核心价值观的整合与重构研究 [J]. 东北师范大学学报：哲学社会科学版, 2011（3）：25-29.

[49] 顾正虎, 龚成. 红色文化在大学生核心价值观教育中的传承与创新 [J]. 徐州师范大学学报：教育科学版, 2011（3）：1-4.

[50] 谢惠媛, 李艳婷. 混合教学模式下思想政治理论课教师的分流与发展 [J]. 国家教育行政学院学报, 2016（3）：88-89.

[51] 马俊荣, 王永明. 高校思想政治理论课中社会责任感教育的调查报告 [J]. 佳木斯大学社会科学学报, 2016（2）：90-92.

[52] 周尤正, 焦晓云. 化解大学生社会主义核心价值观认同障碍研究 [J]. 学校党建与思想教育, 2016（5）：88-89.

[53] 邹增丽. 论当代大学生精神成人的心理困境 [J]. 学校党建与思想教育, 2016（7）：101-103.

[54] 王金勇. 走出体育教学的误区 [J]. 音体美报, 2001（7）：2.

[55] 文佳. 浅谈体验式教学模式在高校日语教学中的应用 [J]. 广东蚕业,

2018，52（12）：82-83.

[56] 张丽丽.体验式教学模式在高校体育课堂中的应用探析[J].时代农机，2018，45（10）：90-91.

[57] 查方圆.大学生田径运动员赛前心理调控策略研究[J].文体用品与科技，2015（4）：149-150.

[58] 刘贵霞，张莉.普通高校运动员心理训练和调控研究[J].体育时空，2014（1）：21-22.

[59] 高野.体育运动训练原则及对体育教学的启示[J].赤峰学院学报：自然科学版，2017（14）：39-41.

[60] 刘立新.体育大学生社会适应性特征对高校体育教学的启示[J].北京体育大学学报，2017（1）：78-83.